ŒUVRES COMPLÈTES

DE

M. EUGÈNE SUE.

LATRÉAUMONT.

IMPRIMERIE DE BOURGOGNE ET MARTINET,
Rue Jacob, 30.

LATRÉAUMONT

PAR

EUGENE SUE.

*

Tome premier.

Paris,

LIBRAIRIE DE CHARLES GOSSELIN ET Cᵉ,

9, RUE SAINT-GERMAIN-DES-PRÉS.

M DCCC XXXVIII.

AUSAMEDI.

*

Passado, a Hora a Siempre.

Un géant, spadassin railleur, sorte de bouffon cruel, monstruosité morale et physique;— un des plus séduisants et des plus grands seigneurs de la cour de Louis XIV;— un pauvre et austère vieillard hollandais, philosophe éminent, grand esprit politique, savant renommé, qui eut Spinosa pour disciple, et Jean de Vitt pour ami; — une jeune fille de haute noblesse poussant le dévouement jusqu'à l'héroïsme; — une jeune femme, riche, merveilleusement belle et chaste, titrée aussi, et poussant aussi jusqu'à l'héroïsme la foi sacrée du serment; — enfin un gracieux, timide et tendre adolescent : — tels sont les principaux acteurs du drame qu'on va raconter.

Les notes, pièces justificatives et fac-simile, prouveront jusqu'à la dernière évidence que l'auteur de ce livre a obéi à toutes les exigences, à tous les développements de cette donnée entièrement historique, avec la plus scrupuleuse abnégation d'invention.

Mais de ce procédé, ainsi que de la nature même du sujet, devait naître une grave imperfection dans la combinaison artistique de cet ouvrage, et celui qui écrit ces lignes est le premier à la signaler entre toutes.

PRÉFACE. IX

Singulier hasard, ces six personnages, de caractères, de natures, d'états et de pays différents, bien que marchant tous au même but, conduits pourtant par des intérêts et des passions extrêmement opposés, se trouvaient presque tous étrangers les uns aux autres ; et trois d'entre eux se virent pour la première fois, lors du dénouement de cette aventure, à laquelle ils avaient néanmoins communément concouru.

Or, pour s'abandonner aveuglément aux mille bizarres fantaisies de cette réalité si variée d'incidents; pour mettre en relief chacune de ces physionomies, sérieuses, touchantes, sereines ou féroces (par un incroyable dédain de l'histoire, absolument inconnues ou méconnues jusqu'à cette heure); pour les montrer enfin bien complètes et conséquemment avec toutes leurs adhérences ; naïvement entourées, si cela se peut dire, de leurs *accessoires* de famille ou de position, il a fallu consacrer à la peinture curieuse et étudiée de ces figures et de ces contrastes de toute sorte, une série de tableaux apparemment isolés, mais liés entre eux par la pensée, ou plutôt par l'indomptable volonté de LATRÉAUMONT, dont la force morale domine puissamment l'action, comme sa force physique en domine les acteurs.

De là, l'extrême abondance, ou plutôt l'abus des perspectives variées à l'infini, que l'on peut justement reprocher à cette rigoureuse reproduction de faits réels et accomplis. Et néanmoins, en terminant la lecture de cette œuvre, peut-être demeurera-t-on persuadé qu'il était impossible de la présenter autrement, voulant surtout faire entrevoir les innombrables voies par lesquelles ces personnages si divers devaient arriver au même but.

Que si, dans ce livre, on démasque, d'une façon presque brutale, bien des faux semblants de ce temps-là, hommes et choses du *Grand Siècle* ou du *Grand Roi*, comme on dit, jamais l'assertion ne manquera de preuves.

Que si enfin quelque lecteur, se rappelant par hasard les convictions *inébranlables* soutenues jusqu'ici par l'auteur, à propos de l'incessante prééminence du mal sur le bien, du triomphe permanent du vice sur la vertu, etc.

Que si ce lecteur songeait à s'étonner de ne voir soutenir aucun système excentrique à propos de cet ouvrage pourtant très favorable à l'application de ces théories pessimistes d'autrefois, celui qui écrit ces lignes répondrait : que, dans leurs évolutions inaperçues, les esprits les plus secondaires expérimentent quelquefois sérieusement la vie, et que plus ils gravitent vers la *vérité* (ainsi du moins que dit l'homme dans sa superbe), plus le cercle de *réalités* qu'ils croient parcourir, semble se rétrécir, et qu'ils arrivent enfin à un point où les illusions du vice leur semblent aussi exorbitantes, que leur paraissaient jadis les illusions de la vertu.

Alors on en reconnaît le néant avec une froide et secrète amertume; car la croyance au mal est encore une manière de croyance, de foi aveugle à l'intelligence supérieure et exceptionnelle du vice, qui sait se dire ou se faire heureux; mais alors, dis-je, après tant d'aspirations vers l'idéal et l'inconnu, on retombe de toute la hauteur de ces vanités de l'imagination, au fond de cette formidable vulgarité : à savoir *qu'il n'existe dans ce monde rien d'absolu,* rien de fixe, en mal ou en bien; que la vertu, pas plus que le vice, ne jouissent continuement d'une ineffable félicité; qu'il n'y a d'homme ni absolument vertueux ni absolument vicieux; que ce qui semble ici noble et généreux, paraît là-bas infâme et criminel; — qu'il n'y a pas de caractère héroïque et sublime qui ne soit *humanisé* par quelque souillure; pas de naturel méprisable ou féroce qui ne soit *humanisé* par quelques bons instincts.

On reconnaît enfin que l'expérience progressive des choses doit incessamment modifier ou même changer radicalement ce qu'on appelle des *convictions*, qu'en cela l'avenir n'appartient pas plus au présent, que le présent n'a appartenu au passé, et que s'il faut tout comprendre, on ne doit peut-être rien affirmer.

Eugène Sue.

Châtenay, ce 30 octobre 1837.

LATRÉAUMONT.

Première partie.

L'HOTEL DES MUSES.

LATRÉAUMONT.

Première partie.

L'ÉCOLE DE PHILOSOPHIE.

CHAPITRE PREMIER.

Chi troppo s'assotiglia, si scavezza !

(Par trop subtiliser, on s'égare soi-même.)

PÉTRARQUE, chant XI, v. 48.

Maître Affinius Van-den-Enden.

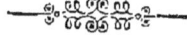

En 1669, on voyait à Amsterdam une place longue et étroite, bordée de deux allées de tilleuls; de chaque côté de cette place, appelée *le Burgwal*, s'étendait une rangée de bâtiments, peints de diverses couleurs, selon la mode de ce temps-là. Chacune de ces maisons avait son degré de pierre blanche soigneusement entretenu, et sa porte de chêne semée de gros clous de cuivre brillants comme de l'or, grâce à la minutieuse propreté flamande.

Vers le milieu et à gauche du Burgwal, non loin de l'ancienne synagogue portugaise, on remarquait une maison beaucoup plus grande que les autres; mais ce qui la distinguait complètement du reste des habitations de ce quartier, c'était un large et pesant écriteau noir, placé au-dessus de la porte, et sur lequel on lisait cette inscription en lettres d'or : *Hôtel des Muses, École de Philosophie, de Théologie et de Médecine de maître Affinius Van-den-Enden.*

Or, vers le commencement du mois de janvier 1669, une neige épaisse tombant à gros flocons semblait couvrir d'un blanc linceul les rues et les toits d'Amsterdam.

Il était environ quatre heures du matin, et les vieux tilleuls du Burgwal agités par la bise glacée du nord, froissant leurs branches sèches et noircies, troublaient seuls par un bruit monotone le triste silence qui régnait dans cette partie de la ville.

Perçant la ténébreuse obscurité de la

nuit, quelques lueurs s'échappaient à travers les vitraux coloriés d'une longue et étroite ogive, située au rez-de-chaussée de l'école de Maître Van-den-Enden ; car ce savant, plongé dans les profondeurs de la science, ou emporté par l'irrésistible et entraînante fantaisie de l'imagination, oubliait souvent les heures, et plus d'une fois l'aube naissante fit pâlir la lampe qui éclaira ses veilles.

Cette nuit encore, ayant longuement médité sur un manuscrit placé devant lui, et intitulé *Traité de Théologie politique*, ouvrage alors inédit de *Spinosa*, son élève de prédilection (1), Maître Van-den-Enden, bien que le jour dût bientôt paraître, demeurait absorbé dans ses réflexions, le re-

(1) Cet ouvrage parut en latin en 1670 sous le titre de *Tractatus theologico-politicus*. Il fut aussitôt traduit en flamand sous le titre de *Regtzinnige theologant of godgeleerde Staatkunde, le Théologien judicieux et politique*. Traduit en français, on en fit trois éditions sous les titres suivants : — *Clef du sanctuaire, par un savant homme de notre époque ;* — *Cérémonies superstitieuses des juifs ;* — et enfin, *Recherches curieuses d'un esprit désintéressé, sur les matières les plus importantes du salut*. Il est inutile de rappeler les furieuses discussions que ces nouvelles doctrines soulevèrent en Europe.

gard machinalement fixé sur les cendres du foyer éteint et froid depuis long-temps.

Quoique simplement meublé, le cabinet où se tenait alors le docteur avait un sévère et imposant aspect; tout y invitait au recueillement et à l'étude, soit que cette pièce fût faiblement éclairée par le jour mystérieux des vitraux, soit que la pâle et vacillante clarté d'une lampe y agitât çà et là de grandes ombres.

Les murs étaient tendus de grosse serge verte de Brabant; d'un côté on voyait des récipients ou des alambics sur leurs fourneaux; ailleurs un lourd creuset, ou le cuivre étincelant de quelques instruments de physique et d'astronomie, tandis qu'un rideau rouge, à demi fermé, laissait voir les ossements blanchis d'un squelette d'homme, placé au fond d'une niche obscure, pratiquée dans la muraille.

Une bibliothèque de chêne noir, très simple, occupait toute une partie de cette vaste pièce; en face, on voyait deux tableaux assez grossièrement peints, représentant de gigantesques et horribles animaux fabuleux, tels que les croyances populaires et même quelques esprits éclairés les admettaient alors ; là aussi étaient suspendus divers instruments de pêche et de chasse appartenants à plusieurs peuples de l'Inde.

Puis, pour compléter l'aspect étrange et presque cabalistique de cette silencieuse retraite, au moindre courant d'air, de longs reptiles empaillés se balançaient lentement aux solives saillantes du plafond.

On ne doit point oublier de parler d'un objet moins scientifique peut-être, mais néanmoins d'un rare intérêt, autant par son curieux travail que par la pensée qui s'y rattachait; c'était un échiquier de buis sculpté, offert au philosophe par un de ses admirateurs, *le Grand Pensionnaire de Hollande*, JEAN DE WITT, qui lui avait envoyé ce meuble charmant comme gage d'affection; enfin, au fond du cabinet et opposée à la fenêtre, une porte s'ouvrait sur la vaste salle de l'école, dans laquelle on descendait par quatre marches, cette dernière pièce étant située sur un plan moins élevé que la première.

Proche de la cheminée à vaste manteau de bois, maître Van-den-Enden, assis dans un grand fauteuil de cuir de Cordoue, avait devant lui une longue table, sur laquelle on voyait ouverts ou fermés, mais dans le plus grand désordre, de gros volumes in-folio, latins, grecs ou hébreux, car ce docteur possédait parfaitement ces trois langues.

La bise du nord mugissait toujours sourdement, la nuit était encore profonde, et une lampe de cuivre rouge à trois becs, posée sur la table, semblait entourer le philosophe d'une auréole lumineuse, tandis qu'elle ne jetait sur le reste du cabinet qu'une lueur vacillante et douteuse.

Cet homme, petit et frêle, était vêtu d'une robe de chambre de camelot noir, et le chaperon de velours de la même couleur qui recouvrait sa tête laissait échapper quelques longues mèches de cheveux argentés; car Van-den-Enden avait alors 68 ans environ.

Le caractère dominant de sa physionomie grave et sérieuse, paraissait être le calme opiniâtre de la résolution, tandis que ses yeux bleus, vifs et animés, qui rayonnaient sous d'épais sourcils blancs, son front haut, vaste et hardi, disaient assez que toute la vie de ce vieillard était concentrée dans le cerveau, et que l'ardente énergie qui couvait sous cette enveloppe chétive n'avait d'autre issue que ce regard étincelant de courage et de sérénité. Mais si, chez ce philosophe, l'angle de la mâchoire inférieure, saillante et vigoureusement accusée, révélait, suivant les physionomistes, une indomptable puissance de volonté; souvent aussi, un mélancolique sourire de résignation et de dédain donnait à ses traits une indicible expression de tristesse, ou trahissait le mépris incurable qu'il avait pour certains hommes et pour certaines choses; enfin, son teint jaune et plombé, ses joues hâves et tendues sur ses pommettes saillantes, les rides profondes qui sillonnaient en tous sens ce visage osseux et maladif, annonçaient assez la fatale réaction des veilles, des chagrins, des déceptions, des souffrances physiques, et aussi de cette fièvre dévorante du savoir qui mine et tue lentement...

C'est qu'en effet, sciences exactes et physiques, philosophie, politique, législation, théologie, arts et poésie... cet homme avait tout embrassé, tout compris! Abrité sous l'arbre de la science, cet aliment éternel de l'intelligence humaine, il en avait tout expérimenté : l'amertume de ses profondes racines, le parfum de sa floraison embaumée, et la forte saveur de ses fruits. Son existence s'était passée ainsi, à satisfaire tour à tour cet irrésistible besoin de savoir et de vérité, toujours insatiable chez les esprits élevés; de même que, dans la condition matérielle, l'appétit physique, béant sans cesse, ne s'assouvit que pour renaître.

Né à Anvers, en 1601, et habitué à Amsterdam depuis vingt ans, lorsque Vanden-Enden vint s'établir dans cette dernière ville, le plus profond mystère enveloppait sa vie passée. On savait seulement, qu'après avoir long-temps étudié chez les jésuites de La Haye, il y prit les premiers ordres de la prêtrise; mais qu'un jour il abandonna la carrière ecclésiastique, pour s'unir, malgré les défenses de l'Église, à une pauvre orpheline, qui lui donna deux filles et qui mourut peu de temps après ; s'étant marié de nouveau, Van-den-Enden eut deux autres filles de sa seconde femme *Catherine Medeams*.

Cette sorte de parjure à ses premiers vœux, cette rébellion aux volontés de l'Eglise, la retraite profonde où vivait Van-den Eden, son aspect grave et triste, ses rares connaissances médicales et anatomiques, sa science des langues, ses succès véritablement prodigieux dans la cure de plusieurs maladies, et surtout la curiosité incessante avec laquelle il s'occupait d'expériences et de travaux chimiques ; enfin, cette vie si mystérieusement occupée de choses occultes, qui eût sans doute fait bannir ou brûler ce philosophe comme sorcier, dans un pays moins libre que ne l'était alors la république des *Sept Provinces Unies*, ne lui valut à Amsterdam qu'une réputation de rare et grand savoir, dont le retentissement lui attira de nombreux élèves.

Ce savant, disent ses contemporains, *enseignait les langues avec une facilité incroyable, grâce à la pratique d'une méthode qui lui était particulière.* De fait, l'affluence des écoliers fut énorme pendant plusieurs années, et le fameux *Baruch Spinosa*, plus tard l'élève de prédilection de Van-den-Enden, vint apprendre chez lui les premiers éléments des langues latine et grecque.

Il est hors de doute que ce fut l'étroite intimité qui régna dès lors entre ce philosophe et Spinosa; Spinosa, déjà frappé d'anathème et d'excommunication par les juifs, qui, de plus, attentèrent deux fois à ses jours pour se venger des doctrines hardies que ce dernier avait professées contre la religion hébraïque; il est hors de doute, dis-je, que ce fut cette intimité qui motiva surtout les reproches *d'athéisme* adressés à Van-den-Enden; *car, ce docteur,* disent encore ses contemporains, *enseignait aux catholiques la religion catholique, aux luthériens le luthéranisme, aux calvi-*

nistes le calvinisme, et aux Turcs eût professé le Coran; mais il demeure apparent qu'il n'était véritablement d'aucune religion.

Le fait est que Van-den-Enden n'admettait, quant à lui, la divinité d'aucune religion; dans sa pensée, chaque secte, quelle qu'elle fût, n'était qu'une invention purement humaine, une combinaison sociale ou gouvernementale plus ou moins bien ordonnée, et, par cela qu'elle était humaine, irrévocablement soumise à cette condition commune : de *naître*, de *vivre* et de *mourir*.

Il n'était donc pas athée, en ce qu'il ne niait point Dieu; seulement comme son intelligence ne pouvait absolument percevoir les causes ou les fins de l'éblouissant mystère de la création, il répondait : — JE NE SAIS ! — à ces questions, selon lui éternellement insolubles :

> Qui a fait ce qui est?
> Pourquoi ce qui est, est-il?
> A-t-on une âme?
> Qu'est-ce qu'une âme?
> Qu'advient-il après la mort?

Faisant donc, on le répète, abstraction de l'origine divine de chaque religion, il les enseignait toutes indifféremment, comme autant de faits accomplis, influents, et, ainsi que toutes les œuvres de l'homme, participant à la fois du juste et de l'injuste, du faux et du vrai, du bon et du mauvais.

Quant à lui, sa conduite était simple; il faisait le bien au nom de l'humanité, mais pas au nom d'une incompréhensible fiction. Il faisait le bien pour le bien, sans y être encouragé, disait-il, « par l'égoïste » espérance d'une récompense future, sans » y être contraint par la dégradante terreur » d'un châtiment à venir. »

D'ailleurs, Van-den-Enden était en ces matières si ennemi du prosélytisme, et avait un tel scrupule et un tel respect pour la liberté de conscience des autres, que non seulement, ainsi qu'on a dit, il considérait également toutes les sectes, mais qu'il se garda toujours de porter la moindre atteinte aux croyances de ses femmes et de ses filles qui professaient la religion chrétienne.

D'une vie austère et retirée, ayant peu de besoins, il consacrait tout l'excédant d'une dépense modeste, à soulager quelques misères obscures, à procurer aux pauvres les médicaments qu'il leur ordonnait comme médecin, car il excellait, on l'a dit, dans cette profession; ou à faciliter enfin à de malheureux écoliers, ainsi qu'il le fit pour Spinosa, les abords de la science, en leur assurant pendant quelque temps une existence indépendante.

Mais cet homme, qui se montrait si conciliant, ou si indifférent, à propos de toutes les questions religieuses, et si supérieur aux choses matérielles de la vie, semblait réserver toute la puissance de sa volonté, toutes les forces de son esprit, toute l'opiniâtre résolution de son caractère pour faire, à tout prix, triompher sa *foi politique*.

En un mot, la pensée qui l'obsédait incessamment était l'établissement d'une *Société libre*, dont il avait formulé les statuts, et qui devait faire une si large part à la démocratie, que le gouvernement républicain *des Sept Provinces Unies*, dont il était citoyen, en eût paru presque aristocratique

Fol ou sage, tel était le but unique vers lequel Van-den-Enden marchait depuis longues années avec une singulière persistance. Ainsi, en ouvrant une école publique, il avait surtout songé à la propagation de ses doctrines ; et l'enseignement des langues anciennes servait de prétexte à l'enseignement politique. Aussi cette école, ouverte à tous, attirait souvent des voyageurs avides d'entendre professer ainsi publiquement des principes démocratiques si hostiles aux gouvernements monarchiques de ce temps-là, et si terriblement condamnés par eux. Alors surtout, le philosophe devenait plus éloquent encore, espérant faire éclore dans l'esprit de ces étrangers de vaillants instincts de liberté, que les événements pouvaient féconder, mûrir, et qui peut-être un jour, pensait-il, devaient porter de nobles fruits.

En un mot, si ce docteur avait voué sa vie entière au bonheur des hommes sans distinction de caste religieuse, il l'avait tout aussi ardemment vouée au triomphe de leur liberté, sans distinction de pays.

Malheureusement, ainsi que toutes choses poussées à l'extrême, la réalisation des théories de Van-den-Enden demeurait impraticable. C'était un de ces rêves magnifiques, une de ces utopies splendides enfantées dans le délire d'une imagination ardente et généreuse; c'était le cri déchirant d'une âme noble, grande et désolée, qui demande à la spéculation la plus éthérée, ce que la condition organique et possible de l'humanité lui refuse, et lui refusera toujours !

Aussi, on le répète, ce philosophe s'opiniâtrait à poursuivre une idéalité insaisissable ! Par cela qu'il était d'une extrême sévérité de mœurs, d'une inépuisable charité, d'une rare et solide vertu, dans son plan de régénération sociale, il n'avait pas fait la part si impérieusement absolue, de tout ce qui est ici-bas, méchant, égoïste et sordide; aussi, des anges n'eussent pas été assez purs pour une pareille combinaison.

Et puis, ce qui malheureusement faussait de plus en plus l'esprit de Van-den-Enden à ce sujet, c'était de voir quelle électrique et puissante sympathie ses admirables utopies éveillaient dans son auditoire; car les hommes de bien, comme les gens pervers, seront presque toujours profondément saisis par le merveilleux de tout sentiment grandiose. Mais de ce que la foule entraînée applaudissait avec transport aux idéalités généreuses du philosophe, il ne fallait pas penser, ainsi que le croyait ce sage, que pour ses auditeurs, l'application de ces théories serait la conséquence naturelle de l'enthousiasme qu'elles inspiraient. Il fallait songer que la vie humaine n'est ainsi qu'une longue succession d'aspirations sublimes et de chutes dégradantes, qu'une lutte perpétuelle entre l'esprit et le corps, combat inégal dans lequel les appétits physiques ou les passions égoïstes étouffent souvent, hélas ! l'instinct moral.

Enfin, comme chaque caractère a son point vulnérable, et qu'il est de *fait* que les plus belles organisations sont *humanisées* pour ainsi dire par quelque misère, Vanden-Enden, ce trésor de savoir, cet excellent esprit, ce sage austère et pitoyable, devenait d'une faiblesse aveugle, d'une inconséquence navrante, et d'une ambition presque féroce dès qu'il s'agissait de l'application de son plan favori. Pour arriver à cette chimère, il eût sacrifié (comme il fit) sa famille, sa fortune, son avenir, sa vie.

En un mot, dès que cette fibre irritante était touchée, la haute raison de ce philosophe, jusque là si radieuse et si sereine, s'obscurcissant tout-à-coup, les projets les plus insensés, les espérances les plus vaines, la venaient surprendre alors impunément.

Maintenant que cette analyse imparfaite du caractère de Van-den-Enden a pu le faire quelque peu connaître, on continuera le récit commencé.

Lorsque le jour gris et brumeux de cette matinée d'hiver parut à travers les vitraux, cédant malgré lui à la fatigue d'une aussi longue veille, Van-den-Enden s'était paisiblement endormi dans son fauteuil, la main encore posée sur le manuscrit de son Spinosa.

Il fallait que le sommeil du vieillard fût bien profond, car le bruit d'une porte brusquement ouverte ne l'éveilla pas, non plus que la violente exclamation de surprise et de colère que dame Catherine Medeams ne put contenir à la vue de son mari, qui avait encore une fois échappé à son aigre surveillance.

Dame Catherine était âgée de cinquante ans environ; vêtue de noir, selon la mode flamande, un étroit bonnet blanc et une large fraise empesée encadraient sa figure sèche, dure et pâle, digne du pinceau d'Holbein, et sur laquelle on lisait une rare habitude de domination domestique.

En effet, Van-den-Enden, toujours absorbé par la science et l'étude, avait abandonné à sa femme le gouvernement intérieur de sa maison, et même de sa personne dans l'ordre matériel de la vie, se réservant, disait-il, — sa liberté de pensées, — qui échappaient heureusement à l'inquisition de dame Catherine.

Voyant son mari toujours endormi, celle-ci, après avoir levé les mains au ciel d'un air d'indignation, s'approcha du fauteuil; puis, secouant le savant par la manche de sa robe, elle l'éveilla.

— Me direz-vous maintenant, — s'écria-t-elle avec une effrayante volubilité, — me direz-vous comment vous avez fait pour sortir de votre chambre, où je vous avais enfermé hier après souper ? Voilà donc comme vous

m'écoutez ? N'avez-vous pas de honte à votre
âge de courir de la sorte, et de passer les
nuits dehors de votre lit, et tout cela pour
venir à pas de loup, comme un véritable
criminel, rêvasser sur vos livres au coin
d'un foyer éteint ? Avec cela que vous êtes
d'une vaillante santé, pour faire ainsi la débauche ! Est-ce donc une nuit de janvier,
passée dans la froidure et sans sommeil,
qui vous guérira de votre sciatique ?... Allez,
allez, Affinius ! le plus fou de vos écoliers
est un sage auprès de vous.

— Je dormais pourtant si bien ! — soupira
Van-den-Enden avec une indicible expression de regret.

— Vous dormiez bien ! voilà, sur ma foi, un
beau et honnête sommeil : dormir dans un
fauteuil ! N'en rougissez-vous pas ? Et puis
maintenant, voilà l'heure de la classe, vous
allez vous donner la fièvre à bavarder et à
pérorer. Alors, votre asthme vous prendra ;
et puis, ce soir à souper, arrivera la même
redite : Catherine, je souffre ; Catherine,
j'ai la poitrine en feu ; Catherine, je n'ai pas
de faim. Et ce sera un maigre chaudeau
que vous me demanderez, au lieu de manger

une moitié de chapon ou une bonne tranche de bœuf rôti, arrosé d'une pinte de bière forte, et d'un verre ou deux de vin des Canaries, ainsi que tout bon chrétien le doit faire pour entretenir en lui l'œuvre de Dieu, et aussi utiliser ce qu'il a fait pour l'homme. Mais non, vous vous en donnez bien de garde, ma foi! Et dire, — s'écria dame Catherine de plus en plus indignée; — et dire que dans Amsterdam, ils sont assez sots ou assez aveugles pour vous admirer! Mais c'est qu'en parlant de vous, ce ne sont que paroles ronflantes et magnifiques : C'est le savant, le fameux docteur, le grand philosophe... Vous, vous, un grand philosophe? Ah Jésus, mon Dieu! s'ils vous connaissaient comme je vous connais, mon pauvre Affinius!!! — soupira dame Catherine d'un air de pitié et d'écrasante supériorité.

Cette exclamation fit doucement sourire le savant qui répondit à sa femme : — Eh bien! calmez-vous, Catherine; je tâcherai de regagner un peu votre estime aujourd'hui, en faisant honneur à votre souper, quand ce ne serait que pour prêcher l'exemple, car nous aurons un convive.

— Un convive ! Ah çà, j'espère bien que ce ne sera pas votre géant, votre glouton de colonel, qui, m'avez-vous dit, est parti pour La Haye depuis quinze jours, mais qui pourrait bien être revenu s'il n'a pas été pendu en chemin, selon ses mérites.

— Qui ? Latréaumont ? — demanda Van-den-Enden.

— Et quel autre, s'il vous plaît, mériterait ce nom, si ce n'est ce colosse mécréant, ce renégat, ce cousin de Satan, ce sacripant vorace, qui en un mois épuiserait les provisions qu'une bonne ménagère aurait amassées pour une année? enfin, je ne sais pourquoi cet homme m'est odieux. D'ailleurs, d'où vient-il ? qui est-il ? pourquoi est-il en Hollande ? qu'est-il allé faire à La Haye ? Personne ne le sait ; vous l'ignorez peut-être vous-même. Ah ! Affinius, Affinius, je vous le dis, les bruits les plus sinistres courent sur cet étranger.

Van-den-Enden laissa passer ce torrent de questions, et répondit :

— Rassurez-vous, Catherine, rassurez-vous ; le colonel ne prendra pas sa part de votre souper.

— Sainte Vierge ! Sa part ! sa part !... ce sont bien toutes les parts qu'il engloutit ! — s'écria dame Catherine en frémissant encore d'indignation.

— Rassurez-vous, vous dis-je; le convive que je vous annonce est Baruch Spinosa, — reprit le docteur en souriant; — mon ancien, mon digne élève, que j'ai prié hier.

— Hum ! sa venue ne fera sans doute pas beaucoup de plaisir à notre gendre Ker-Kerin, — dit Catherine d'un air fâcheux.

— Pourquoi cela ? Est-ce parce que mon pauvre Baruch a, comme lui, autrefois, aimé notre fille Clara-Maria ! Mais de quoi se plaindrait Ker-Kerin ? n'a-t-il pas été préféré, lui ? — soupira Van-den-Enden.

— Ah bien ! vous voilà encore à regretter ce mariage, n'est-ce pas ?... Beau parti, sur ma parole, que votre Spinosa ! Un rêveur, un songe-creux, réduit, pour pouvoir manger du pain, à faire des verres de lunettes ; et puis, si gauche, si ridicule, si étrange, que les enfants du Burgwal se le montraient au doigt. Au moins, Ker-Kerin, notre gendre, visite des malades, lui ! et son état de médecin est assez lucratif. Ce n'est pas comme vous! qui douez les pauvres de ce que les riches vous donnent... Mais que faire à cela? vous êtes, sur ce point, plus entêté qu'une mule, bien que vous ayez encore trois filles à marier; et dire pourtant que, sans le refus de Clara-Maria, vous auriez voulu de ce Spinosa pour gendre!.. Ah! qu'elle a bien fait de préférer Ker-Kerin.

— Et cependant, elle aimait mon pauvre Spinosa; elle et lui se convenaient si bien! tous deux si érudits, si éloquents... Ah! que de fois je les ai entendus discuter ensemble quelques passages obscurs des Prophètes, ou quelque point de la doctrine judaïque; et cela, dans la plus belle, dans la plus admirable latinité qui ait jamais flatté mon oreille!!

— Mais vous savez bien aussi que votre Baruch Spinosa, avec toute sa belle latinité, ne voulut pas embrasser la religion catholique, le détestable païen qu'il était, et que Clara-Maria ne consentait à l'épouser que dans ce cas.

— Certes, je le sais, et ce fut encore ce trait d'homme de bien qui ruina toutes les espérances de Spinosa; ne croyant pas, il ne voulut point acheter le bonheur par un mensonge hypocrite, et se résigna... Aussi pleura-t-il... ah! pleura-t-il bien longtemps, le pauvre Baruch!

— Et il pleurera bien plus long-temps encore dans l'éternité, sans compter les grincements de dents! car il est bien votre digne élève, ainsi que vous l'appelez. Je vous le dis, Affinius, la tombe est proche; il est encore temps de vous repentir, et la miséricorde divine est grande.

— J'espère au moins, Catherine, que vous nous donnerez ce soir un de ces bons gâteaux de girofle que vous faites si bien, — dit Van-den-Enden, qui ne descendait jamais à discuter avec sa femme ces irritantes questions.

— Oui, oui, ayez l'air de ne pas m'entendre; mais un jour, hélas! vous serez bien forcé d'entendre les cris des damnés, et de croire à l'enfer et à ses flammes, quand vous y rôtirez, enraciné pêcheur que vous êtes!

—Ah! ma pauvre Catherine,— dit Affinius en souriant,—vous prenez mal votre temps pour me faire peur des flammes, à moi que le froid saisit! Tenez, je frissonne; faites donc, je vous prie, rallumer ce foyer.

Catherine allait sans doute répondre à cette innocente plaisanterie, lorsque Clara-Maria, femme de Guillaume Ker-Kerin, entra dans le cabinet de son père.

Elle avait alors vingt-deux ans, était grande, pâle, et sa figure, sérieuse et ferme, de même que celle de son père, décelait une rare puissance de volonté, jointe au calme profond et inaltérable que donne la parfaite quiétude de l'âme; elle était vêtue de noir, avec une fraise et un bonnet blanc, qui, lui ceignant étroitement le front, laissait à peine apercevoir deux crochets de cheveux blonds; ses sourcils presque imperceptibles et ses grands yeux d'un bleu clair et limpide augmentaient encore l'expression d'impassibilité glaciale de cette physionomie; sa taille haute et mince manquait de grâce, mais sa démarche était grave et noble; aussi, lorsque vêtue de sa robe noire à longs plis traînants, Clara-Maria parut à la porte du cabinet, tenant sous son bras un lourd volume in-folio, cette austère figure avait un grand et imposant aspect.

Après avoir respectueusement reçu de Van-den-Enden un baiser sur le front, sa fille lui dit : — Ferai-je aujourd'hui l'enseignement politique, mon père?

— Oui, mon enfant... pour deux raisons : la première est que j'ai veillé, et que je suis souffrant; la seconde est que Baruch se trouve ici, et qu'il désire bien t'entendre.

— Spinosa est à Amsterdam? — dit-elle sans que sa physionomie de marbre changeât d'expression; — je le verrai donc avec plaisir, et je tâcherai de me montrer digne d'être écoutée d'un si rare et si bon esprit.

— Ah! Clara-Maria, si tu avais voulu pourtant! — dit Van-den-Enden avec un profond soupir, qui exprimait tous ses regrets de ne pas voir sa fille mariée à Spinosa.

Mais un bruit de voix assez distinct annonçant au docteur que son école était à peu près remplie, il se leva de son fauteuil, et, s'appuyant sur le bras de sa fille, il descendit avec peine les marches qui conduisaient de son cabinet à sa classe.

Éclairé par quatre fenêtres étroites et hautes, percées d'un seul côté, l'intérieur de cette école offrait un tableau digne de Rembrandt. Cette longue pièce était garnie de tables et de bancs; vers son extrémité, et à droite des marches qui communiquaient au cabinet du docteur, on voyait une estrade quelque peu élevée, surmontée d'une chaire et d'une table de chêne assez précieusement sculptées.

Clara-Maria y prit gravement place, et son père s'assit à côté d'elle en la regardant avec un certain orgueil. Presque tous les écoliers étaient, selon la mode du temps, vêtus de noir, et leurs barbes se détachaient nettement sur la blancheur de leur grand col à pointes rabattues, tandis que le jour, tombant du haut des fenêtres, mettait en singulier relief le profil de ces physionomies attentives, qui se dessinaient de la sorte, lumineuses et vivement colorées, sur les boiseries brunes et enfumées de l'*Hôtel des Muses*.

Cette heure du jour était ordinairement consacrée, dans l'école, au développement de certaines questions politiques, qui amenaient naturellement l'examen du système des divers gouvernements d'alors, sorte de thèse dans laquelle Clara-Maria suppléait souvent son père; car l'esprit juste et hardi de cette jeune femme s'était merveilleusement assimilé les doctrines démocratiques du philosophe, qu'elle professait avec une rare énergie de conviction.

L'exposition d'idées aussi sérieuses, cet enseignement politique confié à une jeune femme, qui semblerait inouï de nos jours, étaient pourtant alors assez fréquents, et on citait la célèbre *Paccola* de Venise, qui professait le droit et la théologie dans un collège de cette ville, et était d'une si excellente beauté, qu'elle parlait derrière un rideau, afin, disait-on, de ne pas donner de distractions à son auditoire.

Les gens qui remplissaient l'école de Van-den-Enden étaient de tous âges et de tous états, et parmi eux, ainsi qu'on l'a dit, on voyait quelques étrangers attirés par le renom du professeur, ou par la curiosité d'entendre soutenir ouvertement des principes condamnés dans presque tous les États de l'Europe.

Or, après avoir du manche de son couteau d'ivoire frappé deux coups bien distincts sur le bras de la chaire, pour réclamer l'attention des écoliers, Clara-Maria prit la parole au milieu d'un profond silence.

Le texte de la dissertation fut l'examen de cette question : *Les peuples ont-ils le droit de se rebeller lorsque la tyrannie des souverains leur devient insupportable ?*

Puis, la déduction affirmative de ce droit, fut appuyée d'un fait accompli, à savoir : — l'émancipation violente des sept Provinces-Unies, qui, s'étant constituées en république, après une lutte opiniâtre et acharnée contre l'Espagne, avaient ainsi échappé à sa domination despotique et assuré courageusement l'exercice de leurs droits.

Quoique cette argumentation semblât devoir donner lieu à une improvisation chaleureuse et à des mouvements passionnés, la parole de Clara-Maria, bien que sonore et ferme, demeura calme et d'une impassible égalité. Profondément convaincue de la majestueuse autorité des maximes qu'elle professait, elle dédaignait sans doute la ressource pourtant si puissante, des inflexions oratoires, qui auraient peut-être aussi animé son langage aux dépens de son allure imposante, et de sa gravité solennelle.

Parmi les auditeurs, un surtout suivait avec une attention singulière, et pour ainsi dire inquiète, les différentes périodes du discours de la jeune femme.

Placé tout proche de la chaire, il échangeait souvent un regard humide de tendresse ou brillant d'admiration avec Van-den-Enden, lorque sa fille rencontrait quelque pensée brûlante de patriotisme, qui, tombant glacée de sa lèvre de marbre, ne perdait pourtant rien de sa puissance.... non plus qu'une lave bouillante qui devient airain en se refroidissant.

L'homme dont on parle, était vêtu de gros drap brun; son col était uni, et ses vêtements annonçaient une entière insouciance de la toilette. Maigre et de petite taille, quoiqu'il eût à peine trente ans, il était déjà chauve, et des rides prématurées sillonnaient son grand front; son teint était olivâtre comme celui de presque tous les juifs; son nez, fortement arqué, se recourbait en bec d'aigle, tandis que ses joues creuses, à pommettes saillantes et légèrement colorées, révélaient une maladie mortelle dont il devait mourir jeune encore. Somme toute, cette physionomie souffrante et distraite, cette contenance embarrassée, n'annonçait en rien l'homme de génie éminent, le puissant chef de secte... car cet homme était : *Baruch Spinosa !*

Clara-Maria continuait donc gravement son discours, lorsque le religieux et profond silence d'admiration qui régnait dans l'auditoire fut tout à coup interrompu par un chant grossier, qui retentit derrière la porte de l'école, et on entendit une voix tonnante chanter en français ce refrain d'une vieille chanson de la Fronde :

> Il fourba jusqu'au tombeau,
> Il fourba même le bourreau,
> Évitant une mort infâme ;
> Il fourba le diable en ce point,
> Qu'il crut emporter son âme....
> Mais l'affronteur n'en avait point.

Ce chant et ces paroles, que plusieurs écoliers comprirent, stupéfièrent toute l'école. Van-den-Enden fit un geste de surprise, et sa fille ne put retenir un impérieux mouvement d'indignation.

Alors un nouveau personnage entra dans l'*Hôtel des Muses*.

CHAPITRE DEUXIÈME.

.... Mais la plus horrible figure ne m'eût pas causé plus d'épouvante que celle de ce Coppelins.

— HOFMANN. — *L'homme au sable.*

Le Colonel.

La porte s'ouvrit donc, et on vit entrer un homme d'une taille colossale, soigneusement enveloppé d'un manteau tout couvert de neige. Ce personnage, sans cesser de chanter, répéta pourtant ce refrain d'une voix moins éclatante, bien que fort assurée;

> Evitant une mort infâme;
> Il fourba le diable en ce point,
> Qu'il pensait emporter son âme,
> Mais l'affronteur n'en avait point.

Puis, ayant refermé bruyamment la porte, ce géant se débarrassa de son manteau qu'il jeta sur un des derniers bancs de l'école.

Alors, toujours fredonnant, il ôta de dessus sa tête un feutre gris à plumes rouges, dont il secoua aussi la neige çà et là, au risque d'en couvrir les écoliers placés près de lui.

Cet étranger, qui avait plus de six pieds de haut, paraissait âgé de quarante ans environ, et son costume, assez misérable d'ailleurs, annonçait l'homme de guerre. Ses robustes et larges épaules, ainsi que sa vaste poitrine, parfaitement en harmonie avec sa taille énorme, se dessinaient puissamment sous un grand justaucorps de buffle que garnissaient encore quelques passements d'or ternis. Un haut-de-chausses de gros drap écarlate; de lourdes bottes de basane à éperons rouillés; un col d'une blancheur douteuse; une écharpe fanée de tabis orange, qui devait avoir été richement brodée d'argent, si l'on en jugeait du moins par les débris éraillés de son ancienne splendeur ; par-dessus tout cela, une ample casaque de route, en étoffe couleur de musc, que le fourreau noir d'une lourde épée, à poignée de fer, relevait par le bas ; enfin, de vieux gants de peau de daim qui, couvrant presque entièrement ses bras musculeux, lui montaient au-dessus du coude : tel était l'accoutrement de ce personnage.

Sa figure, qui offrait un type remarquable d'audace et d'effronterie, révélait surtout cette insolence d'athlète, cette confiance brutale et railleuse, donnée par la conscience d'une force physique herculéenne, et d'un courage à toute épreuve. Ce colosse ne portait pas de perruque, contre la mode d'alors, et ses cheveux noirs, courts, épais et rudes, blanchissaient légèrement sur ses tempes couleur de brique, dont la moindre émotion gonflait outre mesure les veines saillantes et bleuâtres. On voyait que ses traits avaient dû être assez beaux, mais d'une beauté plus mâle qu'élégante ; sa moustache et ses sourcils de jais noblement arqués, tranchaient vigoureusement sur son teint couperosé, que le froid avait encore avivé; une arête ferme et osseuse accusait les hardis contours de son nez aquilin, surmonté d'un front haut, proéminent, mais bruni par le hâle, et empourpré çà et là par les suites de l'intempérance; enfin ses yeux gris à fleur de tête, brillants, bien ouverts, et dont la prunelle était si grande, qu'on voyait à peine le blanc de l'œil, avaient une telle expression d'arrogance et de dédain, que les auditeurs de Clara-Maria, irrités des airs insolents de ce cavalier, commençaient déjà de murmurer sourdement.

Mais le géant, sans s'émouvoir le moins du monde, tenant une main sur la poignée de fer de sa longue épée, et de l'autre relevant sa moustache, avec un air de véritable capitan, s'approcha de la chaire de maître Van-den-Enden en faisant pesamment résonner le sol sous ses talons éperonnés. Puis, ce colosse prenant sans façon dans sa large main la main blanche et maigre de Clara-Maria, la porta brusquement à ses lèvres, et y déposa un vigoureux baiser, avant que la jeune femme eût pu la retirer,

À cette impertinente familiarité, qui pour elle, était une insulte, la fille de Van-den-Enden se leva vivement; l'indignation colora son pâle et sérieux visage, tandis que son père s'écria en français : — Colonel, que faites-vous?

— Mort-dieu! excusez-moi, révérendissime docteur! — répondit l'athlétique personnage d'une grosse voix rude et retentissante; — excusez-moi, car c'est la joie de me voir de retour dans cet incomparable *Hôtel des Muses*, dont vous êtes le digne Jupiter; et sang-dieu! je n'ai pu m'empêcher de rendre hommage à la Minerve de votre Olympe dans la toute galante personne de mademoiselle (1), aussi surprenamment belle que sagissime et doctissime !

Puis se tournant vers les écoliers dont plusieurs étaient déjà montés sur leurs bancs, le colonel ajouta d'un air hautain et railleur :

— Et je suis tout aussi prêt à rendre hommage au vaillant dieu Mars, dans la personne de celui des illustrissimes et bra-

(1) On appelait en France *mademoiselle* les femmes mariées qui n'étaient pas nobles.

vissimes seigneurs qui voudra que je lui fasse danser une courante au son de deux épées qui se choquent; car, tue-dieu! mes jeunes coqs de basse-cour, le champ clos... voilà ma salle de bal!... acier sur acier... voilà mes violons!

Heureusement que maître Van-den-Enden mit fin aux bravades de ce sauvage matamore en lui disant : — Veuillez bien venir avec moi, colonel; car d'après votre retour inattendu, je pense que nous avons à nous entretenir longuement.

— Qu'il soit donc fait ainsi que vous le désirez, mon vénérable ami — reprit le colonel en souriant avec impertinence à Clara-Maria, qui lui répondit par un regard de dégoût et de mépris, puis il suivit le docteur, toujours grandement surpris de cette arrivée si imprévue.

Après avoir fermé soigneusement la porte de son cabinet, Van-den-Enden dit à l'étranger : — Allez-vous au moins m'apprendre pourquoi vous revenez sitôt... Quelles nouvelles? *Les avez-vous vus?* Est-il quelque espoir? Peut-on compter sur leur aide?

Mais le géant, au lieu de répondre à

ces questions précipitées, faisant de sa main droite un signe expressif qui semblait devoir sinon calmer, au moins ajourner l'inquiète curiosité du docteur, lui dit avec le plus grand sang-froid du monde :

— Avant que de rien tirer de moi sur mon voyage, sérénissime philosophe, trouvez bon que je vous déclare les conditions qu'un affronteur de ténèbres, de bise et de neige, a le droit d'imposer à tout citadin curieux qui n'a pas quitté son toit pendant la nuit. Or donc : *primo*, vous me ferez grand feu dans cet antre doctissime, où vous moisirez un jour si vous n'y prenez garde ; c'est un sincère et respectable ami qui vous le prédit ; *secundo*, vous me donnerez un glorieux flacon de vin des Canaries pour chasser la froidure que j'ai humée toute la nuit, et qui a changé mes entrailles en une véritable Moscovie ; *tertio*, enfin, vous ajouterez au vin des Canaries quelques uns de ces bons gâteaux de froment au gérofle, jaunes comme de l'or, dont dame Catherine a le secret, vu que rien ne prédispose autant au déjeuner que je ferai ici, père la Sagesse ; car nous avons à causer longuement ensemble... et si longuement, mort-dieu ! que je dînerai sûrement aussi chez vous, afin de pouvoir y attendre plus gaiement l'heure de votre souper.

— Mais ces nouvelles, ces nouvelles ? — dit Van-den-Enden avec anxiété.

— Au fait, non, je me ravise, — reprit le colonel en regardant le vieillard d'un air sérieux et réfléchi ; — oui, je me ravise, avant ces gâteaux de froment, qui, entre nous, écœurent; décidément je préfère une moitié de langue de bœuf fumée, d'un beau rouge écarlate, dûment saupoudrée de poivre et de sel, avec quelques brins de persil bien vert ; ensuite viendront les gâteaux de froment, qu'alors je pourrai tremper dans un fort grand verre de vin d'Espagne chaud et sucré, afin de faire fondre les glaçons que je me sens dans le corps. Allez donc, révérentissime docteur, exécuter mes primo, secundo et tertio, puis, après, vous verrez que mon récit ne faillira pas à vos doctissimes oreilles!

Persuadé, sans doute, de l'inutilité des nouvelles instances qu'il aurait pu faire auprès de l'étranger, Van-den-Enden sortit un moment pour se procurer des provisions qu'il fit apporter bientôt, sans doute au cuisant regret de dame Catherine.

Lorsque le docteur rentra, l'athlétique colonel, ranimant le foyer, y avait entassé plus de bois qu'il n'en eût fallu pour griller le festin des héros d'Homère, et semblait s'épanouir à l'ardente chaleur de ce brasier.

Néanmoins, au retour du philosophe, il abandonna ce délicieux passe-temps pour engloutir, avec une incroyable voracité, la collation matinale que Van-den-Enden avait fait placer sur sa table de travail.

Puis, étant repu, et faisant résonner bruyamment sa langue contre son palais, le colonel s'écria : — Vivat, père la Sagesse ! Je commence à me remettre en appétit, et je puis me prédire, avec une satisfaction véritable, une terrible faim pour tantôt !!

Alors, prenant d'une main un verre de vin, et de l'autre un gâteau doré de dame Catherine, le colonel s'enfonça mollement dans le vaste fauteuil de Van-den-Enden qu'il s'était approprié ; puis, appuyant le bout de ses bottes sur les chenets, et montrant la flamme vive et ardente qui tourbillonnait dans la cheminée, il dit au vieillard, en poussant l'incivilité jusqu'à lui parler la bouche pleine :

—Voilà, père la Sagesse, ce qui s'appelle un bon feu !.. Or, avouez que rien n'est meilleur pour s'entretenir paisiblement de ses affaires après une rude nuit de voyage. Aussi, maintenant que vous avez loyalement et amplement accompli mon primo, mon secundo et mon tertio, vous allez tout savoir.....

Mais avant que de faire assister le lecteur à la conversation de ces deux personnages si différents, on doit donner quelques détails sur le colonel.

CHAPITRE TROISIÈME.

.... Don Fernand, dans sa province, est oisif, remuant, séditieux, fourbe, intempérant, querelleur, impertinent; il tire l'épée contre ses voisins, pour un rien il expose sa vie ; il a tué des hommes , il sera tué.

— Labruyère. — *De l'homme*, ch. 9.

Messire Jules Duhamel de Latréaumont.

Ce personnage se nommait messire *Jules Duhamel* de Latréaumont; issu d'une noble et bonne famille de Normandie, qui avait toujours tenu un rang extrêmement distingué dans la robe, il était fils de damoiselle Barbe Deschamps, et de sire Georges Duhamel, conseiller à la cour des comptes de

Rouen, seigneur de Latréaumont, fiefs et terres de Craconville et de Charmoy.

Le conseiller défunt, Latréaumont fort jeune encore, et sortant à peine d'académie, se vit entièrement libre de disposer d'une fortune assez considérable, dont il usa bientôt plus que largement. Aussi les grasses métairies, les bois touffus, les lucratives et honorifiques redevances, furent-ils vendus peu à peu, et convertis en beaux louis d'or, qui durant quelques années, alimentèrent splendidement les goûts désordonnés de Latréaumont; car on eût dit que les passions de cet homme devaient participer de sa colossale organisation physique, tant elles étaient puissantes et fougueuses.

Enfin, cette irrésistible et puissante trinité, qui résume, en trois mots, les plus ardents appétits de l'homme : *le Jeu, le Vin et les Femmes*, cet irritant symbole de la jouissance matérielle, avec ses provocantes visions de courtisanes demi-nues, d'or qui ruisselle, et de longs festins aux cris joyeux, telle fut la religion de Latréaumont, qui se livra corps et âme à son impur sacerdoce avec toute l'énergie de son caractère, et l'inépuisable vigueur de sa nature.

Dès lors, Rouen, sa ville natale, devint le théâtre de ses brutales débauches et de ses obscures prodigalités. Tant qu'il conserva quelques terres de son patrimoine, il eut, comme tout gentilhomme du pays, une vingtaine de chiens courants ; car il aimait aussi passionnément la chasse, autant par goût pour ce mâle exercice, que pour les tumultueuses orgies qui le suivaient, ou pour les irritantes parties de jeu qui s'engageaient après souper.

Mais dans ses déréglements, cet homme n'apportait nul goût, nulle élégance ; c'était le vice grossier et sordide, dépouillé de cet attrait qui le fait quelquefois pardonner. Seulement, *tant qu'il fut riche*, Latréaumont mit, il faut le dire, une rude franchise dans ses rapports avec ses amis de plaisir. Compagnon aussi prodigue que hardi, sa bourse ou son épée appartenait de droit à tout gentilhomme ; et de plus, sa probité au jeu pouvait passer véritablement pour miraculeuse, dans un temps où M. le chevalier de Grammont et tant d'autres avaient fait admettre dans le plus grand monde, certaine adresse qui serait une fortune pour les prestidigitateurs modernes.

Malheureusement, les moyens de mener cette joyeuse vie, et de nourrir d'aussi généreuses qualités, ne durèrent pas au-delà de cinq ou six ans, et un jour, Latréaumont se réveilla *pauvre et seul,* comme dit le l'Écriture.

De ce moment, ce qui avait paru jusque là loyal chez cet homme, ne put résister à la décisive et terrible épreuve du malheur. Ce caractère, jusque là, si facilement honnête, s'aigrissant peu à peu, se corrompit enfin à jamais, dès que Latréaumont dut lutter contre l'exigence de ses passions inassouvies, ou subir des privations sans nombre, rendues plus poignantes encore par les souvenirs de ses jouissances passées.

Ainsi s'opéra dans son organisation morale, une transformation aussi humaine qu'effrayante, et ses mauvais instincts, jusque là cachés sous le manteau d'or de son opulence passagère, se montrèrent bientôt nus, affamés et menaçants.

La profusion lui étant devenue impossible, une cupidité monstrueuse la remplaça ; autrefois irréprochable au jeu, parce que le gain lui était de peu, Latréaumont y devint déloyal, dès qu'il joua pour subvenir à ses vicieux besoins. Brave dans une rencontre désintéressée jusque là de tout motif bas et criminel, il se fit spadassin pour soutenir ses méfaits par ce meurtre toléré, ou se rehausser un peu en usurpant cette espèce de considération, que l'intrépidité jointe à l'adresse et à une force d'athlète, arrache assez généralement aux hommes. Enfin, ayant autrefois, par orgueil ou caprice, pris à gage des femmes éhontées, il en vint dans son infortune, à se faire, auprès de quelques unes, d'impures ressources des avantages physiques qui pouvaient charmer ces créatures.

Après avoir ainsi descendu jusqu'à la misère par toutes les phases dégradantes de la ruine, Latréaumont, habitant toujours Rouen, se jeta dès lors dans un hideux chaos de fourbes, de matamores et de femmes perdues ; ses terribles penchants n'eurent plus de frein, et son crapuleux entourage éteignant à jamais en lui tout sentiment de respect de soi; après plusieurs rixes ignobles et sanglantes et quelques duels malheureux, il fut forcé de quitter Rouen perdu de dettes et de débauches.

C'était dans le fort de *la Fronde*, de cette guerre civile, aussi puérile dans ses causes qu'épouvantable dans ses résultats. Latréaumont, d'une rare bravoure, entrevoyant dans cette existence de pillage et de danger quelques chances de lucre, acheta, de ses dernières pistoles, un bon cheval, un buffle, des armes, et se fit partisan.

Au physique et au moral, Latréaumont semblait d'ailleurs merveilleusement né pour cette carrière aventureuse. Courageux jusqu'à la témérité, d'une santé de fer, d'une force si effrayante, qu'il soulevait, dit-on, un cheval sur ses larges épaules, ou l'étourdissait d'un coup de son poing énorme; d'une rare habileté dans tous les exercices du corps et d'académie; cupide, sans foi ni conscience, ne craignant ni Dieu ni les hommes, capable de tout entreprendre, sa résolution, enfin, devenait d'une terrible opiniâtreté s'il s'agissait d'assouvir ses passions effrénées.

Puis, par un curieux et bien étrange contraste, cet homme, d'une énergie si animale, non seulement se piquait de bel esprit, mais encore avait beaucoup de lettres ; car, avant la mort de son père, il s'était si fort distingué au collége de Rouen, qu'on a conservé de lui plusieurs morceaux d'une très bonne latinité. Aussi, chose rare chez les gentilshommes campagnards de ces temps-là, savait-il parfaitement sa langue, et plusieurs de ses lettres, écrites d'un grand style, prouvent combien cet homme était singulièrement doué.

Malheureusement l'obscure et l'exécrable vie qu'il menait, avait éteint ses plus brillantes facultés. Seulement, de même qu'un sol fertile pousse encore çà et là quelques fleurs sauvages, malgré l'abandon où on le laisse, l'inépuisable fonds d'esprit naturel de Latréaumont perçait toujours en saillies d'une gaieté bouffonne ou d'une ironie brutale, qui, malgré leur apparente grossièreté, ne manquaient jamais de sens, de force ou de portée.

Enfin, comme, après tout, il ne peut exister de caractère excentrique en mal ou en bien, et que d'ailleurs, la bête fauve une fois repue, dort, ou demeure à peu près inoffensive; dès que Latréaumont avait dix louis dans sa bourse, un bon souper et une ou deux femmes sur ses genoux, il devenait traitable, obligeant, et même capable de dévouement, si l'on parvenait à toucher, parmi les ténèbres de cette âme perverse et desséchée, le peu de fibres qu'un bon sentiment faisait encore tressaillir.

Autre singulier contraste, cet être implacable, endurci, qui avait presque fait mourir sa mère de douleur, par ses désordres, conserva jusqu'à la fin de sa vie diabolique, l'attachement le plus tendre pour une pauvre femme qui l'avait nourri et élevé. Tant qu'il fut riche, il la garda; dès qu'il fut ruiné et forcé de s'exiler, il l'envoya chez son beau-frère à lui, messire Duchesne, sieur des Préaux (dont plus tard on parlera longuement), la recommandant avec instance à ce parent jusqu'à des jours meilleurs.

Somme toute, jamais Latréaumont ne commettait une mauvaise action par l'unique attrait de la méchanceté; et dès que sa passion, ou sa volonté du moment ne se trouvait pas engagée, le peu qu'il restait d'honorable chez cet homme corrompu, surnageait, et pouvait, on l'a dit, le porter encore à quelque noble action.

Latréaumont s'était donc fait partisan lors des troubles de la Fronde ; beaucoup plus que sceptique en matières d'opinions politiques, il servit tour à tour le roi et M. le prince de Condé ; aujourd'hui *Frondeur* (1), demain *Mazarin* (2), selon que chaque armée tenait ses quartiers dans un pays riche ou pauvre ; mais rançonnant toujours avec la même impartiale avidité, les citadins ou les paysans neutres, que chaque parti nommait les *Mitigés*, et qui furent véritablement les seules victimes de ces sanglantes divisions.

A son adresse au jeu, à ses pilleries, Latréaumont joignit encore une autre source de profit qu'on va dire.

Il se trouvait alors par hasard, *Frondeur*; pourtant, soit qu'il ne demeurât pas extrêmement convaincu de la justesse des réclamatons que M. le prince de Condé, en révolte

---

(1) Partisan de M. le prince de Condé.
(2) Partisan du Roi.

ouverte, appuyait des armes Espagnoles ; soit qu'il entendît chaque jour faire d'appétissants récits des riches captures dont profitaient les *Mazarins*, Latréaumont quitta la *Fronde*, fit sa soumission au parti du roi, se battit intrépidement pendant une campagne, et, pour prix de ses services, eut la maîtrise du régiment de Richelieu. Ce fut alors qu'il imagina de rassembler une grosse somme de fausse monnaie (fort commune alors), afin d'en solder ses cavaliers, et de se réserver les bonnes pistoles que le trésor royal lui confiait pour payer sa troupe, Latréaumont prétendant que l'argent — *n'était après tout qu'un signe représentatif.* Malheureusement cet innocent échange étant bientôt découvert, soldats et officiers s'en plaignirent d'une façon si menaçante, que le colonel, ouvrant les yeux, commença de regretter d'avoir quitté la *Fronde*; aussi, décidément indigné de voir la France subir l'orgueilleuse tyrannie de Mazarin, et reconnaissant de nouveau l'excellence du parti de M. le prince de Condé, il abandonna pour jamais les Royalistes.

Ce retour à la *Fronde* ne lui fut pas infructueux; car, commandant une compagnie d'*enfants perdus*, qu'il avait formée sous l'agrément de M. le maréchal de Hocquincourt, et pillant, près de Melun, le château d'un incorrigible *Mazarin,* il *trouva* par *hasard* un fil de perles avec son médaillon de diamants, qu'il vendit quatre mille pistoles à un juif.

Les opinions politiques de Latréaumont subirent alors une troisième transformation : à dater de ce jour, ou plutôt de ces quatre mille pistoles, il fit un retour sur lui-même; il se demanda de quel droit, après tout, il déchirait le sein de sa mère? Le cœur lui saigna de voir sa malheureuse patrie, ainsi dévastée par la rage des partis! il eut comme horreur de son passé, en songeant que lui aussi avait été un des acteurs parricides de ces épouvantables dissensions, dans lesquelles l'étranger était intervenu au nom d'une ambition sacrilége ! alors, enveloppant dans la même réprobation *Mazarins* et *Frondeurs*, il se fit *Mitigé;* seulement, comme il était doué d'une longue et forte épée, qu'il maniait vigoureusement, les quatre mille pistoles du fil de perles se dissipèrent en paix, bien à l'abri de toute tentative ennemie.

Après avoir dépensé une bonne partie de cette somme à déplorer les malheurs du temps, Latréaumont ne pouvant, sans doute, supporter davantage le spectacle des désastres de sa patrie, s'en alla visiter les cours du Nord.

Ayant quelque temps résidé à Cologne, le prince de Fürstemberg, électeur de ce cercle, s'éprenant de la bravoure et de l'esprit railleur et cynique du *Mitigé*, lui proposa du service; la fin des quatre mille pistoles approchait, Latréaumont accepta, et S. A. Électorale lui donnant un régiment de cuirassiers, le prit pour son écuyer.

Au bout de quelque temps, la faveur de Latréaumont diminua; ses mœurs détestables, son caractère impérieux, qui ne voulait faire à l'électeur son maître de concession d'aucune sorte; ses hauteurs, sa violence, son impiété brutale, qui alla jusqu'à frapper dans sa chaire un ministre protestant, amenèrent enfin son exclusion de Cologne, après un séjour de sept ou huit mois dans cet électorat.

Alors le partisan alla prendre du service en Hongrie contre les Turcs, et fit bravement cette campagne, en compagnie de M. le comte de Guiche, qui servait comme volontaire dans les armées de l'Empire, pour se distraire de son exil.

Après deux campagnes, dont il tira quelques profits, Latréaumont abandonna l'empereur, offrit au sultan d'embrasser la religion mahométane si Sa Hautesse le voulait employer d'une manière convenable à sa qualité; mais les avantages proposés par le Grand-Seigneur ne convenant pas à l'ancien *frondeur-mazarin-mitigé*, il revint, heureusement pour son salut, au giron de l'Église catholique, et alla respirer l'air natal à Rouen, où le temps avait fait oublier ses méfaits.

Latréaumont se trouvait donc en Normandie au commencement de l'année 1668. Depuis qu'il avait quitté la France, de grands changements s'y étaient opérés; l'esprit inquiet et turbulent de la Fronde s'était effacé devant l'énergique et puissante direction donnée aux affaires par Lyonne, Colbert et Le Tellier, ministres habiles, appuyés d'ailleurs par une nombreuse armée, que l'infatigable activité de Louvois commençait de discipliner sévèrement, et dont la fidélité était garantie par la haute influence de Turenne et de Condé, ralliés alors et pour toujours au trône de France.

Néanmoins, les populations écrasées de taxes, sans se rebeller tout-à-fait, s'agitaient sourdement, et maintes fois à cette époque, des troupes furent envoyées en Dauphiné, en Bretagne, en Languedoc et en Normandie pour assurer, par leur présence, la perception des impôts.

Latréaumont qui, par ses liens de famille et ses anciennes relations de jeu, de chasse et de débauche, avait conservé d'assez grandes habitudes en Normandie, parmi des gens de toute sorte, voyant ces symptômes de mécontentement sourdre dans la province, se persuada que depuis dix ans, rien n'avait changé; que le gouvernement était, comme au temps de la Fronde, sans force et sans unité, et qu'enfin ce lucratif et beau temps des dissensions civiles pouvait renaître; aussi se montra-t-il un des plus déterminés opposants à la perception des taxes, agissant d'ailleurs, ainsi qu'il disait, avec le plus superbe désintéressement, « en cela » qu'il ne possédait pas une obole au soleil » qui fût imposable. »

Bien qu'apparemment insensée, pour un homme rompu aux principes des guerres civiles de ces temps-là, la conduite du partisan était pourtant saine et logique. Car depuis M. le prince de Condé jusqu'au dernier mécontent, tous avaient procédé de la sorte : « ou fomenter une sédition assez forte » pour renverser le pouvoir, — ou se faire » assez de partisans pour effrayer l'autorité, » la forcer de compter avec vous, et se faire » alors acheter le plus cher possible. »

Mais, on le répète, les temps n'étaient plus les mêmes; aussi, Latréaumont eut beau s'agiter, déclamer contre la tyrannie, l'illégalité des impôts et la misère générale, il trouva bien des gens qui se firent ses échos, mais pas un qui voulût ou osât se révolter ouvertement. En un mot, si l'ancien partisan ne réussit pas à soulever la Normandie, il s'assura du moins dans le pays un fort honnête renom de *Hardi mécontent*, et des avis charitables lui apprirent que l'autorité surveillait sa conduite.

Latréaumont, toujours imbu des maximes d'une autre époque, crut alors avoir fait un merveilleux coup de partie; qu'on le redoutait, et qu'il ne devait plus que demander pour obtenir; aussi alla-t-il bientôt à Saint-Germain « *dire un mot de ses prétentions.* »

Ignorant leur étrangeté, un de ses anciens compagnons de l'armée du Roi, M. de Brissac, alors major des gardes du corps, lui fit obtenir une audience de M. de Louvois, et aussitôt le partisan, entrant en matière avec son assurance et son effronterie habituelles, demanda tout d'abord à l'impérieux ministre: *un Régiment*, ajoutant, « qu'à la vérité il n'avait pas de quoi acheter ce régiment, mais que des gens comme lui se devaient payer, et largement payer *pour plus d'une raison.* »

Qu'on se figure, s'il se peut, M. de Louvois, hautain, brutal, emporté, habitué à voir tout trembler devant lui, et qu'on n'abordait qu'avec une certaine épouvante, recevant une pareille requête ! faite d'ailleurs de ce ton impertinent et matamore, si particulier à Latréaumont.

Le ministre en devint pourpre de colère, secoua sa perruque noire, d'un air terrible, et répondit au partisan en lui montrant la porte : — Que, comme il connaissait ses manœuvres en Normandie, non seulement il ne lui donnerait ni un régiment ni une compagnie, mais qu'il l'engageait encore à sortir de France pendant quelque temps, s'il ne voulait pas aller pourrir à la Bastille.

Latréaumont, furieux, montra le poing à M. de Louvois, le menaça, lui dit *qu'il le lui paierait*, jura, sacra, et sortit en fermant la porte avec une violence effroyable.

Il est hors de doute que sans l'intervention pressante et subite de M. de Brissac, le partisan était immédiatement arrêté et emprisonné; mais M. de Louvois consentit à oublier cette injure, sur la promesse formelle qui lui fut faite par le major, que ce gladiateur insolent quitterait aussitôt la France.

Sur l'heure, en effet, M. de Brissac fit

monter Latréaumont à cheval, lui donna quelques pistoles, et obtint de lui la promesse de se retirer en Hollande, promesse que Latréaumont accorda sans trop marchander, car ce voyage ne lui déplaisait pas, et pour cause.

Latréaumont partit donc. Il n'était plus jeune; la vie des camps, ses blessures, ses débauches lui avaient fait perdre une partie des avantages extérieurs dans lesquels il avait autrefois pu trouver de si impures ressources; aussi ne lui restait-il plus que son épée, son adresse au jeu, sa force d'athlète et son imperturbable audace. Ce fut donc avec ce singulier capital, et une vingtaine de pistoles, qu'il arriva à Amsterdam.

On l'a dit, Latréaumont n'avait pas, sans raison, agréé pour retraite passagère, l'un des États libres de la *République* des *sept Provinces-Unies*, car il savait parfaitement que l'Empire et l'Espagne accueillaient toujours bien, soit à La Haye, soit à Amsterdam, grâce à l'intermédiaire de leurs ministres résidents, tous les mécontents que l'exil ou la mauvaise fortune chassait de France, espérant tôt ou tard fomenter par eux quelques nouvelles séditions dans ce pays, et porter ainsi un coup dangereux à la monarchie de Louis XIV.

D'ailleurs les Hollandais eux-mêmes commençaient à se défier fort de l'alliance de Louis XIV, qui les avait déjà plusieurs fois cruellement trahis, et le peuple se prononçait de plus en plus contre la France : aussi Latréaumont, sans avoir de plan positivement arrêté, comprit bientôt qu'il pourrait tirer avantage de l'espèce de proscription qui le frappait en intéressant des étrangers à son sort, et que sa connaissance parfaite de la Normandie et des éléments de rébellion qu'il y avait laissés, ne seraient peut-être pas inutiles à sa fortune personnelle.

Or deux ou trois jours après son arrivée à Amsterdam, il entra par hasard dans l'école de maître Van-den-Enden. Jamais, peut-être, cet austère vieillard n'avait exposé ses théories de liberté avec plus d'entraînement et de conviction; jamais peut-être cet ardent amour qu'il avait au cœur pour l'humanité tout entière, ne s'était révélé par une parole plus émouvante et plus émue !

Latréaumont, qui n'avait pas depuis si

long-temps expérimenté la vie à travers des événements de toute sorte, sans en retirer une grande pratique des hommes, écouta froidement ces belles choses, examina le philosophe avec une pénétrante et profonde attention, et démêla bien vite que Van-den-Enden était intimement convaincu de l'excellence et de la pureté des principes démocratiques qu'il professait, et qu'il exerçait aussi aveuglément cette universelle charité dont il venait de parler avec tant de chaleur.

Dès lors le rôle de Latréaumont fut tracé, et il n'y faillit point.

A l'issue de la leçon, se présentant hardiment au docteur, et affectant une rudesse de langage qu'on pouvait regarder comme l'expression d'une brutale franchise, il lui dit :

— Vous venez de prêcher contre les tyrans, je fuis les rigueurs d'un tyran ; vous venez d'honorer ceux qui veulent la liberté de leur pays, j'ai voulu cette liberté pour mon pays, et c'est pour cela que je suis proscrit ; vous venez de dire que vous aviez compassion de vos frères malheureux, je suis votre frère, je suis exilé, je suis malheureux; je viens donc à vous.

Et, de ce jour, Latréaumont s'imposa presque à Van-den-Enden comme son commensal obligé.

A ce propos, il est bon de dire, ce qu'on verra d'ailleurs plus tard : que dès qu'il s'agit d'une conspiration, avant toutes choses, Latréaumont se proposa toujours de vivre le mieux, le plus sensuellement possible aux dépens de ses complices, et d'en tirer impunément tout le parti que lui suggérait son indiscrétion et sa cupidité. Aussi, une fois qu'on se trouvait compromis avec cet homme sans retenue et sans vergogne aucune, son audace et son exigence devenaient telles, qu'il fallait une rare énergie pour échapper à sa fatale influence, et mettre un terme aux impertinentes familiarités ou aux demandes avides de cet impérieux athlète.

Quant à Van-den-Enden, qui poursuivait surtout le triomphe et la fin de ses utopies politiques, il supportait Latréaumont avec cette tolérance dédaigneuse des âmes fortes, qui, ardemment préoccupées de leurs vastes projets, ne considèrent certains hommes que comme des instruments, et accueillent indifféremment tous les moyens d'action, ne pensant qu'à la magnificence des résultats.

Les rapports du philosophe et du partisan s'étaient d'abord établis, on l'a dit, grâce à l'effronterie de ce dernier, qui avait osé venir demander impudemment asile et secours à Van-den-Enden au nom de leur commun amour pour la liberté.

Puis, après plusieurs longs entretiens, dans lesquels il se montra imperturbablement épris des maximes démocratiques professées par le docteur, Latréaumont sut de ce dernier qu'il avait conservé d'intimes et fréquentes relations avec le *grand pensionnaire de Hollande, Jean de Witt*, personnage d'une haute influence et d'une intégrité universellement admirée, qui exerçait dans le gouvernement des sept Provinces-Unies des fonctions analogues à celles de président d'une république ; enfin, que Van-den-Enden était aussi lié d'étroite amitié avec *Omodeï*, agent secret de l'Empire à Amsterdam, et correspondant naturel du baron de l'Isola, ministre de Léopold à La Haye, l'un des plus ardents ennemis de la France.

Dès lors, sans projets précisément arrêtés, Latréaumont pensa que s'il pouvait, par l'intermédiaire de Van-den-Enden, arriver à convaincre Jean de Witt et l'Isola qu'il était facile d'exciter une révolte en Normandie, et à se faire agréer par eux comme chef de cette dangereuse entreprise, il y trouverait d'abord un large profit, en cela que l'argent destiné à fomenter cette rébellion lui serait confié, et puis qu'il aurait à mener de nouveau cette vie aventureuse à laquelle il n'avait pas renoncé sans regrets.

Aussi, un jour, après avoir demandé à Van-den-Enden le plus profond secret, Latréaumont lui confia le plan que voici, en réclamant son secours et ses lumières, qui, disait-il, étaient indispensables à l'exécution et au bon succès d'une entreprise tentée dans l'intérêt seul de la démocratie.

« La Normandie, écrasée d'impôts, ne demandait donc (selon Latréaumont) qu'à se soulever, presque toutes les autres provinces étant dans les mêmes dispositions, et n'attendant qu'un signe pour se révolter aussi ; or, lui, Latréaumont, ayant de grandes habitudes et une influence positive à Rouen et dans tout le voisinage, répondait de la rébellion de ce pays, si l'Espagne, l'Empire ou les États de Hollande, qui avaient tant de sujets de plaintes contre Louis XIV, voulaient favoriser ce mouvement, fournir l'argent nécessaire pour le décider, et l'appuyer enfin ouvertement par une descente à Quillebœuf, ville faible et sans défense, située à six lieues du Havre. Une fois assuré de cet appui, la Normandie se déclarait indépendante, et bientôt les autres provinces l'imitaient. Or, sachant quelles étaient les relations de Van-den-Enden avec les personnages qui seuls pouvaient assurer la réussite de ce soulèvement; sachant quel était son amour pour la liberté, et combien il avait à cœur le triomphe des doctrines républicaines et la ruine des États monarchiques, Latréaumont venait lui demander, disait-il, les moyens d'arriver auprès de Jean de Witt et de l'Isola; l'appui de ses conseils, et enfin :— *un plan de gouvernement* LIBRE,— applicable à la Normandie d'abord, puis à la France entière, dès que toutes les provinces se seraient successivement soulevées. »

Bien qu'au premier abord il dût paraître impraticable, le dessein de Latréaumont n'était pourtant pas absolument dénué de possibilité ; ni ses assertions, de vraisemblance ; car, peu d'années auparavant, la guerre civile déchirait encore la France ; de plus, ainsi qu'on a dit, un mécontentement général, mais rudement comprimé par la terreur, s'étendait sur tout le pays ; et, dans leurs nombreux pamphlets, les ministres étrangers, et particulièrement le baron d'Isola, évoquaient souvent comme un fantôme menaçant pour Louis XIV ces symptômes de désaffection générale.

Aussi est-il concevable, que Van-den-Enden, entraîné par son ardeur de prosélytisme, aveuglé par ses illusions démocratiques, et surtout poussé peut-être par cette même curiosité dévorante qui fait si ardemment désirer au poëte de voir son drame animé, vivifié par la pompe du théâtre, ou au musicien d'entendre son œuvre majestueusement révélée par les mille voix de l'orchestre ; il est concevable que Van-den-Enden, irrésistiblement séduit par l'espoir de donner ainsi un corps à ses magnifiques utopies, et de réaliser sur une immense échelle ses rêves de liberté, ait favorisé de toute sa puissance les projets de Latréaumont.

Il chargea donc le partisan d'une longue lettre pour Jean de Witt, lettre dans laquelle il exposait au grand pensionnaire les plans, les espérances de Latréaumont, et lui demandait franchement pour cette entreprise son appui et sa coopération au nom de l'émancipation et de la liberté des peuples!

Il est vrai de dire que la république des Sept-Provinces se trouvait alors en paix et alliance avec la France; mais, on le répète, il était déjà si publiquement reconnu et avéré que Louis XIV avait porté de nombreuses et formelles atteintes à cette alliance et à la foi des traités, que Van-den-Enden pouvait penser que Jean de Witt verrait dans cette proposition : un moyen de servir la cause de la liberté et de punir la trahison d'un allié parjure.

Quant à la lettre d'Omodeï, que le docteur remit à Latréaumont pour le baron de l'Isola, elle renfermait l'exposition sommaire du projet, une longue note biographique sur Latréaumont, et on y invoquait le concours de l'Espagne et de l'Empire au nom de tous les griefs que ces deux puissances nourrissaient depuis si long-temps contre Louis XIV.

Latréaumont partit donc, chargé de ces différentes dépêches, et c'est au retour de ce voyage que nous l'avons vu arriver d'une manière si étrange et si inattendue chez le docteur.

. . . .

Maintenant on va laisser le colonel raconter à Van-den-Enden le résultat de ses entrevues avec le *Grand Pensionnaire de Hollande*, Jean de Witt, et le baron de l'Isola, ministre de l'Empereur.

CHAPITRE QUATRIÈME.

...... Il accomplira, oh! dites-le-lui, ce songe, ce noble songe d'une politique nouvelle, cette conception divine de notre amitié ; — il mettra la première main à à ces matériaux informes. Pourra-t-il achever ? sera-t-il interrompu ? Que lui importe ! il y mettra la main.

— *Schiller*. — Don Carlos. — Act, IV, sc. 21.

Le Voyage.

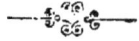

On l'a dit, il serait difficile d'exprimer l'espèce d'indifférence calme et dédaigneuse avec laquelle Van-den-Enden supportait d'habitude les insolentes familiarités de Latréaumont, dans lequel il ne voyait qu'un instrument brutal, mais nécessaire; car, malgré l'aveuglement où était ce philosophe sur la réalisation de ses projets favoris, il n'avait pu méconnaître la nature arrogante et vénale de celui qui jouait un rôle si important dans cette affaire. Ainsi, lors de l'entretien qui va suivre, le docteur interroge, écoute, mais répond à peine à Latréaumont; sa parole est préoccupée, brève, souvent hautaine, et toujours sérieuse; on voit qu'il poursuit opiniâtrement son but à lui, sans tenir compte des mille détours par lesquels l'esprit railleur et fantasque du partisan fait passer la narration, et quand le récit inspire à Van-den-Enden quelque réflexion soudaine et involontaire, c'est à soi-même qu'il l'adresse, comme si Latréaumont était indigne de la comprendre.

—Enfin, colonel, et ce voyage?—demanda Van-den-Enden avec une impatience qu'il ne pouvait maîtriser.

— Calmez-vous, mon vénérable ami.... calmez-vous... Je vais tout vous dire... M'y voici : En partant d'Amsterdam, grâce aux vingt pistoles que vous m'avez prêtées, ou plutôt que vous avez prêtées à la noble cause de la liberté, qui vous les comptera un jour, en bénédictions de toutes sortes, je me suis rendu à La Haye pour notre affaire ; j'avais donc à voir l'Isola et Jean de Witt; or, comme le premier passe pour un coquin, et le second pour un grand homme de bien, je commençai par l'homme de bien, par cette raison qu'à table on commence par les mets sains, naturels, pour arriver aux saupiquets les plus épicés et les plus diaboliques.

— Le sujet est grave et sérieux, colonel ; ces comparaisons sont inutiles.

— Ah! tenez, doctissime docteur! — reprit le colonel en jetant quelques bûches au feu, — pour que je ne sois pas incommode, il faut me laisser dire et faire tout ce que je veux, c'est le seul moyen de ne pas me contrarier, moyen dont je vous livre d'ailleurs le secret... Or, pour en revenir à ma comparaison de saupiquets, empruntée au vocabulaire de la déesse Goinfrerie, je maintiens qu'elle n'est pas hors d'œuvre en parlant d'un de ses prêtres... autrement dit d'un cuisinier, puisque tout le monde affirme que le baron d'Isola, aujourd'hui ambassadeur de Léopold, commença de s'illustrer, comme marmiton (1) dans la rôtisserie de cet empereur... Vous voyez donc que mon image ne manquait pas d'à-propos.

Van-den-Enden ne dit mot, mais leva les épaules d'un air de résignation dédaigneuse, que le partisan interpréta parfaitement, car il reprit :

— Je vous fais pitié, n'est-ce pas?... A votre aise, mort-dieu! à votre aise... Vous n'en perdrez pas un mot pour cela..., mais je continue... sans figure cette fois. J'allai donc d'abord voir Jean de Witt, pour lui remettre votre lettre; or, moi qui m'attendais à me trouver devant une manière d'important, de premier ministre, qui penserait me commander le respect, j'avais justement pris pour cela mon masque le plus impertinent, parce que (je l'avoue en toute humilité) rien ne me prédispose plus à l'insolence, que de savoir que je me trouve face à face avec un des grands de la terre; mais, que j'avais tort, cette fois! quel homme que votre Jean de Witt! mort-dieu! avec sa sim-

(1) Voir Bayle — et plus bas les pamphlets du temps.

plicité... il m'a tout stupéfait! moi!... moi! qui n'avais jamais baissé la prunelle devant les plus éblouissantes splendeurs! Enfin, j'arrive devant un petit degré, peut-être encore plus modeste que celui de votre école; triple-dieu! je l'avoue... cette apparence commence déjà de me faire un peu réfléchir... Je frappe; et au lieu d'un suisse à hallebarde, ou d'un laquais galonné, qui vient m'ouvrir... je vous prie?... une bonne grosse servante flamande, qui tenait un balai à la main! Je demande *le Grand Pensionnaire*, en m'apprêtant toujours à me bien révolter contre les délais sans fin que je vais être obligé de subir; mais point... la grosse fille me dit au contraire, en me faisant sa plus belle révérence : — Monsieur, suivez-moi, s'il vous plaît; M. Jean est là dans son cabinet. — Que dites-vous de cela, père la Sagesse? *M. Jean est là dans son cabinet!!!* M. Jean!!... le Grand Pensionnaire de Hollande! M. Jean!... le premier personnage de la république! ayant un huissier en jupon qui fait la révérence un balai à la main!... Que vous dirai-je? Je suis cette servante à travers un corridor; une petite porte s'ouvre, et je me trouve dans un cabinet, ma foi! certainement beaucoup moins bien meublé que le vôtre!

— Grand homme! toujours le même, — se dit le docteur avec admiration.

— J'entre donc; votre Jean de Witt écrivait... Au bruit de la porte il se retourne, et, me voyant, se lève de son siége... Par le sang-dieu! je n'ai jamais rencontré de taille plus noble, et de figure à la fois plus fière et plus avenante; il était tout vêtu de noir comme un clerc. — Que désirez-vous, monsieur? — me dit-il d'une voix pleine de douceur et de fermeté. Or, vous allez rire... mais que le démon nous serve à tous deux de parrain, si je ne sentis pas alors mon cœur battre... mais là, vraiment battre comme il n'avait jamais battu; et puis, pendant un moment, je suis devenu... comme triste...

— Le cœur vous a battu à la vue de Jean de Witt, colonel? — dit le vieillard en attachant un regard perçant et étonné sur le colosse; — et *vous êtes devenu comme triste*... Tant mieux pour vous...

—Tant mieux ou tant pis, peu m'importe,

— répondit brusquement le partisan, sans vouloir paraître comprendre la pensée de Van-den-Enden;— tout ce que je sais, c'est que le cœur m'a battu, et je n'ai pas honte de l'avouer; était-ce le contraste si imprévu de ce que je voyais et de ce que je m'attendais à voir? Était-ce son grand air?... Était-ce cette fameuse vertu que le monde proclame, qui m'imposait ainsi? je l'ignore; mais, triple-dieu! tout ce que je sais, c'est que moi, qui jusque là avais eu le gosier trop étroit pour le mot de monseigneur, et qui de ma vie n'avais seigneurisé personne... pas même M. le Prince... je répondis, malgré moi, à votre diable de Jean de Witt: Monseigneur, la lettre que voici est de maître Affinius Van-den-Enden, d'Amsterdam. « D'Affinius!... et comment se porte cet austère vieillard... ce rare esprit... ce modèle des gens de bien sur la terre? » me demanda Jean de Witt avec empressement.

A ces mots, Van-den-Enden essuya silencieusement une larme qui coula le long de ses joues creuses.

— Vous pleurez, mon digne philosophe,

— reprit le partisan, — et vous avez raison... mort-dieu; car il me semble que cela doit être fort touchant de savoir qu'un pareil homme dit de pareilles choses de vous... C'est comme moi... si je pouvais pleurer, je sanglotterais pour le moins... en pensant que le grand pensionnaire de la république d'enfer demande aussi aux compagnons qui le vont visiter... Eh bien, mes maîtres! comment va ce sacripant de Latréaumont? ce grand pécheur? ce modèle des vauriens sur la terre?

— Ceci est une triste et méchante raillerie, colonel!... — dit gravement le docteur. — Si votre vie passée a été mauvaise, le noble but auquel vous concourez pourra peut-être l'expier un jour aux yeux des hommes... mais je vous plains, si la grandeur de votre dessein ne peut vous relever à vos propres yeux! Quant à la cause de la liberté, votre action seule lui est de quelque intérêt; et d'ailleurs, qu'importe le fer de la charrue, pourvu que le sol, débarrassé par elle des plantes parasites qui le rongent, produise un jour de fraîches et riches moissons! — s'écria Van-den-Enden avec enthousiasme.

— *Qu'importe la charrue!* Par Dieu! vous avez raison; je dis comme vous, père la Sagesse, *qu'importe la charrue!* et j'adopte la comparaison! Jean de Witt ayant donc pris votre lettre des mains de *la charrue*, votre très humble servante, lut attentivement; sa figure se colora un moment, ses yeux brillèrent, puis il soupira, parut réprimer un sentiment d'exaltation involontaire, et après m'avoir prié de m'asseoir, car, mort-dieu ! je restais debout devant lui, tracassant la poignée de mon épée, ou roulant mon feutre pour me donner une manière de contenance assurée... Jean de Witt me dit : « Monsieur, vous venez à moi pour une » telle cause et sous un tel patronage, que je » dois vous exprimer ma pensée entière et » inébranlable : en mon âme et conscience, » le gouvernement que je représente com- » mettrait une action criminelle, et consé- » quemment une faute politique, en favori- » sant une rébellion en France. Louis XIV » est notre allié, monsieur; entre lui et nous » il y a la foi jurée, le serment!... C'est vous » dire : que quelque profonde que soit mon » éternelle sympathie pour la liberté au nom

» de laquelle on tenterait cette révolte; c'est
» vous dire que malgré les griefs que notre
» république doit peut-être reprocher à votre
» roi, le respect dû à la sainteté des allian-
» ces, m'empêchera toujours d'appuyer au-
» cune sédition dans votre pays, monsieur. »

— Or, voyez-vous, je vivrais cent ans (et entre nous, sérénissime docteur, je le désire plus que vous ne le pensez), que j'entendrais encore, comme si j'étais dans le cabinet de Jean de Witt, sa voix sonore et pénétrante prononcer ces mots, que je vous rends sans altération aucune, car ils sont à jamais gravés dans mon esprit!

En apprenant le refus de Jean de Witt, Van-den-Enden ne put cacher son étonnement; une douloureuse expression d'amer désappointement contracta ses traits, mais il resta muet.

Latréaumont parut comprendre le silence du vieillard, car il reprit:

—Eh bien, vous voilà absolument comme j'étais, père la Sagesse! demeurant coi devant Jean de Witt, sans trouver un mot à lui dire... un seul! pour combattre une résolution qui ruinait en partie notre projet..

Cela est pourtant vrai ! je ne trouvai rien à lui objecter... rien ! Car je jure Dieu que son accent, son regard, sa parole, son maintien, révélaient une foi si inaltérable à ce qu'il disait, une volonté si résolue d'agir selon cette pensée, qu'en ce moment-là il m'eût semblé, voyez-vous, que vouloir le faire changer de détermination par mes paroles... eût été aussi fou que de vouloir changer par des paroles, le sens et la lettre de ces inscriptions de marbre qu'on lit au front des grands monuments !

Cette singulière comparaison, l'air sérieux et convaincu de Latréaumont, parut cette fois, faire quelque impression sur Van-den-Enden, qui lui répondit après un long silence, en secouant la tête avec tristesse :

—Vous dites vrai, colonel ; rien au monde ne pourra changer la détermination de Jean de Witt ! et pourtant... j'avais cru... oui, j'avais fermement cru : que les trahisons répétées du roi de France contre la république ; que l'amour de la liberté ; que le désir ardent de voir se propager au loin nos saintes et fécondes doctrines, auraient pu décider Jean de Witt à ne pas ménager une alliance que nos ennemis violent cruellement chaque jour!.. Mais non... non, j'aurais dû le prévoir; cette âme est si pure et si élevée, qu'à chaque nouvelle félonie, elle répond par quelque noble action! encore une fois... cela est décidé, bien irrévocablement décidé... Je connais Jean de Witt... Désormais toute instance auprès de lui serait vaine... Et l'Isola, colonel?—ajouta le vieillard avec un soupir.

—L'Isola... Oh! mort-dieu! ce fut une autre chanson avec ce faquin ; mais attendez donc la fin de votre Jean de Witt. Voyant que je restais là, comme un écolier, le Grand Pensionnaire ajouta : « Veuillez dire, mon-
» sieur, au vénérable savant qui vous envoie,
» que mon frère doit se rendre prochaine-
» ment à Amsterdam, et qu'il lui remettra
» ma réponse, longue, précise et détaillée ;
» en attendant, répétez à Van-den-Enden
» que nos vœux et nos chagrins sont com-
» muns, et que si malheureusement les
» temps ne sont pas encore venus, la convic-
» tion que l'avenir est à nous... doit au moins
» nous donner patience, espoir et courage. »

Puis Jean de Witt m'offrit ses services que

je n'acceptai pas ; l'huissier en jupons me reconduisit avec son balai, et je me trouvai dans la rue, aussi abasourdi que si je me trouvais devant le Père éternel, ou que si j'avais reçu un bon horion sur la tête.

—Oui, l'avenir est à nous!... L'avenir!!... j'y crois de toute la puissance de ma foi dans le triomphe de notre sainte cause... mais ne pouvoir seulement soulever un coin du voile qui cache encore à nos yeux cet éblouissant et majestueux tableau ! — dit le vieillard avec un douloureux accablement.

— Ah ! cela est cruel, je l'avoue... lorsqu'en un coin de ce magnifique tableau que vous dites, doctissime docteur, on pourrait espérer de voir aussi la potence de cet Artaban, de ce brutal visir de Louvois que je retrouverai un jour en enfer ou sur terre !!... —reprit le colonel en fermant le poing, d'un air menaçant. — Mais revenons à notre affaire... J'arrive au saupiquet.. au coquin.. à l'Isola en un mot; oh ! celui-là, mort-dieu ! ne m'inquiétait guère. En allant à son hôtel je respirais à mon aise, je relevais ma moustache, je m'insultais pour ainsi dire à moi-même, tant j'avais l'air hautain ; la rue n'était pas assez large pour moi; enfin j'arrive au palais du seigneur l'Isola. Selon ce que je prévoyais bien, là rien d'intimidant : gardes, laquais, officiers, gentilshommes, encombraient les salles, tout cela sentait fort son grand seigneur, et me donnait conséquemment mille démangeaisons d'insolence... Je monte donc le degré : le suisse m'arrête, et au nom de sa hallebarde me demande qui je suis. Moi... je le regarde... Vous comprenez bien, père la Sagesse,—dit le géant, en feignant de baisser dédaigneusement les yeux au-dessous de lui. — Je le regarde... et je passe. Les laquais me demandent où je vais?... Je les regarde... et je passe ; enfin j'arrive à un salon où se tenaient quelques mignons vêtus de velours noir avec des chaînes d'or autour du cou. Je dis à l'un de ces velours noirs : Prévenez votre maître que Latréaumont, colonel, veut lui parler de la part de don Omodeï d'Amsterdam... mais comme le velours noir semblait hésiter, je le regarde... et il se hâte de m'aller annoncer. En vérité, ce palais de l'ancien cuisinier semblait une maison royale, comparée à la pauvre demeure de Jean de Witt, de sorte que, mort-dieu! je me sentais là comme chez moi, sans gêne ni vergogne ; aussi, comme j'étais fatigué de ma route, je commençai, à la grande stupéfaction des velours noirs restants dans le salon, par m'étendre bel et bien sur une sorte de divan de soie que mes éperons éraillèrent quelque peu, je crois ; puis je me mis, pour passer le temps, à fredonner une vieille chanson que mes braves *Enfants perdus* chantaient à la bataille du pont de Massouri; tenez, la connaissez-vous, docteur?

Et le colosse entonna d'une voix de stentor ces deux premiers vers d'une chanson de la Fronde :

> Que Mazarin se raille
> De nos cordons de paille, etc.

Puis il continua son récit, en voyant l'air impassible et dédaigneux du philosophe :

— Or, après dix pater de cette chanson, qui, bien que fort réjouissante pour moi, ne m'empêchait pas de trouver le temps long... je me lève, et prenant un autre velours noir par sa chaîne d'or... Est-ce que ton maître, lui dis-je, ignore que j'attends ici depuis une demi-heure? et que la compagnie de faquins de ta sorte n'est pas faite pour moi? « Mais... » dit le velours noir. Mais, mortdieu, monsieur *de l'annonce*, lui répliquai-je, marche ou cache tes oreilles !! Le drôle sort, et, deux minutes après, il revient me chercher. J'entre alors dans un magnifique appartement, et je me trouve en face d'un petit homme noiraud, maigre, à la figure de singe, au teint olivâtre, aux yeux perçants et faux, à moitié cachés sous une perruque brune, poudrée, toute rabattue et étalée par devant; cette espèce était fort splendidement vêtue d'un justaucorps de velours orange, à passements d'argent, avec des rubans bleus. Or, le tout, homme, perruque et justaucorps, me venait à peine à la ceinture, et s'appelait l'Isola. « — Le sujet » qui vous amène, monsieur, est sans doute » fort pressant ? » — me dit le ministre d'une voix aigre, en me regardant fièrement le dessous du menton. — Fort pressant en effet, monsieur, vu que je suis fort pressé, et que je n'aime pas à attendre. — Le petit homme tâcha bravement de lever ses yeux sur les miens; mais la projection de ma moustache arrêta tout net son regard... se résignant

alors, il reprit d'un air toujours fâcheux :
« N'avez-vous pas une lettre de don José
» Omodeï, monsieur ? » Oui, monsieur, la
voici. L'Isola la prit, la lut, et un sourire
diabolique plissa ses traits, jaunis et ridés
comme ceux d'une vieille sorcière. « Vous
êtes bien le colonel Latréaumont ? » me
dit le ministre en paraissant comparer
ma personne, au signalement qu'Omodeï
lui donnait, sans doute, de moi dans sa
lettre. — Aussi vrai que vous êtes le baron
de l'Isola, monsieur. « Eh bien, monsieur
» le colonel, » reprit-il d'un air railleur, « voilà
» donc enfin cette pauvre France, toujours si
» débonnaire, qui commence à compter le
» restant de ses pistoles, et à comprendre
» qu'il vaut mieux peut-être les garder pour
» soi que de les porter au trésor du roi ?
» Voilà donc que ces honnêtes citadins com-
» mencent à sentir que le fouet du maître
» leur est rude et cuisant ? Sur ma parole,
» moi, je croyais qu'ils ne s'aviseraient de
» dire holà ! qu'alors que leurs bourses se-
» raient à sec et leurs dos à vif; mais enfin
» ils se décident, et c'est déjà beaucoup...
» s'ils se décident, les pauvres pacifiques ! »

— Triple-dieu ! docteur, voyez-vous, je suis un mécréant, un vaurien, soit; mais le sang me montait au visage en entendant cet avorton parler ainsi de la France! Vous me direz que cette indignation n'était pas conséquente avec ma conduite pendant nos guerres civiles; c'est possible... mais ce qu'il y a de sûr, c'est que je me sentais furieux !

— Il se peut, colonel, parce qu'au fond des cœurs les plus... endurcis, il est certaines fibres qu'une insulte à la patrie fera toujours vibrer.

— Oh! mille dieux! la fibre vibra, je vous jure... et si vigoureusement que je pris le bras du petit justaucorps orange dans ma main, et je le serrai de telle force, que si je ne l'eusse pas tenu ferme comme dans un étau, l'Isola sautait sur une sonnette placée près de lui. « Colonel! s'écria-t-il en » passant de l'olivâtre au jaunâtre; colonel, » que faites-vous? » Rien, monsieur; c'est l'effet de l'assaisonnement de vos paroles, que je trouve trop épicées, et qui me donnent de ces mouvements-là; car, voyez-vous, mon digne monsieur! ce n'est pas le tout pour un faquin de cuisinier, que d'accommoder bravement une accolade de lapereaux, une *sauce au verjus* (1), une tourte aux pigeons, ou des perdrix au gingembre !.. il faut encore qu'il sache servir chacun selon son goût. Or, moi, monsieur, je n'aime pas le sel de certaines plaisanteries, et vos railleries sur la France me sont de trop piquante saveur; comprenez-vous ? « Parfaitement, » me dit l'Isola avec un diabolique sang-froid; » mais vous m'excuserez, colonel, parce que » vous savez qu'on dit : *A palais de fer... ra-* » *goût de feu.* » Cette assurance me surprit, et l'Isola, qui s'était tout-à-fait remis de l'espèce de frayeur que je lui avais causée, reprit : « Tenez, on dit que j'ai été cuisinier, » n'est-ce pas ?... eh bien ! soit... C'est peut- » être parce que j'ai servi à aucuns, certains » plats de mon métier, qu'on en parle si fort ! » mais le temps presse, causons sérieuse-

---

(1) Pour comprendre ce jeu de mots, il faut savoir que le baron de l'Isola était auteur d'un pamphlet intitulé : La *Sauce au verjus*, destiné à réfuter un écrit de M. de Verjus, envoyé du roi en Suède. — Ce pamphlet fut publié sous le nom de *Fr. Warendorp.* — M. de Louvois y fit répondre par un autre sous le titre d'*Avis au plénipotentiaire Cuisinier.*

» ment. » Eh bien donc, lui dis-je, venons au fait en peu de mots. Ainsi que vous avez dû le voir plus au long dans la lettre qu'Omodeï vous écrit, ma famille est de Normandie ; je connais cette province, j'y ai des amis et une influence certaine ; les taxes sont énormes, le peuple en souffre, la bourgeoisie s'en plaint, et la noblesse s'irrite ; je crois donc une sédition possible dans ces quartiers-là, sédition qui pourra peut-être amener un soulèvement général en France. Maintenant, voulez-vous appuyer cette révolte de votre argent, de vos munitions et de vos vaisseaux, c'est un oui ou un non que je vous demande?

— A cette proposition, que répondit l'Isola, colonel?

— Après avoir réfléchi quelques moments et parcouru une carte de France avec attention, il me dit : « Je ne vous parlerai pas,
» colonel, de l'intérêt que l'Empire et l'Es-
» pagne (c'est tout un) ont à ce soulèvement,
» car s'il réussit, si les provinces de France
» se déclarent indépendantes, l'unité monar-
» chique disparaît, et le colosse qui nous ef-
» fraie n'est plus à craindre ; s'il ne réussit

» pas, nous avons au moins favorisé en
» France des désordres toujours graves et
» dangereux ; ainsi donc, notre politique
» veut que nous appuyions les séditieux ; *ou-*
» *vertement*, si les événements amènent de
» nouveau la guerre avec la France ; *secrète-*
» *ment*, si les choses demeurent où elles sont.
» Mais vous, colonel, qui, selon ce que m'ap-
» prend Omodeï, » ajouta le petit homme
avec un sourire de singe, » vous qui avez une
» longue et habile expérience des partis, vous
» n'ignorez pas sans doute que, pour rendre
» une sédition réelle et considérable, il faut
» pouvoir montrer un drapeau, pouvoir
» mettre à la tête de la révolte un nom illus-
» tre et retentissant, auquel la noblesse, la
» bourgeoisie et le peuple veuillent bien se
» rallier et se soumettre ! un nom enfin qui,
» par la haute position de celui qui le porte,
puisse donner assez de confiance aux gouvernements étrangers, pour soutenir effica-
» cement une rébellion tentée sous son pa-
» tronage. Or, colonel, » ajouta l'Isola avec
un air humblement narquois qui me fai
sait bouillir le sang dans les veines : « bien
que vous soyez un fort brave, fort hono-

» rable, et fort bon gentilhomme, et, de plus,
» fort influent en Normandie, ainsi qu'on
» m'en assure dans cette lettre, franchement,
» je ne pense pas que vous puissiez être le
» chef reconnu, avoué, de cette révolte. Or,
» avant d'aller plus loin, dites-moi au nom
» de quel grand seigneur vous agissez? car il
» m'est impossible de rien conclure sans ce
» renseignement... Quant à ma discrétion,
» l'intérêt de ma politique vous en ré-
» pond. »

— Au nom de quel grand seigneur! — s'écria Van-den-Enden, qui depuis quelques moments contenait à peine son indignation : — au nom de quel grand seigneur! La cause de la liberté n'est-elle donc pas assez belle, assez sainte, assez noble, pour qu'on la défende en son seul et propre nom? Oh! étrange folie des hommes! il s'agit d'abattre un pouvoir de nom, de caste, de privilége, et voilà qu'avant tout on invoque, pour cela faire, le nom, la caste et le privilége!

Latréaumont haussa imperceptiblement les épaules, ne voulant pas sans doute choquer absolument le vieillard dont il avait encore besoin, et lui dit :

— Calmez-vous, sérénissime docteur... calmez-vous... Sans doute, cela semble peu logique, d'abord, et puis fou ensuite ; mais que voulez-vous ? cela s'est toujours pratiqué de la sorte : voyez, dans toutes les séditions : c'est le duc de Bourgogne, c'est le duc de Guise, c'est le duc de Montmorency, c'est le duc de Biron, c'est le marquis de Cinq-Mars, c'est le duc de Rohan, c'est le prince de Condé ; enfin, partout, les chefs de ligue et de mécontents ont été de grands seigneurs. Pourquoi ? parce que peuple, bourgeois ou nobles, le veulent ainsi ; et, mort-dieu ! ne savez-vous pas d'ailleurs, que les moutons ne marchent jamais qu'à la suite du seigneur bélier ! quoique le seigneur bélier les crève çà et là de coups de cornes ; encore une fois, que voulez-vous ?... la bête est ainsi faite... Aussi, franchement, bien que mon envie de quereller l'Isola fût grande, je ne pus m'empêcher d'avouer en moi qu'il avait raison, et fort raison ; car je vous assure que malgré l'estime profonde où je tiens messire Jules Duhamel de Latréaumont, je ne pouvais véritablement l'admettre ni le proposer comme continuateur des grands séditieux que je viens de vous nommer.

— Enfin, que lui avez-vous répondu?

— Vous sentez bien, mon vénérable ami, que j'aurais eu l'air d'une pécore, en paraissant m'être aventuré de la sorte sans base et sans appui; aussi, pour éluder la question, je me retranchai sur ce que l'éminentissime personnage dont j'étais l'agent ne m'avait autorisé à le nommer qu'alors que je lui aurais rendu compte de mon entrevue avec l'Isola. — «Eh bien! colonel,» me dit le petit homme, « dès que vous m'aurez nommé » ce personnage, et prouvé sa participation au » complot, je vous le répète, s'il a un nom qui » puisse nous donner créance, nous traiterons » avec vous sur l'heure, et ni l'argent, ni les » munitions ne manqueront à votre entre- » prise. » A cela que dire?... Entre nous, docteur, c'était raison et bon sens s'il en fut; aussi, prenant congé de l'Isola, aussi fièrement que je l'avais abordé, je remontai à cheval, et me voici.

— Encore une vaine tentative, encore un espoir déçu! — se dit Van-den-Enden avec amertume; puis il ajouta : — Je regrette sincèrement, colonel, que les scrupules politiques de Jean de Witt et les conditions de l'Isola fassent ainsi avorter vos projets; grâce à l'appui de tous deux, je croyais possible un soulèvement tenté au nom de la liberté, je comptais sur un cri d'indépendance poussé par toute une province, auquel la France entière eût peut-être répondu... je me suis trompé, il n'y faut plus songer...

—Comment, mort-dieu! n'y plus songer, docteur!— s'écria le colosse, en frappant si violemment sur la table de travail de Vanden-Enden, qu'il fit tomber plusieurs des livres qui s'y trouvaient. — N'y plus songer, triple-dieu! au moment où tout nous sourit! au moment où nous avons l'appui certain de l'Empire et de l'Espagne, si nous avons seulement un nom à jeter à ce faquin de l'Isola! Ah çà, mais vous êtes donc malade, mon vénérable ami?

— Et que prétendez-vous faire à cette heure, colonel? — répondit froidement le philosophe.

— Ce que je prétends faire? mort-dieu!.. mais retourner en France et m'y mettre aussitôt en quête de quelque grand seigneur, qui, mécontent de la cour, de sa maîtresse, ou de ses créanciers, veuille bien, par occasion, délivrer son pays du joug qui l'opprime, et nous donner l'occasion d'appliquer votre beau système de république à ma chère patrie?

Van-den-Enden, d'abord surpris de l'assurance du partisan, sembla néanmoins réfléchir à sa proposition, puis il ajouta :

— Mais vous êtes proscrit, colonel?

— Proscrit... proscrit... c'est-à-dire que cet impertinent de Louvois m'a fait conseiller de voyager. Or, comme cela entrait assez dans mes vues, j'ai suivi son conseil; mais comme maintenant il entre dans mes vues de revenir en France, j'y reviendrai; d'ailleurs, n'étant sous le coup d'aucune condamnation, je ferai une apparente soumission et me tiendrai tranquille pour chercher à mon aise l'homme qu'il nous faut, pour donner figure et *bon air* à notre révolte, révolte qui, laissant ainsi dans le sillon, son sarrau populacier, deviendra, mort-dieu! un soulèvement de qualité, tel que le veut monseigneur l'Isola, ancien marmiton de S. M. impériale.

— Oui, cela est toujours ainsi,— dit Van-den-Enden avec une poignante ironie ; — lorsque la révolte aux cent bras s'est dressée menaçante, vient alors un chef nul, misérable, ou ambitieux, mais d'antique et de noble lignage, qui, pour donner *bon air*, comme ils disent, à cette révolte, lui impose son nom ; de sorte que l'insurrection, cette sainte et commune protestation de tout un peuple opprimé, finit par s'appeler Guise, Bourgogne, ou Condé !!

Puis après quelques moments de profonde réflexion, et relevant la tête avec orgueil, le vieillard ajouta : — Mais enfin, avant que d'accepter pour chef Bourgogne ou Condé, le peuple a toujours fait acte de volonté et de vie : il a exercé sa puissance, il a parlé de sa grande voix et il a été écouté ! Il a enfin senti et prouvé tout ce qu'il pourrait faire, quand il voudrait seulement se compter... et compter ses oppresseurs !... Eh bien, qu'importe ! quand il n'aurait été maître qu'un jour !... qu'une heure ! Ce jour, cette heure de souveraineté lui donneront au moins une terrible conscience de sa force et de son droit ; et ce sera toujours un pas immense vers son émancipation !

Alors, s'adressant à Latréaumont, le vieillard lui dit d'une voix nette et brève :

— Pensez-vous, en effet, colonel, trouver en France un grand seigneur qui veuille se mettre à la tête de ce mouvement populaire?... le pensez-vous?

— Si je le pense!... assurément je le pense, — dit le partisan avec son imperturbable présomption. — La cour regorge de mécontents, et des plus hauts nommés encore! Il s'agit seulement d'arriver à propos, de profiter d'un moment de dépit, de colère, de ruine, alors de bien pousser mondit seigneur, d'engager aussitôt l'affaire, et de le compromettre de telle sorte qu'il ne s'en puisse plus tirer; or pour cela, comptez sur moi, mon digne savant; je suis un fin limier; et je veux que vous soyez pendu, si avant six mois je ne reviens pas ici, avec un écusson aussi noble que celui de Montmorency, pour servir d'enseigne à notre sédition! Alors nos projets s'exécutent; et, croyez-moi, jamais république ne se sera implantée dans un terrain plus fertile que dans cette grasse Normandie, et surtout! si nous déposons les premiers germes de ma loi *de récupération libre* (projet législatif en faveur des dépossédés, dont je vous parlerai plus au long) du côté de certains fiefs de Craconville et de Charmoy, fiefs adorés dont j'ai été dépouillé par la monstrueuse avidité de mes créanciers, et dont je voudrais sincèrement, pour l'exemple et la gloire de notre cause, voir reverdir la possession en ma faveur.

— Quand pensez-vous partir, colonel? — dit le vieillard tout pensif.

—Je partirai demain après votre déjeûner, vu que le temps presse, et qu'Amsterdam n'est pas tout-à-fait aussi joyeux que Venise la folle, durant son carnaval. Mais, sérénissime docteur, pour que l'oiseau vole, il lui faut des ailes, et je n'ai d'ailes, ni de plumes, ni d'or, ni d'argent, ni de cuivre; car, de vos vingt pistoles, il ne me reste rien, ou peu de chose. Je compte donc que vous m'en avancerez trente ou quarante autres encore... ce qu'il me faut enfin pour arriver à Paris, car, une fois là, oh! je dis comme votre Jean de Witt : *l'avenir est à moi!* parce que, voyez-vous, dans cette glorieuse ville-là, un brave et vigoureux gentilhomme qui a ses dés dans sa poche et son épée sur la hanche, trouvera toujours à souper, à coucher, et encore chaque matin, au fond de sa bourse, l'éternel écu du juif errant. Tandis que vos damnés marécages, mille-triples-dieux! les talents ne sont ni payés, ni connus; ainsi donc, ajoutez trente pistoles aux vingt que vous m'avez déjà données, et ce sera pour la somme de cinquante pistoles, que la cause de la liberté vous devra éternellement bénir.

Après un long silence, Van-den-Enden se leva, alla vers un meuble où il prit de l'argent, et dit à Latréaumont en lui donnant la somme qu'il demandait :

—Vous me trompez peut-être? Peut-être, une fois hors de cette maison, vous rirez du vieillard assez fou pour aventurer le peu qu'il possède sur vos promesses fanfaronnes, au lieu d'employer cet argent à secourir ses frères!... Mais il est possible aussi que vous pensiez véritablement à servir notre sainte cause, non par dévouement pour elle, mais par intérêt pour vous, mais enfin, comme vous la pouvez servir... Voici cet argent; en ne vous le donnant pas, j'aurais, je le sens, un éternel remords d'avoir pu, par ma défiance, nuire peut-être au triomphe de ma foi ; allez donc en France chercher un *nom*, puisqu'il faut un nom, — dit le vieillard avec un soupir.

— Et je trouverai ce nom, mon digne docteur, croyez-moi. Quant à me rire de vous... le sujet serait mal choisi ; et puis je suis brutal, querelleur, avide ; enfin j'ai, si vous le voulez, tous les défauts et tous les vices du monde, mais quand on m'a fait du bien... et que je n'ai pas véritablement de raisons pour en être ingrat, je ne l'oublie pas. Je sais, mort-dieu ! que c'est à la cause que je sers indirectement, que vous vous intéressez, et non pas à moi, Duhamel de La tréaumont, qui ne mérite rien de vous ; mais je dis aussi, *qu'importe!* Vous m'avez accueilli, secouru, vous m'avez aidé dans une entreprise qui, jusqu'ici vague, devient maintenant presqu'assurée... Eh bien, vénérable docteur, ce sont choses et faits que je n'oublierai pas... je le jure par... Mais — reprit le partisan en s'interrompant ; — mais, comme après tout, je n'ai rien au monde de sacré à invoquer, je vous dirai simplement que je n'oublierai pas votre accueil... Adieu donc, brave et digne docteur... Adieu donc et à bientôt, si le diable ne m'appelle à son aide, — ajouta Latréaumont en serrant dans ses larges mains les mains tremblantes du vieillard.

— Adieu donc, colonel !

Et le lendemain, Latréaumont partit pour la France...

LATRÉAUMONT.

LE GRAND VENEUR DE FRANCE.

CHAPITRE CINQUIÈME.

.......Ipsa si velit salus
Servare prorsus non potest hanc familiam.
(Non, quand la déesse *Salus* voudrait elle-même sauver cette famille, elle n'en viendrait pas à bout !)

Terence. — Adelph, act. iv, sc. 7, v. 43.

Les filles d'honneur de la Reine.

Vers les premiers jours du mois de mai de cette même année 1669, la cour de France se trouvait à Fontainebleau.

Au bout de la galerie *des Cerfs*, fumante encore du sang de Monaldeschi, amant et victime de Christine de Suède, cette lubrique amazone, qui eût été si digne des chants

Lesbiens et passionnés de Sapho, on voyait un petit degré, conduisant à la demeure des filles d'honneur de la reine.

Ce logis était appelé, l'*appartement des poêles*, parce que *François I*^{er} y avait autrefois fait construire de ces sortes de calorifères, à la mode d'Allemagne.

Cet appartement semblait défendu, par toutes les précautions imaginables, contre les tentatives indiscrètes des seigneurs de cette cour hypocrite et libertine ; en un mot, grillages et verroux, doubles portes et doubles fenêtres, en avait fait une manière de citadelle, depuis certaine aventure que l'on doit raconter, bien qu'elle soit antérieure de plusieurs années à l'époque de ce récit.

Madame la duchesse de Navailles, femme d'une grande et solide piété, était dans ce temps-là dame de la reine, et avait, comme telle, la surintendance des filles d'honneur de S. M. Elle apprit un jour, qu'au moyen d'une porte secrète pratiquée dans le mur, et cachée derrière le dossier d'un lit, Louis XIV, fort jeune encore, entrait la nuit dans l'appartement des filles ; le scandale était énorme ; à ce sujet madame de

Navailles tint conseil avec son mari, l'honneur, la droiture et la vertu mêmes. Ils mirent d'un côté leur devoir, de l'autre la colère du roi, la disgrâce, l'exil... et ce couple austère ne balança pas un instant sur la conduite qu'il avait à tenir.

Madame de Navailles prit donc si adroitement ses mesures, que, pendant le souper et le jeu de la reine, la porte fut murée à l'insu du roi. La nuit venue, Louis XIV arrive, afin de pénétrer dans l'appartement à son heure accoutumée... Mais en vain, il tâte, il cherche... rien : tout est devenu muraille. La rage dans le cœur, le galant monarque fut donc obligé de s'en retourner, en maudissant cet excès de surveillance fâcheuse, dont il soupçonnait fort madame de Navailles; en effet, il s'informa si bien, qu'il sut que c'était elle qui, d'après l'avis de son mari, avait ordonné de condamner la porte. Aussitôt, le roi envoya demander à M. et à madame de Navailles la démission de leurs charges, et les exila dans leurs terres de Guyenne, malgré les instances de la reine-mère.

Puis, par une apparente contradiction, et

semblant rougir de ce scandale, mais, ayant d'ailleurs trouvé moyen d'arriver plus obscurément à ses fins, Louis XIV, depuis cette aventure, avait fait entourer, ainsi qu'on l'a dit, l'appartement des filles d'honneur de barrières infranchissables, et formellement enjoint à madame la duchesse de Montausier, nouvelle dame de la reine, de prendre les mesures les plus rigoureuses pour la garde des jeunes personnes soumises à sa surveillance.

A ce propos, et pour donner une signification plus prononcée à la scène suivante, qui sert presque d'exposition à ce récit, on doit préciser un des traits primordiaux du caractère de Louis XIV, à savoir : son orgueilleuse et despotique jalousie, qui s'étendait non seulement aux femmes dont il s'occupait, mais encore à celles dont il ne s'occupait pas.

Pour tout dire, la cour de France était, aux yeux de Louis XIV, une sorte de harem sacré, dont il prétendait demeurer le sultan unique et révéré; aussi un homme était-il sûr d'encourir la haine ou la colère de ce prince dès qu'il osait prendre en sa présence les moindres et les plus innocentes familiarités avec une femme, quelle qu'elle fût.

De là, ces deux physionomies si distinctes de la cour de France à cette époque, néanmoins confondues par presque tous les historiens, en un seul faux-semblant : *de galanterie majestueuse et chevaleresque.*

Rien pourtant n'était plus éloigné du chevaleresque et du majestueux, car, si devant le maître c'était une morgue hypocrite, une froideur précieuse, qui allaient jusqu'à feindre la pruderie la plus sauvage, hors de sa vue cette insupportable contrainte débordait en un cynisme de paroles et un déréglement de mœurs qui passent toute créance (1).

(1) Une des preuves les plus évidentes de ceci se trouve dans le fameux Recueil manuscrit de chansons et noëls du siècle de Louis XIV, qui se compose de trente volumes in-4° (Bibl. royale). Ce recueil renferme d'innombrables et curieuses révélations sur tous les événements et principalement sur tous les acteurs influents de cette époque, soit par leur grande naissance, leurs talents ou leur fortune. Or, on sait et on voit facilement, par les particularités et les détails authentiques contenus dans ces chansons et dans les notes ou commentaires qui les accompagnent, que le tout a été absolument

Quant à penser que c'était par un louable respect des convenances que le roi imposait à sa cour cette réserve apparente, ce serait folie; car on sait quelles publiques, quelles sanglantes mortifications, ce prince faisait souffrir à la reine sa femme, en la forçant de laisser asseoir près d'elle, dans son propre carrosse, et cela, aux yeux de la cour, de la ville et de l'armée, deux maîtresses à lui, ouvertement déclarées : mesdames de Lavallière et de Montespan.

Non! chez Louis XIV, cette sorte de jalousie était encore une conséquence de cet l'aveugle et terrible orgueil, de l'épouvantable égoïsme, qui lui faisait dire avec une insolente conviction : *le charme, la beauté, le savoir plaire...* C'EST MOI ! de même qu'il avait dit : *l'État...* C'EST MOI.

Personnalité sordide, qui se retrouvait ainsi dans tout, s'étendait à tout, jalousait

composé par des gens de la plus grande et de la plus haute compagnie, et des mieux instruits. Or, le cynisme de ces couplets est tel, qu'il serait presque impossible de citer une de ces pièces tout entière ; et pourtant il demeure avéré que ces vers se chantaient et circulaient dans toutes les réunions où l'on échappait au décorum apparent imposé par la hautaine jalousie de Louis XIV.

tout! incurable et grossière fatuité, qui faisait véritablement croire à ce prince, que les femmes de sa cour devaient passer leur vie à attendre pieusement le hasard de ses bonnes grâces, enivrant espoir! qui, selon lui, devait sans doute, plus que pas une réalité, satisfaire le rêve ou la passion de l'âme la plus ardente! Car enfin, le grand monarque ne semblait-il pas sérieusement vouloir qu'on fît peu de différence entre la religieuse adoration qu'il pensait inspirer, et l'amour qu'on a pour Dieu? amour aussi humble, aussi constant, aussi satisfait, dans ses espérances infinies, qu'il doit être désintéressé des joies de ce monde.

En un mot, la disgrâce, l'exil, ou le sort cruel de M. le prince de Conti, de M. le duc de Bourbon, du comte de Guiche, du marquis de Vuardes, du chevalier de Lorraine, du comte de Louvigny, du comte de Soissons, du comte de Saint-Paul, du chevalier de Grammont, du comte de Bussy-Rabutin, de tant d'autres, et enfin la haine implacable avec laquelle il poursuivit le malheureux Fouquet, dont le plus grand crime à ses yeux fut d'avoir osé aimer mademoiselle de Lavallière, montrent assez avec quelle avidité ce roi saisissait tout prétexte d'éloigner de sa cour, ou de frapper sûrement, les gentilshommes dont l'esprit ou les heureux succès lui portaient ombrage.

Ainsi, on le répète, si la jalousie de ce prince s'exaspérait à propos de femmes qui ne l'intéressaient pas directement, que l'on juge de la violence de cette passion, lorsqu'il s'agissait d'une de ses maîtresses.

Or, bien que fort longue, cette parenthèse était indispensable à l'intelligence de la scène qu'on va raconter.

.... La cour de France habitait donc Fontainebleau, et le logis destiné aux filles d'honneur de la reine était, ainsi qu'on sait, à l'extrémité de la galerie des Cerfs ; là, un petit degré conduisait chez madame la chanoinesse de Vatable, alors gouvernante, de sorte que l'unique entrée qui pût communiquer à la chambre des jeunes personnes soumises à la surveillance de cette dame se trouvait dans son appartement.

Rien de plus enchanteur que l'aspect de ce voluptueux gynécée, avec ses six couchettes à rideaux de damas gris perlé, rehaus-

sées d'un passement incarnat ! Un épais et moelleux tapis de Turquie couvrait le plancher, et les murs disparaissaient sous une tenture de haute lice, représentant l'action d'une de ces délicieuses idylles de Ségrais alors si à la mode. « Des bergers vêtus de
» satin, et des bergères à étroit corsage garni
» de flots de rubans, ayant conduit leurs
» blanches brebis au bord d'une eau lim-
» pide, causaient amoureusement assis sous
» la verdure d'un hêtre touffu, pendant que
» de joyeux sylvains les épiaient, cachés
» dans des roseaux. »

Éclairées de la sorte, par la lueur douce et incertaine d'une lampe d'argent ciselé, à vitraux d'un bleu pâle, les gracieuses figures pastorales de ces bergères, semblaient presque s'animer, et réaliser ainsi le rêve adorable de je ne sais quel âge d'or, poétique, fabuleux et impossible, mais charmant... comme tout ce qui est fabuleux, poétique et impossible.

Au fond de cette chambre, et en face des deux fenêtres grillées qui s'ouvraient sur le parc, on voyait un miroir de Venise, à bordure de cuivre doré, repoussée à jour sur un fond d'écaille noire; mais ce miroir, au lieu d'être suspendu, selon la mode d'alors, s'enchâssait profondément dans le mur, à une assez grande hauteur, tandis que la teinte brune de l'écaille, sur laquelle les mille arabesques d'or se relevaient en bosse, empêchait de remarquer deux ou trois meurtrières, artistement pratiquées sous cette bordure, au moyen desquelles on pouvait voir et entendre tout ce qui se passait dans l'appartement, du fond d'une obscure logette, prise sur l'épaisseur de la muraille, et communiquant par un secret degré avec le cabinet du roi.

Or, à cette heure, Louis XIV venait de se rendre dans cette logette, et s'y tenait, l'œil et l'oreille au guet, renouvelant ainsi, mais plus discrètement, la scène de Saint-Germain dont on a parlé, et dont l'issue fut si fâcheuse pour M. le duc et madame la duchesse de Navailles.

Sachant que les filles d'honneur demeuraient cette nuit-là sans leur sous-gouvernante, restée malade à Paris, et qui, couchant d'habitude dans leur chambre, empêchait par sa présence, toute liberté de propos, le roi comptait, autant par curiosité libertine, que par instinct d'orgueil et de fatuité royale, profiter de cette occasion, qui, mettant ces jeunes filles en confiance, devait naturellement amener les causeries intimes et secrètes ; confidences dont Louis XIV s'attendait sans doute à être l'objet unique et adoré.

Il était donc environ quatre heures du matin ; les fenêtres de la chambre des filles d'honneur, avaient été laissées entr'ouvertes pour atténuer le parfum de nombreux bouquets de roses et de violettes placés dans de grands vases de porcelaine de Chine. La nuit était encore profonde... le ciel magnifiquement étoilé, et une brise embaumée apportait çà et là du dehors, et comme par bouffées, la senteur suave et printanière des chèvrefeuilles et des jasmins du parc, alors si renommés, tandis que le chant doux et plaintif des rossignols accompagnait délicieusement le silence de la nuit.

Dans ce voyage du roi à Fontainebleau, un singulier hasard avait rassemblé cinq des plus jolies filles de la cour, dont la plus âgée n'avait pas vingt ans... C'étaient mesdemoiselles Maurice d'O, Marie de Chavigny, Thérèse de Courville, Olympe de Montbrun, et Diane de Saint-André.

Quant à l'austère et glaciale sévérité de mœurs, apparemment imposée à ces jeunes personnes par leur état de *filles d'honneur*, les envieux (ou les heureux), prétendant que cette sauvagerie n'était que parure d'étiquette, et costume de jour, affirmaient, avec une désolante assurance, que généralement des mains plus virginales, mais non plus belles ni plus douces, auraient pu tresser la blanche couronne de Marie, ou attiser le feu sacré de Vesta.

Enfin, si ces pauvres filles avaient, hélas! failli, qui aurait le courage de ne pas absoudre, ou du moins excuser la faute d'aussi charmantes pécheresses?

Comment résister, entourées qu'elles étaient d'hommages et de séductions de toutes sortes? Ayant d'abord à chaque heure, sous les yeux, le cynique exemple d'un roi jeune, et vertement charnel, qui, dans son gros amour glouton et effronté, ne comprenant pas le charme du mystère, les délicates recherches du plaisir, ou la tendre et discrète volupté du demi-jour, ne ménageait rien, ne voilait rien, aimait tout haut, exilait bruyamment père ou mari fâcheux, et puis, se prélassait au grand soleil, entre ses deux maîtresses et son abondante progéniture adultère.

Que l'on songe encore que ces jeunes filles, malgré la contrainte apparente de la cour, étaient partout entourées des enivrants symboles de l'amour physique !

Le jour, c'était d'éclatants et hardis carrousels, où des chiffres étroitement entrelacés, enamouraient les bannières des cavaliers... Le soir, c'était le bal, avec ses muets rendez-vous, donnés secrètement aux yeux de tous, par la couleur d'un bouquet ou le pli d'une écharpe ! Et puis, la nuit !! la nuit enfin ! c'était la sérénade espagnole, aux tendres et lointains accords, dont l'harmonie les berçait rêveuses, et qu'à l'aube naissante elles écoutaient encore !

Partout, on le répète, partout le culte de la beauté s'étalait à leur vue, partout se dessinait le marbre blanc de ses autels ! dans l'ombre des jardins, sous les vertes charmilles, au sein des eaux limpides ! Ici, des satyres vigoureux caressaient des bacchantes, des faunes poursuivaient des dryades; là, Mars et Vénus, Apollon et Diane, Érigone et Antinoüs; que sais-je enfin ? ce que l'art antique avait pu créer d'élégant, de noble, de gracieux, de passionné pour diviniser la forme !... Et puis, au pied de ces groupes enchanteurs, à l'ombre épaisse de ces arbres séculaires, loin de la présence du maître, ces jeunes filles inquiètes ne surprenaient-elles pas souvent une conversation libertine, tenue à voix basse, où hommes et femmes développaient, avec une incroyable licence de paroles et une rare autorité d'expérience, la théorie voluptueuse du plaisir, que la cour des Médicis avait, depuis un demi-siècle, si luxurieusement pratiquée en France !

On le répète, comment les filles d'honneur de la reine, vivant sans cesse au cœur de cette atmosphère chaude et enivrante, qui les pénétrait par chaque sens, eussent-elles échappé à son influence amoureuse ?

Il était donc quatre heures du matin,

et les cinq jeunes personnes que l'on a nommées dormaient profondément.

Quiconque a observé, aura peut-être tiré de curieuses inductions des habitudes du sommeil, inductions qui prouvent l'analogie souvent frappante, que ces attitudes naïves, irréfléchies et presque involontaires, offrent quelquefois avec le caractère naturel et véritable.

Ainsi, voyez dans l'appartement où reposent ces cinq jeunes filles, que de contrastes significatifs, parmi ces poses si différemment expressives !

Ici, un sommeil calme, une respiration douce et mesurée, soulève un sein tranquille, sur lequel deux blanches mains sont modestement croisées ; aussi, à l'aspect de cette attitude de paix et de sérénité, en voyant ce jeune front poli comme de l'ivoire, qu'aucune émotion ne plisse, ne devine-t-on pas un caractère indifférent ou paresseux, que la tourmente des passions n'a jamais effleuré ? Telle est, en effet, l'insouciante Marie de Chavigny, dont le cou d'albâtre se distingue à peine du lin éblouissant qui l'entoure.

Mais quelle est cette jeune fille de vingt ans, à la taille impériale, aux traits mâles et réguliers, qui dort d'un sommeil si hardi, sa tête fièrement placée tout au haut de son chevet, sur son bras reployé ? Ses cheveux noirs longs et épais, se déroulent à grands flots sur ses belles épaules brunes ; un léger pli sépare à peine ses sourcils de jais ; et bien qu'elle dorme profondément, parfois ses joues se colorent, ses narines prononcées se dilatent, et sa lèvre supérieure, d'un rouge de corail, un peu saillante, et ombrée d'un duvet velouté, se relève avec un orgueilleux sourire. Quelle puissante expression ne trouve-t-on pas, dans cette pose vaillante ! dans cette figure virile ! surtout, si on compare cette nature décidée, à la physionomie timide et craintive, à l'attitude, pour ainsi dire effarouchée, de la jeune fille, qui, reposant entre les bras de l'amazone, semble s'y être réfugiée.

Or, ces indices ne trompent pas, car la brune Diane de Saint-André est volontaire, passionnée, glorieuse, et rien n'est plus tendre, plus candide, que la blonde et charmante Thérèse de Gourville, qui pourtant a transgressé les ordres formels de la gouvernante, en venant partager la couche de son amie, pour causer avec elle, de ces riens, de ces projets sans fin, de ces espérances sans nom, qui font tant rêver à seize ans !

Admirable opposition de ces deux natures, qui, par leurs contrastes mêmes, se faisaient si merveilleusement valoir! L'une, délicate et svelte; l'autre, noble et mâle; celle-là, d'un coloris si vif, si chaud, si vermeil qu'elle semble dorée à l'éclatant reflet du soleil d'Asie ; celle-ci, d'une blancheur si azurée, si vaporeuse, qu'on la dirait voilée des doux et pâles rayons de la lune !

Maintenant, quel tableau plus frappant de la sensualité, que cette autre jeune fille, fraîche, épanouie, un peu grassé, au teint de neige et aux joues roses marquées de petites fossettes ? Des cheveux châtains dénoués, s'échappant d'un bonnet de dentelle tout dérangé, couvrent à demi les yeux de cette nonchalante, dont la pose abandonnée semble si délicieusement abattue... Sa respiration est paisible, et sa petite bouche, toujours souriante, humide et vermeille, laisse voir des dents de perles... Quoi de plus gracieux que ces deux bras ronds, blancs et potelés, qui, élevés au-dessus de sa jolie tête, l'encadrent comme les anses d'une amphore?

Telle est Olympe de Montbrun, gaie, paresseuse, moqueuse, et surtout amoureuse.

Enfin, mademoiselle Renée-Maurice d'O occupait le cinquième lit de cette chambre, et tout en elle, offrait un étrange contraste avec ses compagnes.

Elle ne s'était endormie sans doute qu'après avoir long-temps réfléchi et pleuré... car ses joues pâles portaient l'empreinte de larmes séchées, et sa tête semblait s'appuyer encore sur la main qui l'avait dû soutenir pendant ses méditations; main d'une rare beauté, dont les doigts effilés rappelaient l'exquis et pur dessin de Raphaël.

Sa figure, sans être extrêmement jolie, possédait néanmoins un grand charme, dû à son indéfinissable expression de bonté, de tristesse et de résolution; sur son front saillant et bien uni, mais presque démesuré, se dessinaient des sourcils châtain foncé, extrêmement écartés l'un de l'autre, et si étroits, qu'on les eût dit tracés par le pinceau d'un Indien, tandis que les cils soyeux qui voilaient ses paupières fermées étaient si longs, si longs... qu'ils semblaient les entourer d'une brune auréole; chose rare enfin, cette physionomie expressive n'avait pas un trait qui ne fût frappant, et dès qu'on l'avait vue, il devenait impossible de l'oublier jamais. Ainsi, son teint, d'une blancheur mate, mais éblouissante, contrastait encore étrangement avec le noir foncé de ses prunelles, qui, lorsqu'elle ouvrait les yeux, donnait à son regard quelque chose de fixe et de saisissant. Et puis, c'étaient ses cheveux d'une finesse extrême, mais à peine bouclés, dont les longues mèches ondoyantes tombaient tristement comme un voile noir sur ses épaules et sur son sein, que l'agitation constante de son sommeil avait découvert! Sommeil douloureux, convulsif, aux brusques tressaillements, qui trahissaient les émotions poignantes de cette âme, déjà profondément ulcérée par le chagrin; car on verra par la suite de ce récit, quelle fut la sublime résignation de cette jeune fille, dont la grande et fatale passion pour M. de Rohan, semble digne des temps héroïques!

Mais le paisible silence qui régnait dans cet appartement, ne dura pas, car le jour parut bientôt, et de même que son éclat éveille les oiseaux nichés sous les feuilles, dès que les premiers rayons du soleil eurent inondé cette chambre d'une lumière dorée, toutes ces paupières appesanties s'ouvrirent d'abord joyeuses, tristes ou indifférentes, et se refermèrent aussitôt, éblouies de cette vive clarté; car le réveil a ses pronostics comme le sommeil. Ainsi, parmi ces jeunes filles, l'une semblait sourire aux espérances qu'une nouvelle journée lui apportait; l'autre paraissait regretter amèrement la solitude et le silence de la nuit, si chère aux affligés ! tandis que celles-ci accueillaient avec insouciance, ce jour ajouté aux autres jours.

La première qui s'éveilla, fut la joyeuse Olympe de Montbrun. Voyant ses compagnes encore endormies, elle ne voulut pas sans doute jouir seule du spectacle d'une belle matinée de printemps; car à peine ses grands yeux bleus, gais et brillants, furent-ils ouverts, que d'une voix argentine et fraîche elle appela les autres filles d'honneur.

— Allons, Diane la glorieuse! Marie l'indolente! Thérèse la timide! et toi, taciturne et sauvage Maurice ; assez dormir, mes belles! éveillez-vous, éveillez-vous! Voyez, jamais plus joli soleil de mai n'a prédit plus charmante journée de printemps! aussi la chasse d'aujourd'hui sera-t-elle magnifique avec un temps pareil! Heureuses filles que nous sommes! de ce que notre gouvernante n'ait pas couché ici cette nuit, car elle eût sûrement effarouché ce beau jour!

En satisfaisant enfin l'impatiente curiosité de Louis XIV, reclus dans sa cachette depuis une demi-heure, les doux éclats de cette voix jeune et sonore eurent bientôt éveillé tout-à-fait les jeunes filles, qui purent alors répondre diversement aux folies d'Olympe.

— Oh! moi,—dit la blonde Thérèse d'une voix suave, en regardant timidement Diane de Saint-André, sa brune et hardie compagne, — j'espère bien, si l'on chasse, voir ce divertissement en calèche, car ainsi on a tout le plaisir sans fatigue et sans crainte.

— Voulez-vous bien vous taire, petite peureuse! — s'écria Diane en faisant à Thérèse une gracieuse menace; — que vous êtes efféminée! préférer un lourd carrosse, au plaisir de monter un vaillant cheval, et de vous sentir emportée par l'élan d'une course rapide!

— Oh! quant à moi, — dit Marie de Gourville en étendant paresseusement ses jolis bras, — la cavalcade n'est pas mon fait; j'aime bien mieux une promenade sur l'eau, dans la belle galère dorée, qui est ici sur le canal. Est-il rien de préférable à ce délicieux balancement! Vous allez aussi vite qu'à cheval, et vous n'avez ni les secousses de la haquenée, ni le roulement insupportable du carrosse.

— Oh! que parlez-vous, — dit à son tour Olympe, — que parlez-vous de calèche, de chevaux, de galères, mon Dieu!... Ce qui vaut mieux, selon moi, que tout cela... c'est une amoureuse sérénade de violons et de hautbois, qu'on entend bien à son aise, étendue à l'ombre, sur de moelleux coussins, tandis que les airs les plus galants et les plus tendres viennent vous plonger dans une adorable rêverie ! aussi, moi je dis : les sérénades avant tout !

— Avant tout, la promenade sur l'eau, — dit Marie de Gourville.

— La promenade en carrosse, — dit Thérèse.

— La promenade à cheval, — dit la brune Diane.

Ces goûts divers donnèrent lieu à mille folles discussions qu'Olympe résuma de la sorte :

— Tenez, mes amies, convenons d'une chose : on assure que tous les goûts sont dans la nature, moi je prétends plutôt, que notre amant est dans tous nos goûts ; ainsi, je l'avoue, j'aime les sérénades avec passion, parce que le chevalier de Saint-Paul chante, et joue du théorbe à ravir les anges. Toi, chère Marie, tu aimes la promenade sur l'eau, parce qu'un jeune capitaine que je sais conduit cette belle galère du canal dans les promenades du roi. Toi, douce Thérèse, tu aimes la promenade en calèche, parce que certain petit page de la grande écurie de S. M., aussi leste que joli, cavalcade aux portières en te regardant. Enfin, toi, Diane, ma fougueuse amazone, tu aimes à monter à cheval, parce que personne n'y a meilleur air que M. de Sommerville, le bel écuyer du roi.

Du fond de sa logette, Louis XIV commençait à trouver qu'on parlait, il est vrai, souvent de lui, mais furieusement en manière d'accessoire; néanmoins il patienta...

— Et Maurice! et Maurice! — dirent les jeunes filles qui, demi-nues, vinrent se grouper gracieusement sur le lit d'Olympe, pour témoigner sans doute de ce qu'elles ne lui gardaient pas rancune de la vérité de ses observations.

Malgré le regard triste et suppliant de Maurice, Olympe continua :

— Oh! le véritable nom de la passion de Maurice, est un mystère que nul n'a pu pénétrer encore. On sait bien qu'elle aime la chasse à la folie... mais quel est l'heureux chasseur? voilà ce qu'on ignore; or, comme il y a une foule de charmants cavaliers dans la vènerie de S. M., depuis le Grand Veneur de France, M. le chevalier de Rohan, l'homme le mieux fait, le plus galant et le plus magnifique de la cour, jusqu'à mon joli cousin, le petit de Lignerolles, qui sort de page, il est bien difficile de porter quelque jugement certain, d'autant plus que Maurice est très secrète, très sauvage, et vit toujours fort esseulée.

Si la joyeuse Olympe eût attentivement observé Maurice, et que son regard eût aussi pu pénétrer derrière le miroir qui cachait le roi, le double effet produit par ses paroles l'aurait vivement frappée.—Au nom du chevalier de Rohan, Louis XIV n'avait pu réprimer un mouvement d'impérieuse colère; mais lorsque Olympe continua de parler de la passion cachée de Maurice, l'expression fâcheuse des traits du roi s'adoucit, car il pensa sans doute trouver au moins parmi ces jeunes filles un cœur occupé de sa majestueuse personne.

Quant à Maurice, ses joues pâles se colorèrent légèrement lorsque le nom du chevalier de Rohan fut prononcé... Mais paraissant aussitôt refouler cette impression en elle-même, avec une fière indignation, son visage reprit son caractère habituel de mélancolie taciturne; alors, elle se replongea dans une profonde rêverie, où elle sembla demeurer absorbée, pendant toute la scène suivante, bien que de temps à autre, un tressaillement involontaire prouva qu'elle n'était pas indifférente au sujet de la conversation.

— Pauvre Maurice! — reprit Diane en riant, — veille bien aujourd'hui sur tes moindres actions; car, je te l'avoue courtoisement d'avance, je m'attache à tes pas durant la chasse, et, par le nom païen de Diane ma patronne! je découvrirai ce mystère !

Maurice ne répondit rien, et sourit doucement en faisant un signe de tête négatif.

— Puisqu'on parle de chasse, — reprit Olympe,—on dit le Grand Veneur de plus en plus mal avec le roi; et si mal, que je tiens du *poli* Lavardin, pour parler à la mode des contre-vérités (1), que M. de Rohan n'avait

(1) On faisait à la cour beaucoup de chansons en contre-vérités, c'est-à-dire qu'on louait ou blâmait au rebours de ce qui était. En voici un couplet extrait des chansons manuscrites dont on a parlé; on est obligé d'en supprimer quelques mots trop cyniques.

> *Marsillac* est tendre,
> Menu monsieur d'*Ambre*
> *Conti* des dames mal traité.
> Pour le vieux *Laferté*,
> Il n'a point de.....
> *Marsan* est.....
> *Roannès* (1) a l'esprit un peu morne.
> *Beuvron* est lettré.

(*) M. le duc Lafeuillade.

pas même été prévenu de ce voyage de Fontainebleau, bien que sa charge lui fît un devoir d'y assister.

— Hélas! sans doute, M. de Rohan est en disgrâce, — reprit Diane... — Aussi, l'avais-je bien prévu!

— Mon Dieu! ma belle amazone, — dit Olympe, — voudrais-tu donc rivaliser avec les centuries de Nostradamus, le devin par excellence?

— Moque-toi si tu veux, Olympe; mais rappelle-toi bien ce que je t'ai dit l'an passé, lors de l'horrible éclat de l'enlèvement de madame la duchesse de Mazarin par M. de Rohan, et dont le roi se montra si furieux.

— Ou si jaloux! — reprit Olympe en riant.

— Jaloux soit... Mais ne te disais-je pas alors: Ce qui a perdu M. de Guiche, M. de Grammont, M. de Rabutin, M. de Lorraine, et surtout l'infortuné Fouquet, perdra M. de Rohan!...

— Mais sans doute, — reprit Olympe; — et comme dit le noël de M. de Saulx-Tavannes:

> Las! il blâmait, le compère,
> Sans raison,
> Ce qu'il ne pouvait pas faire,
> Nous dit-on.

Or telle est, à mon avis, comme au tien, la cause de la colère de S. M. contre ces aimables cavaliers... ou plutôt,—ajouta la jeune fille en se croisant les mains d'un air malicieusement hypocrite,—ou plutôt non... c'est un effet de la grâce d'en haut ; car le roi s'intéresse si fort au salut de ses sujets, qu'il veut se charger de commettre pour eux tous le plus charmant et le plus couru des sept péchés capitaux... Aussi, tout gentilhomme qui, jaloux de sa pauvre part de faiblesse humaine, prétendra aider S. M. à porter cette douce croix, sera-t-il certain d'encourir son indignation ! Et malheureusement pour M. de Rohan... il est furieusement de ces opiniâtres-là.

— Que j'aime cette pensée,— reprit Diane en riant de la plaisanterie d'Olympe sur la charité du roi. — C'est absolument comme le gros Louvois, qui semble vouloir aussi commettre à lui seul tous les péchés d'orgueil du royaume. Mais à propos, Olympe, sais-tu pourquoi la haine de M. de Louvois est si violente contre M. de Rohan ?

— Non, mais je plains le chevalier, car M. de Louvois est tout-puissant sur la volonté du roi, et d'où lui vient donc cette haine que tu dis?

— Du motif le plus puéril et le plus misérable du monde; en un mot, M. de Louvois exècre M. de Rohan, parce qu'étudiant avec lui au collége *des Quatre nations*, je crois, le chevalier, aussi leste, aussi hardi, que Louvois était lourd et peureux, le battit plus d'une fois bel et bien. De là, cette haine opiniâtre et envenimée du ministre, qui a percé dans tout, puisque c'est M. de Louvois qui jusqu'ici a empêché, dit-on, M. de Rohan d'obtenir aucun emploi militaire, proportionné à sa naissance.

— Voyez pourtant à quoi tiennent les destinées! — s'écria la blonde Thérèse en ouvrant ses grands yeux bleus étonnés. Puis elle ajouta d'un air naïf, mais plein de finesse : — Il faut donc alors que ma grand'mère ait été, au couvent, compagne de madame de Vatable, notre gouvernante, et l'ait battue bien souvent, puisque la bonne dame me hait si fort !

Cette moquerie fit d'autant plus rire ces jeunes filles, que madame de Vatable affichait surtout de grandes et inadmissibles prétentions à la jeunesse; aussi Diane, embrassant la jolie Thérèse pour la payer de sa malice, continua de la sorte :

— Mais, hélas! ce n'est pas tout; car, en vérité, ce pauvre chevalier semble avoir à combattre le présent et le passé, et devoir être la victime de ses plus nobles qualités : ne savez-vous pas, mes amies, ce qui lui lui arriva autrefois au jeu avec le roi?

En entendant ces mots, Louis XIV rougit d'indignation; car cette aventure rappelait à son souvenir, une scène fâcheuse et humiliante, dans laquelle M. de Rohan avait eu sur lui tout l'avantage; mais ne pouvant alors qu'écouter, le roi se résigna...

— Raconte donc cette histoire, — dirent Thérèse et Marie.

— Je le veux bien, mes amies, car je tiens ceci de la pauvre duchesse de Mazarin elle-même, qui me le contait, comme un trait du plus merveilleux à-propos. Cela se passait un peu avant la mort de feu M. le cardinal, dans le salon de la reine-mère. Le roi jouait à la bassette avec M. de Rohan, et S. M. avait mis pour condition du jeu, qu'on se paierait en or d'Espagne, et non de

France, l'or d'Espagne étant alors, disait-on, d'un meilleur alliage. M. de Rohan perdit mille louis contre le roi ; et le lendemain, envoya la somme à S. M. dans une bourse de brocard d'or, brodée aux armes de France, et merveilleusement enrichie de perles fines. Madame de Mazarin me disait que cette bourse avait dû coûter au moins cinquante louis !

— Mon Dieu ! que cela est donc délicat ! — dit Marie en joignant les mains avec admiration ; — quelle charmante recherche ! au lieu d'envoyer cet or dans un sac, ou dans un coffre grossier !

— Le fait est que cela sent extrêmement son grand seigneur, — ajouta Olympe.

— Assurément ; mais voilà qui ne sent pas autant son grand roi, — ajouta Diane en baissant la voix, et regardant autour d'elle avec une sorte de crainte involontaire. — S. M. reçoit donc la bourse, et l'envoie à son épargne. Mais, sur ce que le bonhomme Rose (1) lui fit observer, que des mille louis qu'elle contenait, quatre cents étaient d'or de France,

---

(1) Trésorier particulier du roi.

S. M. dit le lendemain à M. de Rohan, qui venait lui faire la révérence dans son cabinet: « Monsieur de Rohan, ces quatre cents louis » sont en or de France, veuillez me ren- » voyer de l'or d'Espagne; car, vous le savez, » c'est une condition de notre jeu. »

— Est-ce donc bien possible! — s'écrièrent les jeunes filles.

— J'avais en effet entendu parler de ce trait, — dit Olympe; — mais, bien que différemment raconté, je n'avais pu y croire.

— Je le tiens, te dis-je, de la pauvre duchesse de Mazarin elle-même, qui assistait à cette scène, ainsi que M. le cardinal, — reprit Diane; — mais ce n'est pas tout: le chevalier de Rohan, saluant alors le roi, avec cette grâce charmante, et cet air à la fois respectueux et fier, qui n'appartient qu'à lui, prit les quatre cents louis, et s'approchant d'une fenêtre ouverte sur le fossé (cela se passait à Vincennes), il les y jeta, puis dit au roi: *«Sire, puisque V. M. a » refusé cet or, il n'est plus bon à rien. »* Une heure après, le roi reçut, dans une autre bourse magnifique, la somme en or d'Espagne, qu'il garda bel et bien.

— Qu'il garda ? — demanda Marie.

— Qu'il garda, — reprit Diane. — Néanmoins S. M. se plaignit fort à feu M. le cardinal de la conduite irrévérente de M. de Rohan dans cette occasion; mais M. le cardinal répondit : « *Sire, que voulez-vous !* » *M. de Rohan a perdu en roi, et vous avez* » *gagné en cadet de famille,* » faisant allusion à ce que M. de Rohan était puîné de la maison de Guémenée.

Maintenant, qu'on songe à l'exaspération qui dut transporter Louis XIV, lorsque, du fond de sa cachette, il entendit faire le récit de cette aventure, à propos de laquelle Mazarin lui avait donné une si juste leçon, et où M. de Rohan s'était montré si fièrement magnifique; mais malheureusement pour le chevalier, le roi devait s'entendre encore plus d'une fois comparer au Grand Veneur, et ne pas avoir l'avantage dans ce parallèle; aussi, bénissant pour le succès de sa vengeance, le singulier hasard qui le mettait à même d'entendre de telles choses, le roi voulut demeurer là jusqu'au bout.

— J'avoue que la réponse de feu M. le cardinal est tout-à-fait pleine de sens et de justesse, — reprit Olympe; — et puisque nous parlons de M. de Rohan, moi aussi j'ai une histoire à vous conter; mais, à mon avis, le trait est encore plus beau, parce qu'à la magnificence et à la galanterie, se joint je ne sais quel élan de bonté touchante, qui honore à la fois la femme qui l'inspire, et l'homme qui l'éprouve.

— Mais, mon Dieu! dis donc vite! — s'écrièrent les jeunes filles, dont la curiosité était vivement excitée par cet exorde.

— Eh bien! il y a de cela... quelque temps, M. de Rohan s'occupait alors... mais au fait, je ne sais si je dois...

— Olympe... chère... bonne... gentille... gracieuse Olympe! — dirent les jeunes filles suppliantes, en se rapprochant de leur compagne avec des câlineries toutes féminines.

— Après tout, — reprit Olympe en suite d'un moment de réflexion, — personne au monde ne nous peut entendre, et celle qui répéterait ceci serait aussi terriblement disgraciée et chassée, que si elle avait elle-même inventé l'aventure. Or, je continue : M. de Rohan s'occupait donc alors de certaine belle marquise, blanche comme la neige, ayant la gorge et les bras admirables, les plus beaux yeux noirs qui se puissent voir, avec cela les cheveux d'un blond cendré magnifique, et douée enfin de l'esprit le plus moqueur et le plus plaisant du monde ; seulement un peu trop grasse, et beaucoup trop mariée au plus fâcheux des marquis. N'y êtes-vous pas ?...

— J'y suis tout-à-fait, — dit Diane.

— J'y suis ! — s'écria Marie ; — c'était la belle Athénaïs...

— De Montespan ! — ajouta vivement Thérèse.

A ce nom, les jeunes filles se regardèrent presque avec effroi, et se serrèrent encore plus près les unes des autres

Aux premiers mots du récit d'Olympe, Louis XIV avait eu, comme un secret pressentiment du nom qu'elle allait citer... après quelques mots il n'en douta plus. On l'a dit, l'étrange fatuité de ce prince jalousait cruellement le présent, aussi bien que l'avenir et le passé, en sorte que toute allusion à un sentiment qui n'avait pas été inspiré par lui, le mettait en fureur. Or, jusque là, madame de Montespan avait été assez adroite, ou la terreur des courtisans assez discrète, pour que le bruit de cette liaison de la marquise et du chevalier, ne fût arrivé aux oreilles du roi, que comme un de ces vagues propos du monde, sans fondement et sans vérité; mais le récit d'Olympe, semblant devoir préciser le fait, et lui donner un grand air d'évidence et de réalité, on pense si le roi continua d'écouter, avec une horrible anxiété d'orgueil.

Olympe reprit : — M. de Rohan s'occupait donc alors de madame de Montespan; disons vite le nom pour n'y plus revenir ; le roi qui commençait à posséder la doucereuse, pleureuse, boiteuse et bayeuse Lavallière, ne trouvant pas en elle ce qui lui manquait totalement à soi-même, s'ennuyait nécessairement à périr... Un jour il entendit la belle marquise dire un mal horrible de tous les gens de la cour, et cela avec cette gaieté satirique, cette moquerie acérée qui distinguera toujours l'esprit des Mortemart... Ces médisances réjouirent fort le roi; d'ailleurs la médisante était belle, accorte, d'une merveilleuse recherche de propreté; aussi S. M., désirant toujours naturellement chez les autres ce qu'il ne possédait pas, fit dire à la marquise que si elle voulait lui faire quelques avances, il les aurait pour agréables. M. de Rohan sachant cette rivalité royale, s'en piqua fièrement, se montra plus épris, plus passionné que jamais, enfin redoubla de soins et de belle galanterie ; de son côté, la marquise tint tendrement compte au chevalier, d'une persistance aussi amoureuse que hardie, qui lui faisait ainsi braver le courroux d'un maître, si implacable en de telles rencontres.

— Oh ! que je conçois ce sentiment !— s'écria Diane, — et que j'aurais méprisé l'amant qui se serait lâchement éloigné, par terreur de cette rivalité redoutable !

— En un mot, le chevalier fut tour à tour si triste et si tendre, si impérieux et si tremblant, si timide et surtout si pressant, qu'un soir, dans une promenade qui suivit un médianoche, donné par la reine à Saint-Germain, la marquise fit à M. de Rohan le plus décisif et le plus charmant aveu... Alors le chevalier, ivre de joie, prenant une magnifique chaîne de diamants qu'il portait au cou, la rompit en morceaux, et jetant cette poignée de pierreries dans le parc, il s'écria : « *Qu'au-*

« jourd'hui, du moins, ne soit pas pour moi
« seul un jour de bonheur ! »

— Ah ! que cela est donc passionné ! — s'écria Diane, — et que j'admire cette ivresse de l'âme, après un aveu, qui gonflant le cœur d'une joie ineffable, le fait déborder ainsi de tendresse et de bonté ! Aussi, après avoir eu un pareil amant, comment encore aimer quelque chose au monde !

Ces détails avaient un cachet de vérité trop évident, pour que le roi, déjà prévenu d'ailleurs par de vagues soupçons, pût douter un instant de la réalité de cette aventure; aussi s'écria-t-il d'une voix étouffée par les mille émotions de la haine, de la colère et de l'orgueil outragé:—Athénaïs!...Rohan!... Oh! Rohan!... je me vengerai!...

Puis, son abattement fut tel, qu'il s'appuya sur un des côtés de la logette, et pendant quelque temps, abîmé dans ses pensées, à peine il écouta la suite de cette conversation.

— Mais pensez donc au bonheur des pauvres jardiniers, qui le lendemain au point du jour, trouvèrent toutes ces pierreries dans le parc ! — reprit Marie.

— Et par qui donc a-t-on connu cette délicieuse galanterie ? — demanda Thérèse.

—La marquise n'y tint pas, —reprit Olympe; —ravie, enchantée, elle rapporta ce trait charmant à sa sœur, madame de Thianges. Aussitôt voilà madame de Thianges qui se met à se mourir d'amour pour M. de Rohan, tant et si bien, qu'elle vécut depuis avec lui, dans la plus étroite intimité, au grand regret jaloux de madame de Montespan. A son tour, madame de Thianges conta la merveille à madame de Cœuvres, son amie intime. Or, la plus que fort tendre madame de Cœuvres, qui n'avait rien de caché pour l'épée, la robe et l'église, et principalement pour MM. de Béthune, le président Tambonneau et l'abbé Têtu, qui représentaient, à vrai dire, les états-généraux de son peuple d'amants, madame de Cœuvres, donc, leur conta l'histoire; aussi, le moins discret des trois *ordres*, M. de Béthune, confia le tout au chevalier de Saint-Paul, qui me le dit à moi, bien confidemment, comme vous voyez.

— Mais pourtant la marquise se montre à cette heure tout-à-fait des ennemies de M. de Rohan? — dit Marie avec étonnement.

— Sans doute, — reprit Olympe, — d'abord, par rage d'avoir été sacrifiée à sa sœur, par le beau chevalier, et puis ensuite, parce qu'elle sait l'effroyable jalousie du maître, et combien en amour, il déteste les précédents ; aussi veut-elle tout le mal possible à M. de Rohan pour ôter de l'imagination du roi la pensée qu'elle ait jamais aimé le chevalier ; de sorte que s'il fallait, comme on dit, tendre une paille à M. de Rohan pour l'empêcher de se noyer, la marquise donnerait plutôt ce fétu à Lavallière, pour faire des bulles de savon (1), passe-temps favori de cette sotte et maigre beauté.

— Pauvre chevalier de Rohan ! — dit tristement Thérèse ; — être ainsi haï par le roi et par la maîtresse, et le ministre du roi !

— Et par sa mère, donc ! voilà ce qu'il y a de plus terrible ! — reprit Diane.

— Il est vrai, — dit Olympe, — que madame la princesse de Guémenée (2) se

---

(1) On sait que mademoiselle Lavallière aimait fort cette innocente distraction.

(2) M. de Rohan était fils de Louis de Rohan, prince de Guémenée, duc de Montbazon. (Voir plus bas la note généalogique.)

montre bien cruelle pour son fils, et qu'elle le traite en véritable marâtre, lui retenant, dit-on, ses biens, et animant contre lui, sans pitié, les créanciers que sa magnificence lui fait.

—On dit d'ailleurs,—ajouta Diane,—que le chevalier s'endette fort. Quel dommage! si grand! si généreux! Ah! voilà de ces cavaliers, qui devraient bien trouver le secret du grand œuvre! la pierre philosophale!

—M. de Rohan s'en est occupé, en effet,— dit Olympe;— mais il a laissé là tout l'attirail de la magie et de la soufflerie, par peur du diable, qui lui est, dit-on, véritablement apparu.

— Ah! s'il eût découvert ce beau trésor,— dit Thérèse, — quelles merveilles on aurait vues à la cour!

— A propos,—reprit Marie, — avez-vous l'autre jour, remarqué M. de Rohan à ce gala chez madame la comtesse de Soissons? comme il était merveilleusement bien ajusté! avec cette garniture de rubis d'Orient et de perles fines, sur son justaucorps de tabis vert-tendre, orné de rubans couleur de feu! Mon Dieu, que cela était donc galant et éblouissant! Rien que son nœud d'épée valait, dit-on, plus de dix mille écus !

— Et avez-vous admiré,— reprit Olympe,— le merveilleux point de ses dentelles ?

— Et sa canne d'ivoire ! entourée d'une vigne, dont le cep est en corail, les feuilles en émeraudes, et les grappes en saphirs ! — dit Marie.

— Ce qui est certain, — ajouta Diane,— c'est qu'en entrant dans la galerie de l'hôtel de Soissons, il avait un port si fier et si majestueux, que tout le monde lui trouva un air véritablement royal !

—Comment, royal ? Tu trouves qu'il ressemble à S. M.? — demanda Olympe.

— Oh ! non; je dis royal pour exprimer tout ce qu'il y a au monde d'imposant et de gracieux. Le roi est beau sans doute; mais d'une beauté bien différente de celle de M. de Rohan.

Ces mots tirèrent le roi de l'espèce de rêverie où il s'était plongé, en songeant aux moyens de se venger de M. de Rohan. Entendant son nom, encore accolé à celui du chevalier, il prêta de nouveau une attention inquiète et colère aux causeries des jeunes filles.

— Voyons, mesdemoiselles, soyons franches. Qui préféreriez-vous du chevalier? ou du roi? — demanda Olympe.

— Voilà de ces questions bien embarrassantes! — répondirent avec lenteur Thérèse et Marie.

— Enfin, dites toujours.

— Me demandes-tu si je préférerais avoir pour amant, un roi? ou un beau gentilhomme? — reprit Diane.

— Sans doute.

— Eh bien! chère Olympe, le gentilhomme fût-il un Adonis, et le roi un monstre, vous allez, mes amies, me trouver la plus effrontée du monde, mais je préférerais d'abord le roi.

— Par vanité, par orgueil, ma belle amazone?

— Eh! mais sans doute; pas pour autre chose!

— Tu as raison, — reprit Olympe.

— Quelle horreur! — s'écria Marie.

— Voulez-vous bien vous taire! petite ignorante, — lui dit Olympe. — Apprenez que sur cent femmes, il y en aura toujours au moins... au moins cent! qui sacrifieront, avec raison, tous les gentilshommes adonis du monde, au plaisir de voir à leurs pieds celui aux pieds duquel tout le monde se prosterne.

Louis XIV croyait sa qualité de roi, tellement liée, identifiée à lui-même, qu'elle ressortait enfin si évidemment de son propre mérite, qu'il ne vit pas d'abord tout ce que cette préférence avait d'offensant, en cela que c'était seulement adorer la couronne, sans s'occuper du front qui la portait; mais la suite de la conversation lui en apprit davantage.

— Voyez un peu l'intéressée, — reprit Diane en répondant à Olympe. — J'avais cru d'abord, moi, que tu me demandais, lequel je préférerais, de M. de Rohan ou de S. M., tout deux gentilshommes, et sans couronnes.

— Oh! ceci, Diane, est une autre question; et pour y répondre franchement, je t'avouerai que je préférerais alors, mille fois, M. de Rohan; mais toujours bien à condition que ni lui, ni le roi devenu simple gentilhomme, ne pourraient mettre dans la balance, la moindre pauvre petite couronne, fût-ce même celle de Pologne ou de Portugal!

— Sans couronne? — reprit Diane; — mais je dirais aussi à l'instant que je préfère M. de Rohan!

— Moi aussi, M. de Rohan, — dit Marie.

— Moi aussi, — ajouta Thérèse.

Louis XIV venait d'être cruellement éclairé, par cette seconde phase de la question; alors, comprenant mieux la distinction de l'homme et du roi, sa rage s'en augmenta d'autant contre M. de Rohan et contre ces pauvres filles, qui payèrent plus tard et chèrement l'indiscrétion de leurs communes confidences (1).

— Tenez, — reprit Olympe, — le roi est beau de figure; sa taille, quoique petite, est bien prise; il a même une allure impérieuse si l'on veut, mais que je trouve, moi, roide à l'excès.

— Et puis, — ajouta Diane, — S. M. mange tant, et si gloutonnement!... Aussi, vous direz peut-être que je suis précieuse; mais je hais cette voracité, qui n'est pas du bel air, et qui fait que le roi est toujours si horriblement rouge et pesant après dîner.

— Moi, — dit Marie, — ce que je n'aime pas dans S. M., c'est qu'elle ne monte guère plus à cheval pour chasser; suivre la chasse

(1) Elles furent supprimées, et la reine n'eut plus que des dames d'honneur.

dans une petite calèche, comme le bonhomme Saint-Rémi, cela n'est pas de l'âge du roi, et sent trop la timidité.

— Moi, — dit Olympe, — ce que je me permettrai de reprocher à la royale personne de S. M., c'est qu'elle ne prend pas d'elle-même, ainsi que M. de Rohan, par exemple (en cela plus raffiné, plus coquet que la femme la plus difficile), tous ces soins délicats et recherchés, sans lesquels un amant ne saurait me plaire. Ainsi, entre autres choses, le roi ne se rase que tous les deux ou trois jours; or, je l'avoue, cette insouciance de la propreté me choque fort! Que d'honnêtes citadins, fidèles à leurs femmes, aient de ces manières de cynique, soit... Ils achètent, par leur maritale constance, tous les droits possibles à se fort négliger... Mais cela sent trop son Diogène pour un prince amoureux!

— Pour un roi galant! — dit Thérèse. — Un monarque qui a pris le divin Phœbus pour emblème, — ajouta Diane, — devrait toujours, ce me semble, reluire et rayonner d'élégance. Mais à propos du *Soleil*, — dit tout-à-coup la brune jeune fille, — ne savez-vous pas le nouveau noël, sur l'*Attelage du Soleil?*

— Non! non! — s'écrièrent toutes les voix.

— Eh bien! je vais vous le dire; M. de Noailles me l'apprit hier, pendant le sermon du R. P. Mascaron; il est du dernier joli... Tenez, écoutez-le; il se chante sur le nouvel air du Traquenard (1).

> L'attelage d'aujourd'hui
> Qui mène ce Dieu qui luit,
> Mais n'est pas mené par lui,
> Est de quatre vieux chevaux,
> Précédés de deux cavales,
> De deux cavales royales ;
> Est de quatre vieux chevaux,
> Bien meilleurs qu'ils ne sont beaux.

— C'est charmant, — dit Olympe ; — les quatre secrétaires d'État, et les deux maîtresses... Rien de plus clair.

— Voyons maintenant si vous reconnaîtrez les portraits, — reprit Diane.

> On sait bien que le premier
> Est un certain vieux routier,
> Qui, connaissant son métier,
> S'en va toujours par compas ;

(1) Cette chanson est extraite du Recueil déjà cité, vol. VI (1669). — Bibl. royale, manuscrits.

> Et *d'ambler* a la manière (1);
> Qui, fournissant sa carrière,
> S'en va toujours par compas,
> Et ne fait point de faux pas.

— Il est évident que c'est le vieux Letellier, — dit Olympe après une minute de réflexion. — Il rampe beaucoup trop près de terre pour jamais broncher.

Diane fit un signe affirmatif, et continua :

> Le second, quoique son fils,
> Gros, courtaud, ragot, bouffi,
> Est emporté comme six.
> Visant au cheval de guerre,
> Au soleil qui vitupère
> Le rétif n'obéit guère ;
> Et colère, furibond,
> Va toujours par saut, par bond !

— C'est le gros Louvois à n'en pas douter, —dit Marie. — Le fait est qu'il se rebecque plus que grossièrement envers S. M., qui, dit-on, se laisse intimider par les emportements de ce fier Artaban.

Diane continua :

(1) *Ambler*, aller l'amble ; *embler*, emporter, enlever.

> Le troisième, cheval fin,
> Dont on ne peut voir la fin,
> Porta plus d'un faux dauphin (1);
> Et quoi qu'il soit fort goutteux,
> Ne pensant qu'à sa pitance,
> Pressé de boire, il s'avance (2) :
> Et quoiqu'il soit fort goutteux,
> Il passe les autres deux !

— C'est M. de Lyonne, — dit Marie.

— Mais non, c'est Colbert, l'homme de marbre, — reprit Olympe ; — ne le reconnaissez-vous pas à cette ardeur de *boire*, bien que maintenant, dit-on, ce furieux goût d'ivrognerie lui soit passé.

Diane continua :

> Le quatrième est félon,
> Sournois et cornard, dit-on ;
> Furieux comme un lion,
> On sait que d'un coup de pied
> Il a renversé Brienne (3)
> Au grand dam de la de Fienne !
> On sait que d'un coup de pied,
> Il l'a tout estropié.

(1) Allusion à ce que Colbert fut chargé des enfants de mademoiselle de Lavallière.

(2) On lui reprochait son ivrognerie.

(3) M. de Lyonne avait évincé M. de Brienne du ministère des affaires étrangères.

— Voici pour cette fois M. de Lyonne, — dit Thérèse, — je le reconnais à madame de Fienne; mais par quel hasard ne parle-t-on pas de cette pauvre madame de Lyonne, si habituée à figurer dans ces noëls ?

— Parce qu'on fait maintenant toutes les chansons nouvelles sur l'air du Traquenard, petite fille, — dit Olympe; — et que ce n'est pas en huit vers qu'on pourrait nommer tous les amants *de la grande louve*, comme on appelle cette chère dame.

Diane reprit : — Maintenant, écoutez : voici qui devient du dernier intérêt.

> Les juments sont de bon train,
> Et connaissent le terrain.
> Fouquet, Rohan, dans tout chemin,
> Les menaient à Saint-Germain :
> L'une boite, et marche en cane (1),
> L'autre est forte et rubicane (2);
> L'une est maigre au dernier point,
> L'autre crève d'embonpoint.

— Ceci n'a pas besoin de commentaire, —

---

(1) Mademoiselle de Lavallière boitait.
(2) Madame de Montespan était blonde.

dit Olympe, — et vous voyez que mon aventure de Saint-Germain s'y trouve confirmée.

— Quant à ce qui suit, petites filles, bouchez bien vos oreilles, — dit Diane en s'adressant à Thérèse et à Marie, qui les ouvrirent au contraire de toutes leurs forces :

> Mais le soleil radieux
> Vain, trompé, disait : O Dieu !
> Mes maîtresses me.....

A ce moment, madame de Vatable, sous-gouvernante, entrant dans l'appartement, interrompit Diane, qui de la sorte ne put terminer le dernier couplet de sa chanson.

Peu de temps après l'arrivée de la sous-gouvernante, les femmes des filles d'honneur vinrent les habiller; aussi les confidences intimes cessèrent-elles bientôt, et ces jeunes personnes ne furent plus occupées que de leur toilette. . . . .
. . . .

Lorsque Diane de Saint-André eut chanté le couplet dans lequel les noms abhorrés de Fouquet (1) et de Rohan vinrent encore si dangereusement irriter les poignants souvenirs de Louis XIV, ce roi se contenait à peine. Aussi ces imprudentes filles ne surent jamais quel ardent foyer de vengeance et de haine elles avaient allumé dans le cœur de ce prince !

Mais l'arrivée de la sous-gouvernante, en mettant fin à la conversation des jeunes personnes, rappela le roi à soi-même, et sortant enfin de sa logette, il regagna son cabinet.

Là, il se jeta sur un sofa, pour se reposer de tant d'horribles agitations, et mûrir plus sûrement son projet de vengeance.

Après une heure de méditation, Louis XIV se leva rayonnant... on eût dit sa haine déjà satisfaite ; aussi regagna-t-il sa chambre à coucher et se mit au lit afin que le service

---

(1) On lit dans les fragments historiques de Racine : « Le roi, peu avant le jugement de M. Fouquet, dit à la reine, dans son oratoire, qu'il voulait qu'elle lui promît une chose qu'il lui demandait : c'était, si Fouquet était condamné, de ne pas lui demander sa grâce. » Le jour de l'arrêt, il dit, en regardant mademoiselle de Lavallière : *S'il eût été condamné à mort, je l'aurais laissé mourir.*

cérémonieux de son lever pût se faire comme d'habitude.

Seulement, lorsque le valet intérieur entra, le roi donna des ordres pour que son lever fût strictement le même qu'il était lors de ses jours de médecine, afin d'éviter sans doute la présence de M. de Rohan, qui, bien que pourvu d'une grande charge de la couronne, n'avait pas l'honneur de jouir des entrées particulières à ce jour, et absolument réservées aux princes du sang et aux ambassadeurs.

Puis le roi, réitérant lui-même au premier gentilhomme de sa chambre en service, l'assurance qu'il chasserait ce jour-là, ordonna expressément, d'en aller prévenir de nouveau le Grand-Veneur, et fixa l'heure de l'assemblée pour midi précis au carrefour de la *Vente au Diable*.

Maintenant, dans les haineuses et menaçantes dispositions où se trouvait Louis XIV contre M. de Rohan, pourquoi donnait-il des ordres aussi formels pour cette chasse, dans laquelle, par ses fonctions obligées, le Grand-Veneur de France, M. de Rohan, devait nécesairement avoir de fréquentset inévitables rapports avec le roi son maître ?

On tâchera, dans le chapitre suivant, d'expliquer le motif de cette apparente contradiction.

CHAPITRE SIXIÈME.

— Spumantemque dari, pecora inter inertia, votis
Optat aprum, aut fulvum descendere monte leonem.

Virgil., Æn., iv, 158.

Dédaignant les animaux timides, il voudrait qu'un sanglier écumant vînt s'offrir à lui, ou qu'un lion fauve descendît de la montagne.

𝔏a meute des petits chiens du Cabinet.

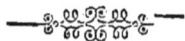

Vers la partie méridionale de la forêt de *Bière* ou Fontainebleau, du côté de *Thomery*, est un large carrefour, auquel viennent aboutir six routes, formant les rayons d'une étoile, dont ce point fait le centre.

On appelait alors ce carrefour : *la Vente au diable*, une ancienne tradition voulant que le diable eût choisi cette partie de la forêt, afin d'y apparaître plus particulièrement, et *d'y recevoir*, pour ainsi dire, ceux qu'un mystérieux et infernal commerce mettait en rapport avec lui.

Du reste, le site paraissait terriblement bien approprié à ces diaboliques rendez-vous ; rien de plus solitaire, de plus sauvage, de plus âpre ; à l'horizon, on voyait les immenses rochers gris et nus de la *Mâle Montagne*, d'où s'élançaient quelques sapins au sombre et triste feuillage ; et puis, tout autour de la Vente au diable, c'étaient des chênes séculaires, à l'ombrage impénétrable, entourés de grands massifs de houx, d'où s'élançaient çà et là d'énormes blocs de grès, bizarrement taillés par la nature, et qui, vus de loin, se détachant en blanc sur ces voûtes de sombre verdure, semblaient les statues gigantesques de quelques mauvais esprits.

Malgré son infernale réputation, *la Vente au diable* avait donc été désignée pour le rendez-vous de la chasse qui se devait faire ce jour-là, d'après les ordres réitérés et apparemment si contradictoires et si inexplicables de Louis XIV.

Il était huit heures du matin. Assis au pied d'un poteau vert à six bras, sur chacun desquels se lisait le nom d'une route, un homme et un chien semblaient faire l'acueil le plus empressé à un panier de provisions placé près d'eux.

L'homme paraissait âgé d'environ cinquante ans; sa figure brune et hâlée respirait la santé, la force et la bonne humeur, jointes à cette espèce de gravité, presque mélancolique, particulière aux gens qui ont vécu long-temps dans la contemplation habituelle des grandes solitudes de la nature.

Cet homme, revêtu, par-dessus son justaucorps, d'une casaque de peau de chèvre, dont les poils étaient tournés en dehors, portait des chausses de daim; et ses grandes guêtres de basane, encore toutes trempées de la rosée du matin, se laçaient étroitement sur ses souliers ferrés; son feutre à larges bords laissait échapper quelques mèches de cheveux gris, et il avait déposé près de lui son couteau de chasse à manche de corne, ainsi que la laisse (ou *trait*) garni de son collier (ou *botte*) de cuir, qui lui servait à conduire son limier.

En un mot, cet homme était Ivon Cloarec dit *La Fanfare* (selon l'habitude des veneurs de ce temps-là, qui empruntaient généralement un surnom, au vocabulaire de leur profession), maître valet de limier à l'équipage du cerf de la vénerie du roi, et venu des bruyères de Léon, à la suite de feu M. le prince de Guémenée, qui s'était fort intéressé à cet homme, fils d'un de ses forestiers de Bretagne.

Quant au chien, compagnon fidèle de ce veneur, il se nommait fièrement *Rodomont*; son pelage lisse et blanc se marquait çà et là de larges taches orangées, qui, déjà mélangées de gris, annonçaient que cet excellent limier commençait à vieillir; il était de taille moyenne, mais ses reins hauts et larges, ses hanches grandement développées, son jarret court, sa tête carrée, ses yeux vifs, pleins de feu et bien sortis, annonçaient une vigueur et une intelligence peu communes. D'ailleurs, par les caresses et les attentions délicates que maître La Fanfare prodiguait à *Rodomont*, on jugeait qu'il en faisait grand cas; or, on conçoit l'affectueuse et haute estime de tout veneur pour la sagacité de son limier, lorsqu'on songe que, selon cette sagacité, on chasse ou on fait *buisson creux* (1), en cela que le limier doit d'abord chercher et trouver l'animal destiné à être ensuite couru et forcé par la meute.

A ce propos, on doit entrer dans quelques détails de vénerie, extrêmement sommaires, mais indispensables à l'intelligence de la scène qui va suivre (2).

(1) *Faire buisson creux*, ne pas chasser, parce qu'il n'y a pas d'animal détourné, soit par la faute du limier, soit par le manque d'animaux, soit parce qu'ils ont vidé l'enceinte. Dans les cas extrêmes, on foule quelquefois une enceinte au hasard, dans l'espoir d'y trouver un animal, ce qui s'appelle *billebauder*.

(2) Il est inutile de dire ici, qu'on n'emploie que le moins de termes techniques possibles, et que cette sorte d'initiation à l'art de la vénerie est des plus incomplètes, car on en a écarté à dessein tout ce qui n'était pas rigoureusement nécessaire. Ainsi, en supposant le valet de limier au bois, on ne parle pas des mille chances de change : de faux rembuchements, de surallures, etc., qui rendent ce métier si difficile à exercer. On ne parle pas non plus des connaissances si diverses des fumées, des hautes erres, etc., pour connaître de la nature, de l'âge et du sexe des animaux; on s'en tient

On sait que pendant le printemps et l'été, surtout, les cerfs ne sortent des forêts que la nuit ; alors ils vont paître en plaine, puis, à l'aube naissante, après avoir ainsi viandé, ils rentrent au fond des grands bois, dans l'épais taillis qu'ils ont choisi, pour se mettre à l'abri de la chaleur, et dormir durant le jour.

Les forêts bien disposées pour la chasse, étant entourées de champs, et intérieurement divisées en une foule d'enceintes (ou massifs de futaie) coupées à angles droits ou aigus, par de larges routes, on conçoit qu'un cerf ne peut rentrer en forêt sans laisser

---

seulement aux renseignements donnés par le pied ; et afin de ne pas être confus, on suppose le valet de limier dans la chance la plus favorable; de même aussi, qu'en retraçant plus bas les diverses phases de la chasse qui suivent le *laisser-courre*, on n'a parlé ni de l'accompagnée, ni des défauts et retours, etc. Il serait trop long d'entrer ici dans ces détails, qui seuls pourraient pourtant donner une idée des prodiges d'intelligence, d'opiniâtreté, d'adresse et de vigueur qu'il faut pour mener ou suivre savamment et hardiment la chasse du cerf ou du sanglier ; animaux dont les abois offrent tant de dangers pour les hommes, les chiens et les chevaux. On le répète, on n'a voulu donner ici qu'une explication aussi claire que possible des faits principaux d'une chasse.

la trace de ses pas dans la plaine; et, une fois rembuchés en forêt, sortir et changer d'enceintes, sans laisser les mêmes traces de son passage, sur le sol des chemins qui séparent les enceintes.

Or, la chasse repose absolument sur l'empreinte de cette trace, qu'on appelle *voie*, puisque les valets de limier, chargés d'explorer en tous sens la forêt au point du jour, doivent sûrement juger, seulement d'après cette *voie* : de la sorte, de l'âge, du sexe et de l'allure des animaux qui peuvent être rentrés dans les bois; tandis que les limiers, par la subtile et merveilleuse délicatesse de leur nez, démêlent si cette *voie* est de la nuit ou de la veille, selon l'odeur plus ou moins chaude et forte qu'elle exhale, le pied des bêtes fauves et noires, tels que cerfs, daims, chevreuils, sangliers, etc., laissant après eux une senteur particulière.

C'est donc instruit par cette voie, et après des fatigues sans nombre, obligé de suivre pas à pas, de chemin en chemin, d'enceinte en enceinte, les mille rusés détours faits par l'animal en se rembuchant, que le valet de limier, guidé par son chien, qu'il tient en laisse, arrive enfin à l'endroit de la forêt choisi par un cerf (je suppose) pour se retirer durant le jour.

Une fois bien assuré, par des observations qu'il serait trop long de détailler ici, que cet animal repose seul dans l'enceinte (1), le valet de limier y brise une branche d'arbre, afin de signaler et de reconnaître l'endroit où le cerf demeure. Puis, revenant à l'assemblée faire son rapport, ce veneur dit au premier piqueux : qu'il CROIT *avoir connaissance* d'un cerf de tel âge, et séparé, car il est de règle en vénerie, de ne rien affirmer, qu'après avoir VU PAR CORPS selon le vocabulaire de cette langue si expressive et si imagée.

Le maître de l'équipage se décide alors à laisser-courre (ou chasser) ce cerf. On envoie les relais de chevaux et de chiens aux

---

(1) On le répète, il serait trop long d'expliquer par quels moyens et par quelles observations d'une incroyable sagacité, le veneur, d'après le pied ou les fumées d'un cerf ou d'une biche, connaît sûrement de leur sexe, de leur âge, etc. On suppose, pour plus de clarté, que l'animal est seul et séparé, et que le valet de limier a fait les devants de cette enceinte.

LA VENTE AU DIABLE. 181

points reconnus pour être la passée habituelle des animaux, et les veneurs se rendent à la brisée que le valet de limier leur a indiquée, comme désignant la retraite du cerf.

Arrivés à cet endroit, et laissant la meute d'attaque, couplée (1) proche de cette enceinte qu'ils vont fouler en tous sens, les piqueux pénètrent à cheval au plus épais du taillis, suivis de 5 ou 6 vieux chiens expérimentés (2) destinés à lancer l'animal, et qui, animés par les veneurs et les sons éclatants de la trompe, empaument presque à l'instant la voie du cerf... D'abord, ils se récrient isolément, çà et là, sans accord, d'une voix brève, inquiète, entrecoupée;

---

(1) C'est-à-dire les chiens qui la composent attachés deux par deux. Le nombre des chiens formant un équipage pour le cerf, varie beaucoup. Celui de Louis XIV se composait de 100 chiens, et l'habitude de la vénerie royale était toujours d'attaquer avec 30 chiens de meute.

(2) La raison est que des chiens moins sûrs pourraient attaquer un daim, une biche ou un chevreuil au lieu du cerf, tandis que de vieux chiens ne s'y trompent pas, ayant le discernement de distinguer l'odeur du pied d'un daim, d'une biche ou d'un chevreuil de l'odeur de la voie d'un cerf.

puis, à mesure qu'ils rapprochent davantage l'animal, leurs cris deviennent de plus en plus fréquents, sonores et prolongés; bientôt enfin, tous ces cris se mettent à un farouche unisson; ce n'est plus qu'un seul bruit acharné, retentissant, lorsque tout-à-coup, le cerf surpris... bondit d'effroi devant les chiens, vide l'enceinte, saute une route, rentre dans une autre enceinte, et s'en va fuyant, ainsi éperdu, à travers la forêt.

S'il est vieux, il va trouver des biches ou de jeunes animaux pour s'en faire accompagner, et les laisser à sa place devant les chiens; mais si les chiens expérimentés ne prennent pas ce change et continuent de le chasser, comptant sur sa vigueur, souvent il débuche en plaine et gagne d'autres bois; s'il est très jeune, il ne quitte guère la forêt, s'y fait battre, et revient généralement se faire prendre, vers l'endroit où il a été attaqué.

Le courre commence donc aussitôt que le cerf a fui de l'enceinte où il s'était retiré, et c'est à l'endroit de la route où il a sauté d'abord, qu'on découple la vieille meute, dès que les chiens, qui les premiers ont lancé l'animal, sont passés après lui,

Cette meute, plus tard renforcée des relais qui donnent à mesure que l'animal chassé paraît à leur portée, poursuit donc incessamment le cerf, collée, acharnée à sa voie... en forêt, sur les monts, dans les eaux, dans les plaines... gravissant où il a gravi, sautant où il a sauté, nageant où il a nagé... Et cela pendant 12 ou 15 lieues, jusqu'à ce qu'enfin, après trois ou quatre heures (1) de cette terrible agonie, le cerf forcé, tombe mort de fatigue, se fasse noyer dans un étang, ou furieux, et tenant tête à la meute, se défende à coups d'andouillers, funestes abois qui presque toujours coûtent la vie aux meilleurs chiens, et dans lesquels souvent même des hommes et des chevaux sont cruellement blessés.

Quant aux cavaliers, les plus hardis ou les mieux montés, suivant de près la meute et les piqueux, s'enfoncent avec eux dans les taillis, franchissent les obstacles qui se présentent, afin de jouir pleinement de l'intelligent et admirable travail des chiens, d'é-

(1) A part les hasards de la chasse, le temps que l'on met à prendre un cerf dépend de la plus ou moins grande vitesse des chiens et des chevaux.

couter la sauvage et puissante harmonie de leur voix retentir sous les futaies, et surtout d'arriver les premiers à l'hallali ou mort du cerf.

Telle est l'analyse sommaire de l'office de valet de limier et des diverses phases qui suivent le laisser-courre.

Ceci entendu, et pour simplifier l'explication par un exemple, on donnera maintenant le détail des préparatifs de la chasse que Louis XIV devait faire ce jour à Fontainebleau.

Cette forêt était divisée en sept grands cantons, dans lesquels le roi chassait alternativement.

Louis XIV voulant donc, ainsi qu'on a dit, chasser dans le canton dit *de Tomery*, le Grand-Veneur avait la veille, désigné le rendez-vous à la *Vente au Diable*, carrefour central de ce quartier de la forêt.

Dès le matin, La Fanfare avait confié à chacun des valets de limier placés sous ses ordres, une quête à faire, c'est-à-dire le parcours et l'examen d'un certain nombre d'enceintes; aussi, à 9 heures du matin, le maître valet devait-il savoir exactement, d'après le rapport de ses veneurs et le résultat de sa propre quête, le nombre, l'âge et la demeure des animaux, alors rembuchés dans le canton de *Tomery*, puis en donner avis à qui de droit.

Or, maître La Fanfare ayant fini sa quête, s'était trouvé le premier au lieu de l'assemblée, et fêtait ainsi qu'on l'a vu, certain panier de provisions en compagnie de Rodomont.

Peu à peu, les autres valets de limier se réunirent au carrefour; les uns joyeux, les autres mécontents du succès de leur quête; joie et mécontentement, qui se révélaient surtout par la façon dont ils traitaient leurs chiens en arrivant au rendez-vous. Pour les uns, c'étaient des compliments sans cesse ; c'était : — mon beau, mon brave, mon fin limier! épithètes flatteuses, accompagnées de quelques caresses; tandis que d'autres prodiguaient à leurs chiens d'outrageuses injures, telles que : — carogne, maudit mulôtier (1)! — reproches navrants, qu'un coup de

(1) On appelle *mulôtier* un limier qui met à chaque instant le nez à terre dans les coulées où il n'a passé aucun animal, ce qui perd ainsi un temps précieux.

houssine, ou une rude secousse du trait, qui lui servait de laisse, rendaient surtout sensibles au pauvre animal.

Néanmoins, grâce a de nouveaux paniers de provisions, heureux ou non, les veneurs imitèrent bientôt à l'envi maître La Fanfare.

Il était neuf heures et demie du matin environ, et il y avait plaisir, à voir ces hommes généralement robustes, agiles et de joyeuse humeur, assis à l'ombre sur une herbe fleurie, partager avec leurs chiens intelligents qui ne les quittaient pas du regard, quelque pièce de venaison froide, et faire preuve d'une de ces faims monstrueuses, de ces soifs desséchantes, dues à un vigoureux exercice et à l'air vif et pur des forêts. Aussi qui n'a partagé un de ces repas, dans de pareilles conditions, ne saura jamais, hélas! jusqu'à quelle extase de plaisir sensuel peut s'élever l'appétit, bien qu'il n'ait pour s'assouvir que les mets les plus vulgaires.

Avant le déjeuner, les valets de limier avaient fait leur rapport à maître La Fanfare, et on n'attendait plus que Jean Cloarec, dit L'Andouiller, chargé de la quête de la Vente au diable, et fils aîné du vieux La Fanfare, qui l'avait élevé lui-même avec amour, dans sa rude profession, qu'il faut embrasser dès l'enfance pour s'y plaire, et la noblement exercer. Mais bientôt une voix sonore annonça l'arrivée du jeune veneur, dont la gaieté jouissait d'une réputation proverbiale dans la vénerie de S. M.

> Que la royale sonne,
> C'est un dix-cors!
> Que l'hallali résonne,
> Le cerf est mort!!

Tel était le refrain de la vieille chanson de chasse, que chantait L'Andouiller; aussi, lorsqu'il parut dans le carrefour, ce fut un murmure de joie générale.

C'était un agile et vigoureux garçon de vingt-cinq ans environ, à la large poitrine, aux membres lestement découplés, aux traits francs et hardis, au teint brun et coloré, coiffé d'un feutre noir, et vêtu, comme ses compagnons, d'un justaucorps bleu, doublé d'écarlate, à galons d'or et d'argent, ainsi que de chausses et de guêtres de daim bien serrées; enfin, au lieu de garder son couteau de chasse à sa ceinture, il le portait en sautoir, afin de ne pas en être embarrassé dans sa marche, et il tenait en laisse son beau limier, d'un noir vif et luisant, marqué de feux.

— Eh bien, garçon?—lui dit La Fanfare d'un air interrogatif, du plus loin qu'il l'aperçut.

— Eh bien! mon père, le proverbe a encore une fois raison : *si vous rencontrez un prêtre en allant à votre quête, vous ne connaîtrez pas de cerf.*

— Tu n'as rien détourné ?

— Par saint Hubert et saint Eustache, nos patrons! attendez donc, mon père, la fin du proverbe : *mais si vous rencontrez une fille, comptez sur un dix-cors.* Aussi ce matin, au petit jour, en m'en allant faire le bois, j'ai eu connaissance de Guillemette Goglu qui débuchait lestement de la demeure du révérend père ermite de la Madeleine qui l'avait daguée, c'est sûr, en l'honneur de la patrone de sa chapelle. Aussi, en rapprochant Guillemette, *Met-à-mort* a-t-il donné un tout petit coup de voix, comme s'il s'était déjà senti sûr de son dix-cors! le brave limier qu'il est,— ajouta L'Andouiller en flattant son chien.

— Tu as un grand cerf dans ta quête !— dit La Fanfare avec une expression de jalousie involontaire;—est-il séparé ? est-il bien dix-cors? — ajouta le vieux veneur avec une inquiète curiosité.

— Je le donne au moins pour dix cors-jeunement (1)! bien qu'entre nous, mon père, je le croie beaucoup plus cerf que cela; d'ailleurs... tenez... voilà ce qu'il a laissé à mon adresse, — dit L'Andouiller en ôtant son feutre et montrant à son père les fumées de son cerf, soigneusement enveloppées de deux couches d'herbe.

La Fanfare prit les fumées, les examina, les pesa, les analysa, les supputa, et répondit : — Je crois aussi que ce cerf-là est plus que dix-cors-jeunement; mais il en est, mes garçons, de l'âge des cerfs, au rebours de l'âge que les femmes se donnent : il faut toujours, au juger, donner à ceux-ci un ou deux ans de moins, pour être sûr de ne pas se tromper.

(1) Le cerf dix-cors-jeunement est celui qui entre dans la sixième année de son âge ; dans la septième, il devient dix-cors, et conserve toujours ce nom, ou prend celui de grand vieux cerf.

— C'est ce que j'ai fait, mon père, bien qu'en travaillant mon cerf avec *Met-à-mort*, qui sifflait sur la voie tant il jouissait, j'en aie revu (1) en vingt endroits sur le sable, aussi bellement que sur la neige : c'est un fier pied, allez ! la sole est large comme la bouche de Jean Bourdé que voilà... les côtés sont gros et usés comme les dents de Grégoire Boutevilain que voici... et enfin les pinces sont aussi rudement émoussées que le nez de Giles Legras, mon compère...

Après avoir ainsi épuisé, aux dépens de ses camarades, les points de comparaison qu'il trouvait en rapport avec la description du pied de son cerf, le joyeux forestier se mit à déjeuner en compagnie de *Met-à-mort*.

— S'il en est ainsi, — dit La Fanfare après un moment de réflexion, — décidément je croirais ton cerf vraiment un vieux dix-cors. Mais voilà, mes garçons, — ajouta le vieillard en montrant son fils avec un mouvement d'orgueil, — voilà comme doit faire un brave et modeste valet de limier, toujours dire moins au rapport, pour donner plus au laisser-

---

(1) *En revoir* signifie revoir la trace des pas de l'animal.

courre(1)! et non pas assurer impudemment des choses qui se découvrent menteries au lancer; car, rappelez-vous bien de ceci, mes garçons, il faut toujours douter à la chasse, tant qu'on n'a pas vu de ses yeux, et *par corps*. Aussi, j'ai toujours eu une très grande et très respectueuse estime pour saint Thomas, parce que, bien qu'il ne soit pas un des patrons de la vénerie, il montrait, à mon avis, l'une des belles qualités du véritable veneur, lorsque pour croire, il voulait *toucher et voir* PAR CORPS les blessures de N. S.

— Eh bien, mon père, — dit L'Andouiller, — vous pouvez m'accorder aussi votre très respectueuse et très grande estime, car les filles de Moret disent que je suis, pour voir et toucher par corps, mille fois plus saint Thomas que saint Thomas lui-même !

Cette saillie fit rire les valets de limier, et La Fanfare prenant dans son panier une

---

(1) On considère en vénerie le cerf dix-cors comme étant le plus beau, mais non le plus vigoureux, à laisser-courre; or, plus un animal approche de cet âge, plus il est honorable à donner aux chiens. Aussi, pour ne pas faire éprouver de déception, le valet de limier doit-il, dans le doute, généralement dire l'âge moins avancé.

espèce de portefeuille, en tira du papier, une plume et de l'encre, afin d'écrire son rapport.

— Mais vous, mon père, — dit L'Andouiller, — est-ce que vous auriez rencontré un prêtre? que vous ne parlez pas de votre quête.

Le vieux veneur fit un sourire malicieux, et débouchant son encrier, il dit à son fils :
— Tu verras tout à l'heure ma quête au bout de mon nom — Puis, s'adressant aux valets de limier : — Répondez chacun, et dites ce que vous avez.

— *Quête du buisson des Sables*, *Claude Dupré*, qu'as-tu?

— Rien... j'ai rencontré un prêtre, — dit Claude Dupré en poussant un profond soupir et donnant un coup de pied à son chien.

La Fanfare écrivit *néant*, et continua son procès-verbal.

— *Quête du fort de Tomery*, *Jean Hourdé*, qu'as-tu ?

— Un haire, accompagné de bichaille (1).

— Ce qui fait un haire et rien de plus, —

---

(1) Comme on ne chasse jamais les biches, de là vient l'épithète méprisante de *bichaille;* un *haire* est un cerf d'un an révolu ; jusque là, il est *faon*. Après deux ans, il est *daguet,* puis *seconde-tête,* etc.

dit La Fanfare; — la bichaille ne pouvant compter au rapport.

— Ah! si j'étais comme ce haire, au milieu de la jolie *fillaille* de Moret, je vous jure, moi, par les qualités de saint Thomas, que cela compterait au rapport! — dit L'Andouiller avec un vigoureux soupir d'envie et de regret.

La Fanfare continua :

— *Quête du bois Gautier et de la butte de Monceaux : Gilles Legras*, qu'as-tu ?

— Une *Seconde-Tête* (1), accompagnée d'une biche et de son faon.

La Fanfare inscrivit, et continua, en regardant son fils :

— *Quête de la Vente au diable : L'Andouiller*, qu'as-tu ?

— Un cerf *Dix-cors-jeunement*, séparé, — dit le veneur avec orgueil; — et vous mettrez, s'il vous plaît, mon père, au bout de ceci, cette petite croix qui veut dire : bon à laisser courre devant S. M.

— Nous verrons cela tout à l'heure, — ré-

(1) *Cerf* qui est dans sa troisième année.

pondit La Fanfare d'un certain air mystérieux qui étonna son fils.

Enfin, après quelques autres interrogations et réponses, la liste des quêtes étant épuisée, il ne restait à inscrire au rapport, que la quête de maître La Fanfare.

— Et vous, et vous,... maître? — dirent les veneurs avec curiosité, — qu'avez-vous donc dans votre quête?

— Et pourquoi, mon père, vous mettez-vous toujours ainsi le dernier sur le rapport, vous qui êtes le premier de nous?

— Mon fils, est-ce que dans une Harde (1) le plus vieux cerf ne reste pas ainsi toujours le dernier derrière les autres, faisant passer les plus jeunes devant lui? Mais écoutez bien; — et La Fanfare inscrivit sa quête en disant tout haut :

— *Quête de la fontaine Nadon, La Fanfare, maître valet de limiers,* une *Troisième-Tête* séparée (2).

— Vive dieu! A moi, *Met-à-mort;* c'est

---

(1) *Harde*, Rassemblement de plusieurs animaux.

(2) Une *Troisième-tête* est un cerf qui entre dans sa quatrième année. On a dit qu'un dix-cors-jeunement était un cerf qui entrait dans sa sixième année.

nous qui ferons courre pour le roi ! — s'écria L'Andouiller, en apprenant que le cerf détourné par son père était moins âgé que le sien, et conséquemment moins avantageux à chasser ; aussi, dans l'ivresse de sa joie, prenant son limier par les deux pattes de devant, et lui ouvrant la gueule (qu'on excuse cette horrible vulgarité traditionnelle dans la vénerie d'alors), il lui cracha dedans (1), sans que *Met-à-mort*, il faut le dire, parût ajouter un très grand prix à cette superlative preuve de la satisfactionde son maître.

Mais le pauvre L'Andouiller s'était trop hâté de prodiguer cette rare faveur à son chien, car maître La Fanfare lui dit gravement:—Jean, tu as dans ta quête un *Dix-cors*, et moi une *Troisième-Tête*; or, à quelle épo-

---

(1) Voici un passage qui confirme ce singulier usage :
« Pour aller à votre quête avec *sincérité*, il ne faut pas dé-
» ployer la laisse que vous ne soyez arrivé au lieu qui vous
» a été désigné ; alors vous prendrez votre limier par la
» tête, en lui faisant caresse et *lui crachant dans la gueule* ;
» et en le quittant, vous allongerez le trait en lui disant :
» Va outre, et le nommerez de son nom.»
(Robert de Salnove, p. 121, in-4°. Paris, 1665.)

que le grand cerf aura-t-il mis sa tête bas (1)?

— Au commencement d'avril au plus tard, l'hiver n'ayant pas été rude cette année.

— A quelle époque les *Seconde* et *Troisième-Tête*, mettent-ils bas?

— Vers la mi-mai.

— Eh bien! — dit La Fanfare d'un air triomphant, — nous sommes aujourd'hui le premier mai, ma *Troisième-Tête* a donc encore son bois et ton *Dix-cors* ne l'a plus; or maintenant, qui doit avoir l'honneur de courre devant le roi, si ce n'est mon cerf, encore paré de sa noble couronne, et non pas le tien, qui, dépouillé de son plus bel ornement, ressemble dans cette saison, à une biche brehaigne de grand corsage (2)?

— Par saint Hubert, saint Eustache et saint Thomas même, si vous voulez, mon père!!... qu'importe le bois! c'est toujours le cerf le plus âgé qu'on doit laisser courre; or, selon la règle de la vénerie royale, je

(1) On sait qu'à chaque printemps, les bois du cerf tombent, et sont tout-à-fait repoussés vers la fin de juillet. Cette sorte de végétation animale s'augmente à chaque reproduction, jusqu'à ce que le cerf ait atteint sa septième année révolue. Le bois s'appelle *tête* dans cette acception.

(2) Vieille biche qui ne porte plus.

soutiens,— s'écria L'Andouiller,—je soutiens que c'est mon cerf qu'on doit donner aux chiens.

— Non, c'est le mien ! — reprit La Fanfare;—c'est le mien! qui par sa tête est autant au-dessus du tien à cette heure, qu'un noble étalon est au-dessus d'un hongre honteux !!

La discussion allait devenir des plus animées, lorsqu'on aperçut dans une des allées qui aboutissaient au carrefour, un cavalier arrivant à toute bride.

— Tenez,— dit maître La Fanfare,— voici un de MM. les gentilshommes de la vénerie qui vient chercher mon rapport; il jugera, et je gage qu'il décide en ma faveur !

En effet, dans l'ordre des chasses du roi, le plus jeune des gentilshommes de sa vénerie venait à cheval recevoir le rapport du maître valet de limier, puis allait transmettre ce renseignement au commandant de l'équipage sur pied, qui en faisait part au Grand-Veneur. Enfin, ce dernier mettait ce rapport sous les yeux du roi, au moment de son arrivée à l'assemblée, pour que S. M. pût désigner l'animal qu'elle voulait voir courre.

Mais à mesure que le cavalier s'approcha, et que ses habits se purent distinguer, les veneurs réunis, semblèrent de plus en plus étonnés.

— Que diable est-ce cela?— dit La Fanfare.

— Par saint Eustache, mon père, rien... ce n'est rien... rien du tout; qu'un de ces méchants justaucorps à galons de soie *des petits chiens du cabinet*, — dit L'Andouiller d'un air de dignité méprisante, après avoir attentivement examiné le nouvel arrivant.

Pour comprendre ceci, il faut savoir qu'en outre du service du Grand-Veneur de France, Louis XIV avait encore ce que l'on appelait *la Meute des petits chiens du cabinet*, sorte d'équipage particulier pour le lièvre et le chevreuil, composé de soixante chiens, commandés par M. le marquis de Villarceaux-Mornay, qui prétendait ne relever en rien de l'autorité du Grand-Veneur (1),

---

(1) Cet équipage chassait aussi le cerf; mais fort rarement. On trouve à ce sujet la note suivante, de la main de Colbert, dans le Recueil de Clérembault (manuscrit, bibl. royale) :

« M. de Rohan prétend que, comme grand-veneur, M. de Villarceaux lui doit tous les honneurs quand le roi est à la chasse et qu'il s'y rencontre, honneurs qui sont *le bâton* comme étant chef de l'équipage particulier du roi.

Cette rivalité donnait continuellement lieu aux plus irritantes contestations entre le Grand-Veneur et M. de Villarceaux, contestations qui se terminèrent d'ailleurs dix ans après (en 1680), par la suppression de la meute du cabinet, mais qui alors étaient dans toute leur furieuse aigreur.

Aussi cette rivalité haineuse, qui divisait

et *le pied* (1) pour les présenter à S. M., et que le sieur Harem, garçon de la chambre du feu roi, en faveur duquel la meute des petits chiens fut créée, ne l'a jamais contesté à feu M. de Montbazon. Ainsi, il croit qu'à moins que M. de Villarceaux n'ait un privilége particulier, et qu'il montre un brevet de S. M. qui le lui donne, il lui doit rendre tous les honneurs de la chasse, le roi y étant.

» M. de Villarceaux dit que le feu roi créa diverses charges pour des chasses particulières, dont les capitaines n'ont eu que des brevets particuliers, et qui n'ont jamais été dépendantes de la charge de grand-veneur, dont le titre n'emporte pas la sujétion de toutes les autres charges des chasses, puisque même la meute pour sanglier, qui est plus ancienne que celle de grand-veneur, ne l'a jamais reconnu, non plus que les limiers de la chambre ni la meute pour le loup, créée par Henri IV.

» Que dans la fauconnerie, les oiseaux du cabinet ne

(1) *Le pied* du cerf, lorsqu'il est pris. Quant au *bâton*, voir plus bas l'*Estortuaire*.

M. de Villarceaux et M. de Rohan, descendant jusque dans les classes les plus infimes des deux équipages, exaspérait de la même sorte, officiers, gentilshommes, pages, piqueux, valets, et quelquefois même, hélas! jusqu'aux chiens, qui, excités par les veneurs, prirent souvent une part des plus actives à ces dissensions.

On conçoit donc le dédain avec lequel maître La Fanfare et son fils accueillirent la venue du gentilhomme de *la Meute des petits*

---

sont pas sur le même pied des autres vols, et ne reconnaissent point le grand-fauconnier.

» Que le roi a ses équipages d'apparat et ses équipages particuliers ; que plusieurs personnes de la maison de Lavardin ayant possédé durant long-temps la petite meute pour le cerf et le chevreuil, elle n'a jamais reconnu ni rendu aucune déférence au grand-veneur.

» Que les charges dépendantes de celle de grand-veneur, sont seulement celles qui prêtent le serment entre ses mains, mais que tous les équipages particuliers n'ont aucune dépendance, que du roi seul, étant données par des brevets particuliers et sans aucune participation du grand-veneur, et qu'ainsi, lorsque le roi chasse avec *les petits chiens du cabinet*, tous les honneurs lui doivent appartenir, puisqu'il les commande, et que sa charge n'est en aucune sorte dépendante de celle de grand-veneur.»

Manusc. Clérembault. — Bib. roy.

chiens du cabinet, et on comprendra de reste, la colère des veneurs, lorsqu'ils apprirent l'étrange mission de cet officier.

— Où est le maître valet de limier de la vénerie de S. M.?— demanda donc le gentilhomme en arrêtant son cheval, blanc d'écume, et s'adressant au groupe rassemblé près du poteau.

Personne ne répondit.

—Est-ce que je parle à des sourds?— reprit le cavalier surpris de ce silence impertinent.

Alors L'Andouiller s'avançant, dit à l'officier, d'un air passablement narquois : — Si vous avez perdu votre chasse, mon gentilhomme, je puis vous aider à la retrouver, car j'ai vu là-bas, dans les bruyères de la Mâle-Montagne, cinq rats qui chassaient une belette, de fier corsage, ma foi! Mais par saint Eustache, votre équipage est roide et du même pied, mon gentilhomme! aussi, menait-il si rudement la belette, qu'elle avait tout au plus cinq minutes d'avance sur la meute; prenez donc ce faux-fuyant à droite; donnez un temps de galop, et en arrivant au premier carrefour, vous aurez fait les grands devants, et vous serez à la queue des chiens... je voulais dire des rats...

Cette facétie fut accompagnée des éclats de rire des autres valets de limier, mais le gentilhomme, qui avait écouté ces impertinences avec assez de sang-froid, poussant son cheval, s'approcha de L'Andouiller d'un air menaçant, et lui dit : — Sais-tu bien à qui tu parles? sais-tu que je suis gentilhomme de l'équipage du cabinet commandé par M. le marquis de Villarceaux, drôle que tu es? sais-tu enfin que je te ferai frotter les épaules avec de bonnes gaules de bois vert à chaque carrefour de la forêt par le prévôt des archers, si tu ne me réponds pas avec respect et obéissance?

— Avec respect et obéissance! — répétèrent les valets de limier en murmurant, — est-ce que nous avons quelque chose à voir avec les petits chiens du cabinet, nous autres ?

— La Vénerie n'a rien de commun avec le Cabinet, entendez-vous, mon gentilhomme, — reprit L'Andouiller, — pas plus que le brave lévrier qui coiffe un loup, n'a quelque chose de commun avec le barbet qui grelotte dans le manchon d'une femme!

— Le Cabinet ressemble à la Vénerie,— dit un autre,— comme un écolier qui chasse aux papillons, ressemble au hardi veneur qui attaque, avec l'épieu ou le couteau, *le solitaire* (1) qui tient aux chiens.

— Je vous demande le maître valet de limier; répondez, misérables! au nom du roi, répondez! — s'écria le gentilhomme, de plus en plus irrité de ces insolences.

Ces mots : *au nom du Roi*, avaient toujours un effet puissant et presque irrésistible; aussi maître La Fanfare s'avança-t-il, en disant avec une sorte de hautaine résolution:

— Eh bien! le maître valet de limier, c'est moi.

— Alors donne-moi ton rapport, — dit le cavalier.

La Fanfare ouvrit des yeux stupéfaits, regarda fixement l'officier, et répéta machinalement : — Mon rapport?

— Oui, ton rapport...

— Mon rapport à vous! — répéta La Fanfare au milieu des marques de l'étonnement général.

(1) *Solitaire*, grand vieux sanglier.

— Ah! que de lenteur!—s'écria le cavalier impatienté.—Ton rapport! ou sinon, mort-dieu!...

—Mon rapport à vous, mon gentilhomme? — dit encore La Fanfare. Puis, haussant les épaules, il ajouta : — Ah çà! vous me prenez donc pour un faon, mon gentilhomme, de me sonner de ces requêtes-là?

—Tu oses te refuser à exécuter mes ordres?

— Assurément oui, par saint Hubert, je l'ose! Je ne dois mon rapport qu'à un gentilhomme de la vénerie du roi, entendez-vous, monsieur; et si je reconnais et respecte le justaucorps bleu à galons d'or et d'argent, je n'ai rien à démêler avec les galons de soie rouges et blancs (1).

Le cavalier sembla faire un effort sur lui-même pour réprimer sa colère, et dit avec un calme apparent : — Tu es maître La Fanfare, un brave et digne homme, je le sais; ainsi, écoute-moi bien : songe que par ton opiniâtreté, tu peux te mettre dans une terrible position; songe bien que je viens

(1) Cette différence existait dans l'habit des deux équipages; celui du cabinet portait la livrée de la maison du roi.

par ordre du roi... entends-tu bien... par ordre du roi, prendre ton rapport, parce que S. M. a ordonné à M. de Villarceaux de frapper à vos brisées (1) avec nos chiens du cabinet, ne voulant pas chasser avec les chiens du grand-veneur... entends-tu bien ? Allons, maintenant, donne-moi ton rapport ; ne te conduis pas comme un vieux fou, et finissons-en !

L'officier avait pris pour une espèce de consentement tacite, l'effet écrasant produit sur La Fanfare par cette étrange nouvelle ; mais il vit qu'il s'était singulièrement abusé lorsqu'il entendit les violents murmures qui éclatèrent aussitôt parmi les veneurs.

— Frapper à nos brisées !... les chiens du cabinet !.. vous autres chasser tantôt les animaux que nous nous sommes échinés à travailler et à détourner le matin ! laisser faire

(1) On conçoit qu'une fois l'animal détourné, il ne reste plus qu'à le laisser courre, et que l'opération la plus fatigante et presque la plus difficile de la chasse étant de faire les quêtes, les veneurs devaient être furieux d'avoir ainsi quêté pour d'autres. En un mot, l'expression *d'aller sur les brisées de quelqu'un*, empruntée au vocabulaire de la vénerie, comme tant d'autres dires, *prendre le change, âpre à la curée*, etc., est entrée dans la langue usuelle, avec toute sa signification première.

cette injure à Monseigneur le chevalier de Rohan, lorsque moi et mes enfants avons toujours mangé le pain de sa famille!... Nous laisser traiter de la sorte! Ah çà mais dites donc, vous voulez plaisanter, mon gentilhomme? ne vous gênez pas, allez! nous sonnerons en partie avec vous, car il y a de quoi, jarnibleu! faire rire aux éclats un vieux sanglier dans sa bauge,—dit La Fanfare.

— Ah! de façon que les valets de limier de la vénerie iront en bons enfants faire le bois le matin, pour donner à courre à messieurs du cabinet? qui eux autres, dormiront en vrais chanoines pour s'éveiller à midi, et venir manger, sous notre nez, la soupe que nous aurons trempée? — dit un valet de limier.

— La rosée du matin est sans doute trop froide pour ces fins veneurs du cabinet?—dit un autre.

— Mais est-ce que ça ne se voit pas rien qu'au nom!—reprit L'Andouiller,—*les chiens du cabinet!* Mais ça chasse avec des chaussons aux pattes, un masque et un justaucorps, de peur des ronces? Et puis, cette belle meute mignarde vient en carrosse à l'assemblée, vit de biscuit et de lait sucré, et il y a même au chenil des chiens savants pour lui donner le bal et la comédie !

— Insolent ! — dit le gentilhomme.

— Insolent tout de même ; on ne dit pas non, — reprit L'Andouiller avec impertinence, et il continua : — Ah ! de façon que nous autres, pauvres chiens de vénerie, nous chasserons au froid du matin, à l'ardeur du soleil ; et puis, lorsque au risque de nous faire éventrer, nous aurons bravement pris le cerf, lorsque l'hallali sera sonné, la curée faite et chaude, on nous fouillera, et on nous dira *arrière !* pour laisser ripailler à leur aise messieurs du cabinet !

— Frapper à nos brisées ! attaquer nos animaux ! — s'écria La Fanfare exaspéré, et pâle de colère. — Mais le premier qui oserait, voyez-vous, découpler sur mon cerf d'autres chiens que ceux de la vénerie, c'est que je lui enverrais un coup de carabine dans le corsage, ni plus ni moins qu'à un braconnier, entendez-vous ?

— Ah ! marauds que vous êtes, vous vous rebellez ! — dit le gentilhomme.

— Oui ! et je vous dis, moi, pour la dernière fois, que vous n'aurez pas mon rapport! — ajouta. La Fanfare en s'avançant intrépidement vers le gentilhomme.

— Pas un mot de plus, ou je te coupe la figure ! — dit le cavalier en se dressant sur ses étriers, et levant sa houssine sur le vieillard.

— Ne touchez pas mon père! s'écria L'Andouiller en saisissant le gentilhomme par sa botte.

— Ah ! que de bruit ! — dit impétueusement le cavalier. Et d'un revers il fouetta la figure de *L'Andouiller.*

Aussitôt l'officier, désarçonné, roula sur l'herbe; et les valets de limier allaient peut-être se porter sur lui à de graves violences, lorsque maître La Fanfare, se jetant au-devant d'eux, les arrêta.

— Ah ! vous paierez cher cette insulte ! — dit le cavalier en se relevant.... — Je ne puis ni lutter, ni me commettre avec vous; mais vous serez châtiés, mort-Dieu, vous le serez !... Çà, mon cheval, misérables, mon cheval !...

— Votre cheval ? — dit La Fanfare qui s'en était emparé, — vous le trouverez au chenil;

je m'en vais l'enjamber pour aller au plus tôt trouver Monseigneur le Grand-Veneur, et lui dire tout, vu que j'aime mieux prendre les grands devants afin de n'être pas prévenu.

— Comment, tu oserais...?

— Oui, oui, j'oserai... Monseigneur le chevalier de Rohan se chargera du reste; aussi bien, c'est son honneur que je défends; après, ce sera à lui de défendre ma peau, et il n'y manquera pas, j'en suis sûr!

— Tu te saisis de mon cheval! prends bien garde! — dit le gentilhomme d'un air menaçant.

— Je ne le saisis pas, je l'enjambe; et, d'ailleurs, je l'ai éperonné plus d'une fois, allez! Il connaît le fer de mes molettes; c'est le *Petit-bon!* qui, si le ciel était juste, devrait s'appeler le *Grand-mauvais*, car c'est une rosse, une vraie carne, un rebut, un dégoût de la vénerie; mais encore trop fameux pour suivre les chiens du cabinet!

Après ce dernier sarcasme, La Fanfare se mit lestement en selle, tandis que le gentilhomme, qui de fait ne pouvait opposer aucune résistance, disparut promptement par un des sentiers de la forêt.

— Quant à vous, mes enfants, si d'ici à une heure vous ne me revoyez pas, rendez-vous chacun à votre quête, et à son de trompe, à force de voix et à trait de limier, mettez-moi tous nos animaux sur pied! car, par saint Hubert! si les chiens du cabinet chassent aujourd'hui, ce ne sera pas sur nos brisées!

Et ce disant, La Fanfare, excitant vigoureusement l'infortuné *Petit-bon*, du fouet et du talon, partit au galop, pour aller rendre compte à M. de Rohan de cette prétention injurieuse des chiens du cabinet, offense inouïe dans les fastes de la vénerie.

Mais avant de raconter l'entrevue du vieux valet de limier avec le Grand-Veneur, on doit faire connaître davantage M. de Rohan, dont on a su déjà quelque chose, par la conversation des filles d'honneur de la reine, conversation qui mit Louis XIV en une fureur si menaçante.

CHAPITRE SEPTIÈME.

Quod petiit, spernit; repetit quod nuper omisit;
Æstuat, et vitæ disconvenit ordine toto.

Horace, epist. 1, 98.

Il quitte ce qu'il voulait avoir. Il retourne à ce qu'il a quitté. Toujours flottant, il se contredit sans cesse lui-même.

Le Grand-Veneur de France.

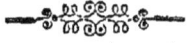

Sans détailler ici la longue généalogie des *Porthoët-Rohan,* on doit seulement donner la date des événements qui fondèrent ou branchèrent cette grande et illustre maison, une des plus anciennes de France, et qui porta si fièrement cette fière devise : *Roy ne puis, — Prince ne daigne, — Rohan suis !*

Alain Guethenoc est le premier *vicomte de Porthoët* dont on retrouve les traces. Vers 1026, il bâtissait un château qu'il appela *Jocelyn* ou *Josselin*, du nom de son fils *Jocelyn*, *vicomte de Rennes ;* aussi ce dernier titre fait-il présumer que *Guéthenoc* descendait de quelque puîné des comtes de Rennes; mais ce fut *Alain, vicomte de Portoët*, quatrième fils d'*Eudon, vicomte de Rennes*, qui éleva, en 1127, le château de ROHAN, dont sa postérité devait porter le nom.

Vers 1372, *Jean I, vicomte de Rohan*, fils aîné d'*Alain VII*, épousa en secondes noces *Jeanne de Navarre*, sœur de *Charles-le-Mauvais*, roi de Navarre.

De ce mariage, Jean Ier eut un fils unique, *Charles de Rohan, seigneur de Guémenée*, qui, ensuite de son union avec *Catherine Duguesclin* (10 mars 1405), brancha cette famille par la naissance de *Louis I de Rohan-Guémenée*. Ainsi cette maison se divisa en quatre tiges : 1.º *celle des ducs de Rohan* — 2.º *celle des princes de Rohan-Guémenée - Montbazon - Soubise ;* — 3.º *celle des Gié ;* — 4.º enfin *celle des Poulduc*.

Pour venir plus vite aux faits intéressant

cette narration, on ne dira rien des princes de Rohan, *Louis II, III, IV, V et VI*, afin d'arriver à *Louis VII de Rohan-Guéménée-Montbazon,* qui, épousant sa cousine germaine, en eut deux fils, le *duc Charles de Montbazon* et le CHEVALIER LOUIS DE ROHAN, Grand-Veneur de France, dont il s'agit ici.

Le chevalier Louis de Rohan, né en 1636, avait alors (1669) trente-trois ans. Tous ses contemporains s'accordent unanimement sur ce point : que c'était un des hommes les plus beaux et les mieux faits de son temps. Deux portraits qui restent de lui, viennent à l'appui de ces assertions.

Rien de plus noble, de plus séduisant que ce visage, d'un ovale parfait et d'une merveilleuse régularité; la bouche est petite et purpurine; le teint pâle et délicat; et les yeux, bleus, grands, bien fendus, sont à demi voilés par un pli habituel des paupières, qui donne aux traits du chevalier une expression de langueur presque féminine. Aussi, n'était-ce une légère moustache, à voir cette charmante figure si gracieusement posée sur un cou blanc et rond, entouré des boucles soyeuses d'une longue chevelure, qui flottent sur un col de dentelle de Venise attaché par une magnifique agrafe de pierreries, on pourrait prendre ce masque enchanteur pour celui d'une des plus jolies femmes de ce temps-là.

Une remarque assez singulière, c'est que parmi les cheveux qui sont châtain clair, on distingue une petite mèche toute blanche, placée au sommet de la tête, un peu au-dessus de la tempe droite; cette mèche de cheveux, un des traits caractéristiques de la physionomie des Rohan de cette branche, s'appelait, dit-on, *le toupet des Rohan;* un seul des portraits, d'ailleurs (peint par Lebrun), a conservé cette particularité.

Quant au moral, jamais peut-être caractère n'a réuni plus de contrastes, n'a été moins conséquent avec soi; jamais homme enfin ne s'est pour ainsi dire moins ressemblé à lui-même que le chevalier de Rohan ne s'est ressemblé deux jours de suite; aujourd'hui glorieux, hautain, décidé, presque capitan, ne reculant devant aucun péril, et téméraire autant qu'homme du monde, ainsi qu'il le prouva aux lignes d'Arras et au siége de Landrecie; demain, indécis, craintif, et ne faisant rigoureusement que ce qu'il fallait pour ne pas encourir un reproche de faiblesse extrême... Veut-on un étrange exemple de l'incroyable incohérence de cette organisation versatile, impressionnable, exaltée, comme celle de la femme la plus nerveuse? le voici. C'était dans le fort des édits contre les duels; le chevalier de Rohan, malgré les terribles défenses du roi, va appeler M. de Villarceaux pour M. d'Effiat, sert de second à ce dernier contre M. de Lude, se bat avec une bravoure admirable pour une insulte qui ne le touchait en rien, affronte la mort et l'exil pour servir la querelle d'autrui; puis, quinze jours après, venant, dans une discussion avec M. le chevalier de Lorraine, aux propos les plus piquants, M. de Rohan en souffre de rudement assénés, de cruellement personnels, ne dit mot, et se montre enfin de la plus inconcevable timidité, de la plus malheureuse indifférence, dans ce rencontre qui le touchait pourtant si fort!

Habituellement impie et débauché, s'étant montré un des coryphées de la monstrueuse orgie de Roucy, il croyait parfois en Dieu, et avait toujours une horrible terreur du diable. Superstitieux jusqu'à la folie, s'épouvantant des présages, croyant aux devins, aux alchimistes, aux secrets ténébreux des maîtres du grand œuvre, il lui prenait pourtant çà et là des accès de dévotion tels, qu'il s'allait enfermer huit jours aux *Feuillants*, portant le cilice, se livrant aux plus cruelles austérités ; et puis, une fois sorti de cette pieuse retraite, c'étaient encore de nouveaux et terribles débordements!

Il en allait de même pour l'esprit, qu'il avait le plus naturel, le plus surprenant, le plus enchanteur du monde, bien que manquant de l'instruction commune aux derniers bourgeois, en cela qu'il ne savait pas un mot d'orthographe (1) et qu'il était d'une ignorance aussi complète, aussi universelle qu'on se la puisse imaginer.

Et cependant, cette ignorance même paraissait chez lui si naïvement curieuse, se montrait si intéressée et si gracieusement recon-

(1) Voir les *fac-simile*.

naissante, dès qu'on lui apprenait quelque chose d'inconnu, c'étaient alors des appréciations d'un tel bon sens, ou d'une moquerie si plaisante et si fine, qu'on ne savait véritablement pas s'il fallait le plaindre de ce suprême non-savoir.

Et puis, sans vouloir faire ici l'apologie des ignorants, on doit songer enfin que pour être aussi séduisant, aussi généralement recherché, que l'était le chevalier de Rohan, et cela en demeurant absolument *soi*, sans apprêt ni culture, et sans pouvoir recourir à ces mille ressources d'une instruction même superficielle qui ornent et facilitent si grandement les entretiens, il faut avoir au moins un rare et inépuisable fonds d'esprit naturel.

Eh bien! souvent encore, la pesanteur, la tristesse, la timidité de son langage, venait contraster étrangement avec la grâce, l'éclat, ou la fierté de ses reparties, dont on a pu d'ailleurs juger par les deux exemples qu'on a cités.

Plus prodigue, disait-on, par insouciance que par sentiment raisonné, sa générosité était néanmoins extrême. Il y avait d'ailleurs dans cette âme inexplicable, de sublimes élans de tendresse et de charité, qui contrastaient singulièrement avec le dur et froid égoïsme de quelques unes de ses actions. Ainsi, l'aspect de l'infortune l'émouvait parfois jusqu'aux larmes; et à ce sujet on rapporte de lui une touchante réponse : M. le marquis de Grancey le voyant un jour vider sa bourse dans les mains d'un mendiant qui se plaignait de n'avoir pas mangé depuis *trois jours*, lui dit : — *Mon Dieu ! chevalier, comment peux-tu croire à de tels mensonges ?* — Hélas ! reprit M. de Rohan, *eût-il mangé ce matin, qui sait s'il mangera ce soir!*

Malheureusement, ces sentiments nobles et pitoyables n'excluaient pas chez M. de Rohan un besoin effréné de folle magnificence, qu'il regardait comme une conséquence impérieuse de sa condition. Or, quoique les possessions de sa maison fussent considérables, l'habituelle et inégale répartition des héritages avaient, lors de la mort de M. le prince de Guémenée, fait passer une grande partie de sa succession sur la tête de son fils aîné, et le chevalier de Rohan n'avait eu (joint à quelques héritages de la branche de sa mère) que la charge de Grand-Veneur de France, à laquelle il fut reçu en survivance de M. son père en 1656, et qu'il n'exerça qu'en 1667, lors du décès de ce dernier.

Or, dans ce temps-là, rien n'était plus coûteux que l'exercice d'une grande charge de la couronne ; et, bien que celle de M. de Rohan lui rapportât quarante mille livres environ, cette somme jointe à ses revenus était de beaucoup dépassée par l'état de maison princière qu'il s'opiniâtrait à tenir : aussi, ne pouvant y suffire, avait-il été réduit à aliéner des biens ou à contracter des emprunts onéreux, pour garder son rang à la cour. Or, à l'époque dont il s'agit, le chevalier était dans un de ces moments terribles et décisifs, où un pas en arrière peut encore sauver une fortune de l'abîme, tandis qu'un pas de plus doit l'y engloutir à jamais.

Mais comment cet esprit si mobile et si faible eût-il pu prendre à ce sujet une de ces déterminations promptes, violentes, qui sont le propre des caractères fortement trempés ?

Et puis, à travers tant d'égarements, comment aussi ne pas plaindre M. de Rohan ? Indifféremment, laissé à lui-même dès sa plus tendre jeunesse, envoyé quelque temps au collège des Quatre nations, mais bientôt rappelé à l'hôtel de Guémenée, où sa mère et sa tante (madame la duchesse de Chevreuse), toutes deux belles, galantes, spirituelles, ne s'occupaient que de recevoir la plus grande et la plus joyeuse compagnie; fort peu connu de son père; qui ne songeait qu'au gros jeu et à la bonne chère, pris, plus tard, en singulière aversion par sa mère, femme d'un rare esprit, d'un prodigieux manége, et qui, toute-puissante à la cour d'Anne d'Autriche, aurait pu tant faire pour l'avenir et la fortune de son fils, au lieu de le laisser dans l'ignorance et dans l'abandon; le chevalier de Rohan vécut ainsi sans frein et sans conseil; aucune main sévère et paternelle n'émonda ce jeune arbre, qui se produisit donc comme il put, et se livra, sans appui et au hasard à tous les orages, à tous les rayonnements de la vie!

Alors, n'ayant d'autre enseignement que la voix de ses passions, d'autres remords que la lassitude du plaisir, M. de Rohan s'abandonna, sans nulle retenue, aux mille capricieux écarts de sa nature changeante.

Beau, jeune, séduisant comme on l'a dépeint, sa magnificence, son esprit naturel, sa fierté, son grand air, et jusqu'à ses contrastes mêmes les plus fâcheux, tout chez lui devint charme, et plut irrésistiblement aux femmes, toujours si éprises de ce qui est inattendu, soudain, et généralement si éloignées de se plaire à ces caractères uniformes, prévus à l'avance, et qu'on devine entièrement dès l'abord, comme ces routes longues, droites et monotones qu'on peut embrasser d'un coup d'œil.

Alors commença, pour le chevalier, cette incroyable suite de grands et innombrables triomphes de toutes sortes, auprès desquels les succès idéalisés de don Juan ne sont rien, une vie amoureuse, libertine et passionnée, coupée çà et là par ces guerres que l'on commençait d'ordinaire au printemps, de peur des glaces de l'hiver, et que l'on terminait avant l'été, de peur des chaleurs de la canicule, mais dans lesquelles, d'ailleurs, on se battait intrépidement, avec cette coquetterie de raffinés délicats, préférant un gazon frais et fleuri à une fondrière boueuse, pour croiser leurs lames damasquinées d'or.

Dès long-temps, et surtout depuis la scène du jeu chez la reine, Louis XIV, encore aigri par les ressentiments de Louvois, témoignait à M. de Rohan la plus grande froideur ; il lui avait permis de le suivre à l'armée, mais comme simple volontaire et sans lui donner aucun grade ni emploi militaire proportionné à sa naissance ; de son côté, le chevalier, au lieu de tâcher à vaincre cet éloignement du prince, n'étant conseillé sagement par personne des siens, se roidit, s'irrita, et ses éclatantes aventures avec madame de Montespan et la belle duchesse de Mazarin, achevèrent de le perdre à jamais dans l'esprit du roi.

Or, Louis XIV en était déjà arrivé à ce point de haine contre M. de Rohan, lorsqu'un terrible hasard de curiosité le fit assister, ainsi qu'on sait, à la causerie des filles d'honneur de la reine ; qu'on pense maintenant aux sentiments que devait éprouver cet impérieux monarque, encore aiguillonné des mille piqûres envenimées de l'orgueil, de l'amour-propre offensé, de la jalousie et de la vengeance !

Ainsi qu'on a dit, le roi devait donc chasser ce jour-là, et avait ordonné son *très petit couvert*, pour onze heures, au lieu d'une heure après midi, selon l'habitude de son dîner.

M. le chevalier de Rohan, dans les voyages de la cour à Fontainebleau, habitait l'hôtel du Chenil, ainsi nommé, parce que, sous François Ier, l'emplacement sur lequel était élevé cet hôtel, avait servi de chenil pour sa vénerie. Ce vaste bâtiment se composait de quatre corps de logis auxquels on arrivait par une des routes méridionales de la forêt de Fontainebleau.

La partie de l'hôtel réservée à l'habitation de M. de Rohan, comme Grand-Veneur de France, se trouvait au fond de la cour au-dessus d'une galerie qui occupait le rez-de-chaussée de cette demeure; appartement vaste, orné de lambris peints et dorés représentant des sujets allégoriques à la chasse, et en tout, fort somptueusement meublé.

Bien qu'il fût dix heures du matin, les valets de chambre de M. de Rohan attendaient dans son cabinet qu'il les eût sonnés, et son baigneur-étuviste, posté dans l'étuve, entretenait à un égal degré de température, le bain parfumé que le chevalier prenait chaque jour sans heure réglée, mais qu'il voulait trouver prêt à sa première demande.

Enfin, une sonnette tinta, le premier valet de chambre de M. de Rohan entra, ouvrit les volets, et tira les doubles rideaux de damas. Alors le chevalier lui demanda d'une voix dolente quel temps il faisait.

— Un temps magnifique, Monseigneur.

— Fait-il du vent?

— Non, Monseigneur, l'air est très calme.

— Alors sans aucun doute le roi chassera aujourd'hui!... Allons!... — dit le chevalier en se levant avec effort, et trahissant ainsi par une exclamation involontaire, cet ennui des grandes fonctions si enviées du vulgaire, et souvent si pesantes à ceux qui les exercent.

— Monseigneur veut-il prendre son bain à cette heure? — demanda Dupuis.

— Non, pas à présent.

Et le chevalier avec l'aide de son valet, revêtit une magnifique robe de chambre de lampas bleu et argent, se fit chausser de petites mules de satin incarnat aussi brodées d'argent, se jeta négligemment dans un vaste

fauteuil de bois doré, pour jouir d'un grand
eu que les fraîches matinées du printemps
rendaient encore nécessaire dans ces appartements si élevés, et abandonna sa magnifique chevelure aux soins de ses deux
valets de chambre coiffeurs.

M. de Rohan, alors dans tout l'éclat de sa
beauté, avait trente-trois ans à peine. Comme
on a donné un crayon aussi exact que possible de son visage, on n'en dira rien de
plus. On ajoutera seulement que sa jambe,
son pied, et surtout ses mains, passaient
pour incomparables, et qu'il poussait à un
tel point sa coquetterie pour ce dernier
avantage, qu'il couchait avec de certains
gants préparés par Martial(1), et empreints
d'une sorte de composition onctueuse, destinée à entretenir la blancheur et l'élasticité
de la peau.

L'expression de la figure du chevalier,
alors qu'il se leva, était triste, rêveuse,
préoccupée; il se sentait dans cette disposition si commune aux gens nerveux et mélancoliques, où rien ne plaît ni n'agrée, où

(1) Fameux parfumeur du temps.

tout irrite et contrarie; ses beaux traits étaient pâles et fatigués, et de temps à autre un soupir profond ou un brusque mouvement d'impatience révélaient l'humeur chagrine qui l'aigrissait.

Jamais femme capricieuse ne fit, pour ainsi dire, plus de mines boudeuses, plus de petits soupirs, de hélas! que le chevalier, pendant qu'on le coiffait et qu'on le rasait devant une magnifique toilette garnie de dentelles, relevées par des bouffettes de rubans; car les habitudes efféminées des mignons de Henri III semblaient reprendre mode à la cour de Louis XIV, et les voix douceureuses, le parler-bas traînant et inarticulé, était redevenu du bel air pour quelques seigneurs.

— Que dit-on de nouveau dans Fontainebleau?— demanda M. de Rohan à Dupuis qui présidait attentivement à la toilette de son maître.

— Une grande nouvelle, Monseigneur, mais je ne sais si je dois...

— Voyons, parle...

— Mais, Monseigneur...

— Parleras-tu?

— Eh bien, Monseigneur, *le Chasseur*

Noir a erré toute la nuit dans la forêt, on a entendu le son de sa trompe, et cela présage toujours, dit-on, quelque grand malheur.

— Quel chasseur noir?

— Comment, Monseigneur n'a pas entendu parler du Chasseur Noir, qui n'avait pas reparu dans les bois depuis près de cinquante ans!

— Depuis cinquante ans! — dit M. de Rohan avec une insouciance railleuse; — il doit être alors d'un âge vénérable, et les archers de la vénerie n'ont guère à redouter la rencontre d'un pareil braconnier dans leurs rondes de nuit.

—Un braconnier? le Chasseur Noir! — s'écria Dupuis avec une sorte de terreur.— Au fait, Monseigneur a raison... oui, c'est un braconnier... mais un terrible braconnier d'âmes!! qu'il prend dans ses piéges infernaux!

— Explique-toi... explique-toi! — dit vivement M. de Rohan, que ces mots ramenaient à ses idées superstitieuses.

— Le Chasseur Noir!... c'est le malin esprit, Monseigneur, — dit Dupuis en se signant.

— Le malin esprit! quelle idée! — reprit M. de Rohan préoccupé malgré lui. — Tu es fou, Dupuis... mais raconte-moi toujours ce que tu sais à ce sujet, cela me distraira... Voyons?

— Or donc, Monseigneur, mon père qui a bientôt quatre-vingts ans, était page de M. le comte de Soissons, celui-là même qui eut le dernier équipage de chiens gris d'Écosse. Comme page, mon père accompagnait son maître à la chasse; aussi m'a-t-il raconté que vers le commencement du mois de mai 1599, le roi Henri IV, courant le cerf du côté de la Vente au diable, avait perdu la chasse, lorsqu'il entendit tout-à-coup derrière lui un bruit de cors et de chiens effrayant à ouïr. Alors le roi envoya M. le comte de Soissons voir si c'était bien l'équipage; mon père suivit M. le comte, lorsque soudain un grand homme noir, d'une taille gigantesque, ayant à la main une trompe d'airain toute rougie comme si elle sortait de la fournaise, parut à travers le taillis, et cria d'une voix effroyable, selon M. le comte de Soissons : *M'entendez-vous!* Mais mon père, qui avait vu et entendu l'homme noir aussi bien que M. le comte de Soissons, m'a dit que le spectre avait crié : *Amendez-vous*, ou *Qu'attendez-vous ?* mais pas assurément : *M'entendez-vous !*

— Comment, ton père a tout vu, tout entendu ? — demanda le chevalier de Rohan, que ce récit saisissait malgré lui.

— Si bien, Monseigneur, que lui et M. le comte de Soissons piquèrent des deux, tout épouvantés, et allèrent compter cela au roi, qui revint au château, effrayé comme eux, sans avoir retrouvé la chasse; car, après l'apparition de l'homme noir, on n'avait plus rien entendu (1). Or, remarquez bien ceci, Monseigneur, c'est que M. le duc de Sully, qui était à écrire dans son cabinet proche le jardin, entendit ce même bruit tout près, tandis que la véritable chasse de veneurs, de chevaux, et de chiens

(1) Cette apparition est traditionnelle à Fontainebleau. Tout porte à croire qu'elle est due en partie aux singuliers effets d'acoustique produits par les échos des rochers qui se renvoient souvent, avec éclat, des sons fort éloignés. Il est aussi probable que quelque hardi braconnier aura exploité la superstition générale afin de faire impunément son métier. Voir l'*Histoire de Fontainebleau*, in-f°. 1656.

humains, et non pas infernaux, avait au contraire pris le parti d'aller vers Massoury, de l'autre côté de la rivière. Ainsi, dans le même jour, cette chasse mystérieuse du Chasseur Noir avait été entendue en deux... et probablement en mille endroits à la fois!

— Voilà qui est bien étrange, en effet, — dit M. de Rohan tout pensif; puis il ajouta d'un air d'incrédulité évidemment affecté: — Mais cela est-il véritable... et ne t'a-t-on pas abusé, mon pauvre garçon?

— Mais, monseigneur, bien que cela soit effrayant, j'en conviens, il n'y a rien que de fort croyable dans cette apparition surnaturelle, car on a vu souvent des spectres pareils dans plusieurs pays. Un de mes grands-oncles qui était garde forestier du roi Charles IX, a dit autrefois à mon père qu'il avait vu, pour son malheur, dans la forêt de Lyons *le Spectre fouetteur*, lequel, afin de punir mondit oncle d'avoir tué un braconnier sans lui donner le temps de faire sa prière, l'avait fouetté sur le front d'un coup de sa houssine infernale; or, Monseigneur, ce qui est horrible à penser, c'est que la marque de ce coup, que mon pauvre oncle garda toujours depuis, était, lorsqu'il mourut, aussi vive, aussi saignante que le premier jour où il le reçut de la main damnée du spectre !

Pendant cette narration, M. de Rohan était resté rêveur et troublé ; aussi, quand Dupuis eut fini de parler, lui demanda-t-il avec intérêt où on avait entendu *le Chaseur Noir* cette nuit.

— Monseigneur, c'est le Lorrain, un de vos palefreniers de bât, qui, revenant ce matin de Melun, au point du jour, passait, m'a-t-il dit, du côté des bruyères de la Mâle-Montagne ; lorsqu'il entendit un grand bruit de trompe, comme si dix veneurs eussent sonné ensemble, et puis, tout-à-coup, il vit devant lui un homme vêtu de noir ou de brun, mais haut de dix pieds au moins, monté sur un énorme cheval noir aussi ; alors le Chasseur Noir, car ce ne pouvait être que lui, dit au Lorrain d'une voix terrible : — *M'as-tu entendu ?* Vous le voyez, Monseigneur... à peu près les mêmes paroles que le spectre avait dites cinquante ans auparavant à M. le comte de Soissons. Le Lorrain se signa et répondit tout tremblant ; — *Oui, Monseigneur.* Alors le spectre noir reprit de sa voix terrible en fixant sur le Lorrain des yeux flamboyants :—*Eh bien! monte en croupe avec moi, et conduis-moi chez...* Vous sentez, Monseigneur, que le pauvre Lorrain s'est bien donné de garde d'attendre la fin de cette demande; les cheveux lui dressaient sur la tête; heureusement il a eu le courage de sauter une enceinte, en laissant là son mulet, dont il était descendu, puis se sauvant à travers bois, il est arrivé ici ce matin dans un état à faire pitié; mais le plus horrible de cette apparition, Monseigneur... c'est que...

A ce moment, Dupuis fut interrompu dans sa narration; car un valet ayant gratté à la porte, et obtenu la permission d'entrer, dit au chevalier :

—Monseigneur, c'est maître La Fanfare... son cheval est tout blanc d'écume. Il supplie Monseigneur de le recevoir, ayant absolument besoin de lui parler pour le service de S. M.

— La Fanfare? eh! que vient-il faire ici au lieu de donner son rapport au gentilhomme de la Vénerie? — dit M. de Rohan surpris. Puis il ajouta : — Qu'il entre.

Et La Fanfare, qui se tenait sur les talons du valet de chambre, se présenta aussitôt devant M. de Rohan.

Grâce à la vélocité du *Petit-bon* dûment encouragée par de fréquents coups de fouet, l'habillement du vieux veneur était dans un étrange désordre ; sa casaque de peau de chèvre semblait se hérisser sur ses épaules; l'agitation fiévreuse d'une course rapide, les mille réflexions désolantes pour son amour-propre, qu'il s'était faites en chemin, avaient exaspéré sa colère au dernier période; aussi, lorsqu'il se présenta devant M. de Rohan, oubliant que celui-ci ignorait la cause de son emportement, ses premiers mots furent : — « Voyez-vous, Monseigneur, » si la Vénerie souffre cette injure du Cabi- » net, elle est déshonorée ! mais déshono- » rée ! tout-à-fait déshonorée !... »

M. de Rohan ne comprenant rien à la fureur de La Fanfare, sourit malgré lui de la figure grotesquement bouleversée de cet ancien serviteur de sa maison, auquel il était fort attaché et qui avait d'ailleurs cette espèce de liberté de paroles qu'on accorde généralement aux gens de cette condition, les mille événements et hasards de la chasse amenant une sorte de familiarité inévitable entre le veneur et son maître ; aussi le chevalier dit à La Fanfare :

— Voyons, explique-toi ; de quelle injure veux-tu parler ?

— Ah ! ce ne sera pas long à vous expliquer, Monseigneur ; il paraît qu'à l'avenir ce seront les gens de la vénerie qui détourneront les animaux, et que les gens du cabinet les feront courre. Voilà tout !...

— Que veux-tu dire ? — s'écria M. de Rohan sérieusement étonné.

Et La Fanfare lui raconta la scène du carrefour de la Vente au diable.

— C'est impossible ! — s'écria M. de Rohan ; — le roi ne le voudrait pas... à la vue de toute la cour... me faire ce sanglant affront ! se servir de son équipage du cabinet pour frapper aux brisées des gens du Grand-Veneur de France ! rabaisser, avilir ainsi une des grandes charges de sa couronne ! Non, non, encore une fois, cela est impossible ! cela ne se peut pas ! Et d'ailleurs pour quelle raison me ferait-il cette mortelle injure !

— M. le commandant de la vénerie demande si Monseigneur peut le recevoir à l'instant même? il est porteur d'un ordre du roi, — dit Dupuis.

— Qu'il entre à l'instant, — reprit M. de Rohan de plus en plus stupéfait.

Le commandant de la vénerie confirmant le tout à M. de Rohan, lui remit une lettre de Colbert, alors chargé du détail de la maison du roi.

Cette lettre était ainsi conçue :

« A M. le chevalier de Rohan, Grand-
» Veneur de France.

» Monsieur, le roi m'ordonne de vous
» écrire pour vous dire qu'il veut qu'on laisse
» courre aujourd'hui devant la meute des
» chiens de son cabinet, un des animaux dé-
» tournés par les gens de sa vénerie.

» Je suis votre affectionné serviteur,
» COLBERT. »

Le chevalier de Rohan froissa ce billet, pâlit extrêmement et ne dit mot. La première expression qui se put lire sur ses traits, fut un accablement douloureux; il courba la tête, et ses yeux humides s'attachèrent machinalement sur la lettre qu'il tenait dans ses mains; puis, peu à peu, le ressentiment de cette offense si éclatante et véritablement si peu méritée, anima son visage, le colora d'indignation; il se redressa fièrement, se leva, et cette noble figure, rayonnant de colère et d'orgueil, perdant ce qu'elle avait d'efféminé, devint d'un magnifique caractère.

— Monseigneur, quels sont vos ordres? — demanda le commandant de la vénerie.

— Mes ordres, monsieur! — s'écria M. de Rohan d'une voix ferme et retentissante, bien que légèrement agitée par la colère. — Mes ordres!... les voici! que tous les officiers, pages et gentilshommes de la vénerie de S. M. se mettent en grand habit de gala, et montent à cheval! que tous les veneurs, depuis les premiers piqueurs jusqu'aux derniers, soient en grande livrée et montent à cheval! que les équipages des toiles et du Vautraict (1) s'y joignent! que tout ce qui m'obéit enfin! sorte de l'hôtel, se rende en cortége d'apparat au carrefour de la Vente au diable, et m'y attende! Voilà mes ordres, monsieur, faites-les exécuter à l'instant!

(1) Equipage du sanglier.

— Mais, Monseigneur, — dit en hésitant le commandant de la vénerie, — les ordres du roi sont justement contraires... et sa colère...

— L'honneur d'avoir à redouter la colère de S. M. n'appartient qu'à moi seul, monsieur... votre emploi est de m'obéir.

— Il sera donc fait ainsi que vous l'ordonnez, Monseigneur, — dit le commandant qui sortit suivi de La Fanfare enthousiasmé de l'audace de M. de Rohan.

— Allons, maintenant, vous autres! — dit M. de Rohan à ses valets, — çà, mort-dieu! qu'on m'habille avec magnificence! qu'on sorte mes diamants, mes rubis, mes dentelles de Venise et mes écharpes d'Orient! Qu'on aille dire à mon écuyer de faire mettre mes pages et mes gentilshommes en habit de cérémonie pour me suivre! Qu'on selle mon cheval barbe, qu'on tresse sa crinière de rubans incarnat, qu'on lui mette ses housses brodées de pierreries et ses rênes d'or... allez!

Puis, saisissant la lettre de Colbert, le chevalier la déchira, la foula aux pieds, et altérant l'ancienne devise de sa maison, il s'écria avec un geste de menace et de hauteur d'une expression effrayante : *Ah! Roi prends garde!....* Rohan suis (1)!

(1) Ici M. de Rohan faisait allusion aux différentes révoltes qui eurent pour chef son oncle M. le duc de Rohan, dont on parlera plus bas. La maison de Rohan eut d'ailleurs diverses autres devises, entre autres : *Plaisance;* quelquefois, *A Plus !* Le maréchal de Gié : *Dieu garde le Pèlerin,* etc., etc.

Les armes du chevalier de Rohan étaient *de gueules à neuf mâcles d'or, rangés trois par trois.*

CHAPITRE HUITIÈME.

Néron vous écoutait, madame !...
....

RACINE. — Britannicus, act. III, sc. 8.

L'Œstortuaire.

Ce jour-là même, après avoir copieusement dîné de viandes et de pâtisseries selon son habitude, (1) vidé un dernier verre de

---

(1) Aux premières cuillerées de potage, l'appétit s'ouvrait toujours ; et il (Louis XIV) mangeait si prodigieusement et si solidement soir et matin, et si également encore, qu'on ne s'accoutumait point à le voir. (Saint-Simon, vol. p. 12, 417.)

On lui trouva aussi la capacité de l'estomac et des intes-

vin de Champagne glacé, le seul qu'il bût alors, Louis XIV se leva de table et se couvrit; car une bizarre étiquette voulait que pendant ses repas, lui seul demeurât tête nue, tous les gens de sa cour gardant leur chapeau sur leur tête.

— Mesdames, partons!—dit-il à madame la duchesse de Lavallière et à madame la marquise de Montespan, qui, en grand habit, et fort parées, ainsi que le roi l'exigeait toujours, attendaient la fin de son repas pour accompagner ce prince à la chasse.

Et tout le monde descendit l'escalier tournant du château qui conduit à la cour afin d'y prendre les voitures et de se rendre au lieu de l'assemblée.

Madame de Montespan, alors grosse de son premier enfant adultérin (1), eût fort

tins double au moins des hommes de sa taille; ce qui est fort extraordinaire, et était cause qu'il était si grand mangeur et si égal. Saint-Simon, vol. 13, p. 137.)

(1) Il mourut en 1672, âgé de 3 ans.

On connaît d'ailleurs cette singulière lettre de Louis XIV:

Saint Germain-en-Laye, le 15 juin 1678.

A monsieur Colbert,

« Il me revient que Montespan *se permet des propos in-*
» *discrets.* C'est un *fou* que vous me ferez le plaisir de suivre

désiré de ne pas suivre la chasse; car, bien que placée, ainsi que madame de Lavallière, dans une petite calèche conduite par le roi, cet exercice était très fatigant pour une femme dans sa position; mais les ordres de Louis XIV étaient formels; et grosse, souffrante ou malade, il fallait absolument obéir, sa volonté étant implacable à ce sujet; féroce égoïsme, qui d'ailleurs ne ménageait pas davantage sa royale famille; car on sait avec quelle insistance cruelle il força plus tard madame la duchesse de Bourgogne de faire deux ou trois voyages de Marly, qui faillirent à tuer cette jeune princesse (1).

Louis XIV avait alors trente et un ans; *l'incomparable et divine beauté* de son visage,

» de près; et pour qu'il n'ait plus le prétexte de rester à
» Paris, voyez Novion, afin qu'il se hâte au parlement.

» Je sais que Montespan *a menacé de voir sa femme*, *et*
» *comme il en est capable*, et que les suites seraient à
» craindre, je me repose encore sur vous pour qu'il ne
» parle pas. N'oubliez pas les détails de cette affaire, et sur-
» tout qu'il sorte de Paris au plus tôt.   Louis. »

(Œuvres de Louis XIV, tome v, page 576.)

(1) Voir les notes A et B à la fin du volume. On y trouvera d'authentiques et nombreuses preuves de la cruelle brutalité de ce prince envers ses maîtresses et son entourage.

ainsi que *l'inexprimable grandeur et majesté* de sa taille, sont choses tellement admises et regardées comme incontestables, qu'on aura sans doute beaucoup de peine à humaniser quelque peu le portrait de ce demi-dieu.

Pourtant, qu'on observe avec attention cette figure régulièrement bélâtre; les yeux sont grands, bien fendus, mais gros et à fleur de tête, ce qui donne au regard une expression fixe et morne; le front fort étroit est fuyant et déprimé, le nez saillant est d'une noble forme, mais les joues sont pleines et rebondies; la mâchoire lourde et empâtée; le menton, légèrement rentré, descend à triple étage sur un cou trop court, tandis que la bouche, assez éloignée du nez, petite, et comme on dit vulgairement *faite en cœur*, donne surtout aux traits de ce prince un grand air de fatuité niaise, prétentieuse et rengorgée.

Enfin, que l'on ôte à ce visage large et coloré l'immense perruque brune, qui véritablement donnait un certain aspect, sinon imposant, au moins sévère et dur, même aux figures les plus communes, et augmentait la taille de deux ou trois pouces; qu'on abaisse de deux ou trois autres pouces les talons que Louis XIV portait très hauts, et l'on aura la mesure exacte de la personne du grand roi, qui dépassait à peine cinq pieds.

Évidemment, grâce à la flatterie cynique et effrontée qui n'a pas craint d'affubler ce prince du sobriquet de *Grand*, on a confondu la perruque, la taille, les talons et le mérite ; aussi demeure-t-il généralement avéré que Louis XIV était un grand monarque, de grande stature.

Le roi sortit donc le premier de la cour du château. Depuis une chute qu'il avait faite en courant le cerf, il avait peur à cheval, et suivait la chasse dans une manière de Soufflet, petite calèche très légère, attelée de deux vigoureux chevaux percherons, de taille moyenne, et de poil blanc truité de bai, robe bizarre, que Colbert, d'après les ordres du roi, tâchait de conserver pure dans les haras dont il avait la surintendance.

Cette voiture découverte, à caisse dorée et à train rouge, que Louis XIV menait lui-même du haut du siége, ne contenait que deux places, alors occupées par mesdames de Lavallière et de Montespan ; à l'entour, mais assez éloignés, se tenaient le capitaine des gardes en service auprès du roi; le premier écuyer, ordinairement le Grand-Veneur; puis, des pages, des gentilshommes; enfin venait le gros des courtisans, ainsi que les voitures de suite; le tout escorté de gardes du corps, de mousquetaires et d'archers de la vènerie, vêtus de bleu et d'écarlate.

Louis XIV était d'une humeur des plus fâcheuses; il n'avait pas dormi, ayant passé une partie de la nuit dans la logette que l'on sait; aussi ses yeux à fleur de tête étaient-ils rouges et gros, son teint marbré, ses traits soucieux; enfin sa barbe, qui depuis la veille pointait drue et bien fournie(1), donnait à son visage un air méséant de malpropreté; tandis que la digestion laborieuse de l'abondant repas qu'il venait de faire, le plongeait dans une sorte de torpeur irritable et hargneuse, qui, lui ôtant toute envie de causer avec ses maîtresses, ne lui

(1) On lui voyait faire la barbe (au roi) de deux jours l'un, et il avait chez lui une petite perruque courte, sans jamais en aucun temps, même au lit, ses jours de médecine, paraître autrement en public. (Mémoires de Saint-Simon, vol. 15, p. 185.)

laissait que les facultés nécessaires pour conduire ses deux chevaux, et les fouailler rudement lorsqu'ils n'allaient pas à sa guise. Il portait une perruque courte, un chapeau bordé de point d'Espagne; et son habit de chasse ou *d'équipage* (1), bleu, doublé d'écarlate, avec un galon d'or entre deux galons d'argent courant sur les tailles.

D'après les ordres du roi, mesdames de Lavallière et de Montespan occupaient le fond de sa voiture (2), et en vérité, ce fait seul suffirait à prouver que si les lâches méchancetés de Louis XIV n'étaient pas calculées, il fallait qu'il fût alors d'une rare stupidité, ou d'une inconcevable sécheresse de cœur, pour ne pas comprendre tout ce qu'un pareil rapprochement devait avoir d'odieux et de navrant pour ces deux femmes, surtout pour la malheureuse Lavallière, qui, résignée, douce, inoffensive, et sans aucune repartie, non seulement voyait son règne finir, mais était encore obligée de supporter les hauteurs et les sar-

(1) Les seules personnes invitées par le roi à ses chasses pouvaient porter cet habit.
(2) Voir la note C, fin du volume.

casmes amers d'une rivale altière, insolente, et douée surtout de l'esprit le plus cruellement satirique et moqueur (1).

Louis XIV avait si peu l'habitude de déguiser son irritation aux yeux de ceux qui étaient obligés d'en supporter les conséquences, qu'en montant en voiture, ses deux maîtresses s'aperçurent facilement qu'il était d'une effroyable humeur. Selon son habitude, madame de Montespan sembla ne pas s'en douter, tandis que madame de Lavallière, prévoyant que toutes les suites de la mauvaise disposition du roi retomberaient sur elle, était d'une grande tristesse ; aussi quel étrange contraste entre l'aspect de ces deux femmes !

Madame de Montespan, fort parée, épanouie, rayonnante, ses beaux cheveux blonds frisés à la hurluberlu, les joues roses et animées, le regard noir, vif et hardi, vêtue d'une

---

(1) Madame de Maintenon, alors madame Scarron, voulant détourner madame de Lavallière de s'ensevelir dans un cloître, celle-ci répondit : — *Quand j'aurai de la peine aux carmélites, je me souviendrai de tout ce que ces gens-là m'ont fait souffrir*, en parlant du roi et de madame de Montespan. (Biographie universelle, 380, v. 47.)

robe de tabis bleu céleste, à crevées de satin blanc qui pouvaient lutter avec la neige éblouissante de ses larges épaules; madame de Montespan occupait fièrement la droite de la voiture, et son embonpoint, encore augmenté par sa grossesse, ne laissait que bien peu de place à la pauvre mademoiselle de Lavallière, qui, se tenant modestement à gauche, se serrait le plus possible contre la paroi de la voiture, pour ne pas gêner sa compagne, et échapper à ses aigres et mordantes récriminations. La maigreur de cette malheureuse femme, que la sombre couleur de sa robe feuille-morte garnie de rubans soucis faisait ressortir davantage, était effrayante. Enfin, sa pâleur, ses traits fatigués et flétris par les larmes solitaires qu'elle versait en pensant aux temps qui n'étaient plus, disaient assez l'orgueilleux triomphe de sa rivale et l'incroyable dureté de Louis XIV à son égard.

Le lieu de l'assemblée étant assez éloigné du château, la route qui y conduisait, bien que fort belle et sablonneuse comme tous les chemins de la forêt, se sillonnaient quelquefois de profondes ornières. La calèche, que le roi conduisait fort vite, très mal suspendue comme toutes les voitures d'alors, était d'une horrible dureté; aussi, recevant la secousse d'un violent cahot, madame de Montespan s'écria : — Ah! de grâce, Sire, n'allez pas si vite!

Un coup de fouet, vigoureusement appliqué à l'un des chevaux, fut toute la réponse du roi (1).

Madame de Montespan ne put réprimer un mouvement de douleur et de colère, son front se plissa quelque peu... mais sentant que paraître affectée de cette brutalité, devant mademoiselle de Lavallière, serait y voir une intention qu'il n'était pas de son amour-propre de supposer au roi, l'impérieuse marquise reprit aussitôt son air souriant et radieux.

Mademoiselle de Lavallière, bonne et naïve, sentant tout ce que madame de Montespan avait dû souffrir de ce choc, lui dit timidement en levant sur elle ses beaux yeux bleus, encore agrandis par la maigreur de son visage et par la crainte : — Puisque ces se-

(1) Voir la note B, fin du volume.

cousses vous font tant de mal, madame, voulez-vous vous appuyer sur moi, je tâcherai de vous les éviter, ou de vous les rendre moins douloureuses ?

Mais l'altière marquise avait trop ressenti le cruel procédé du roi, pour ne pas saisir l'occasion de faire supporter à sa rivale la réaction d'une colère jusque là contrainte; aussi répondit-elle aigrement à la douce Lavallière:—Je vous rends grâce de votre appui, mademoiselle, bien qu'à cette heure il boite terriblement, dit-on !

Cette double et cruelle injure à une infirmité naturelle, et à une affreuse douleur de l'âme, arracha une larme silencieuse à mademoiselle de Lavallière, larme amère et brûlante qu'elle dévora, en mettant aussitôt sur son visage le masque de velours qu'elle tenait à la main.

On arrivait enfin au lieu de l'assemblée; malgré lui, Louis XIV redoutait quelque scène inattendue de la part de M. de Rohan, dont il connaissait le caractère irritable et emporté, car il n'avait reçu aucune plainte, aucune réclamation du chevalier à propos du nouvel ordre qu'il lui avait fait signifier par Colbert, ordre aussi outrageux qu'humiliant, en cela que, sans aucune raison apparente, Louis XIV faisait commencer la chasse et en remplir, pour ainsi dire, les fonctions les plus pénibles et les plus laborieuses par le Grand-Veneur (1), un des plus grands seigneurs de France, exerçant une des plus hautes charges de la couronne, et puis, qu'à la face de toute la cour, il réservait l'honneur de l'emploi, à un gentilhomme titré, mais seulement chef d'un équipage particulier, fondé pour récompenser les services d'un valet de chambre de Louis XIII.

A ce propos, quelques réflexions sont nécessaires. Généralement on rit fort dédaigneusement de la grave importance attachée à des *riens* par l'étiquette ou les gens de cour. Ce superbe mépris est véritablement déraisonnable, parce que, pour connaître sainement des choses, il faut se mettre au point de vue des gens desquels on se

(1) On conçoit que dans de pareilles questions, l'esprit de corps fait que les subordonnés, même les plus inférieurs, s'absorbent entièrement dans la personne du chef suprême qui les représente. Enfin, ce qui va se passer était l'expression la plus ample et la plus absolue de ces mots. — *Aller sur les brisées de quelqu'un.*

pose le juge. Or, ces *riens* dont on parle, sont toujours un symbole d'autorité, de privilége ou de préséance : partant, résument et représentent ce qu'il y a de plus vivace et de plus irritable dans le cœur de tous les hommes, *l'orgueil* et *l'égoïsme*. Or, lorsqu'il s'agit de ces sentiments et de leur implacable réaction, on doit plutôt trembler, si l'on songe aux suites effrayantes que peuvent avoir cet orgueil et cet égoïsme, une fois blessés ou exaltés outre mesure; encore une fois c'est le point de vue moral, humain, qu'il faut admettre avant tout.

Ainsi, dans la scène suivante, sait-on bien ce qui va presque décider de l'avenir de M. de Rohan? ce qui, pendant quelques minutes, va épouvanter la cour de France, et tenir Louis XIV... Louis XIV, le roi despote et absolu dans une cruelle perplexité? Sait-on ce qui peut commencer enfin une lutte violente entre le roi et son sujet révolté?... le sait-on?... c'est l'acceptation ou le refus de la part du roi, d'une misérable baguette de coudrier (1).

(1) Par un singulier usage, la poignée de cette baguette était dépouillée de son écorce dès que les cerfs avaient

En un mot, dès que la cour arrivait au lieu de l'assemblée, le Grand-Veneur s'approchait du roi, et selon le privilége de sa charge, au moment du *Laisser-courre*, lui remettait une baguette de coudrier, de deux pieds de long, destinée à écarter les branches d'arbres pendant la chasse. Cette baguette s'appelait l'estortuaire. De même aussi, lors de la mort du cerf, le devoir du Grand-Veneur était d'en offrir le pied au roi.

Sans doute, rien de plus puéril dès l'abord, que l'offre de cette baguette et de ce pied, et pourtant, selon les règles du cérémonial de la venerie, le droit de remettre directement au prince ces espèces de symbole des deux actes qui ouvrent et terminent une chasse (le laisser-courre et la mort), était une marque de suprématie d'emploi, aussi significative pour le Grand-Veneur, que le peut-être une épaulette pour un militaire, ou le droit de se couvrir pour un président de Cour suprême.

Ainsi, dans l'hypothèse où M. de Rohan

touché au bois; on la présentait ainsi au roi jusqu'à la fin de mars, et, depuis le mois de mars jusqu'à la fin d'août, on la laissait entièrement couverte de son écorce.

verrait le roi, à la face de toute la cour, refusant *l'Estortuaire* qu'il lui présenterait, en accepter un des mains d'un officier subalterne, le Grand-Veneur ne devait-il pas se trouver mortellement insulté? Et sans comparer ici la position des offensés, mais seulement l'offense en elle-même, M. de Rohan, traité de la sorte, n'était-il pas dans la position du général d'armée qui, ayant tout disposé pour l'attaque, s'approcherait du roi pour lui demander ses derniers ordres, et verrait le prince, sans lui répondre, ordonner à un officier inférieur de prendre le commandement des troupes?

Enfin, la calèche du roi tournant à gauche de la route de Thomery, prit un des chemins qui aboutissaient au carrefour de la Vente au diable.

En voyant de loin la foule qui encombrait le carrefour, la figure du roi se rembrunit encore, car il pressentait avec une anxiété colère, quelque scène imprévue; un des traits prononcés du caractère de ce prince, tout d'emprunt et d'apparat, étant, ainsi qu'il le disait lui-même, *d'abhorrer d'en-*

tendre ce à quoi il n'était pas préparé de répondre.

Lorsque la calèche fut à vingt pas du carrefour, Louis XIV frémit... car il aperçut, au contraire de ses ordres, tous les équipages de sa vénerie en grand habit de gala, occupant un des côtés de ce large rond-point; un moment il diminua l'allure de ses chevaux, comme s'il eût pensé à éviter l'entrevue qu'il redoutait... mais paraissant bientôt prendre une détermination plus entière, il fouetta son attelage d'un air résolu, arriva rapidement au milieu du carrefour, et rangea sa voiture au pied du poteau.

Pour les spectateurs, l'apparition de Louis XIV fut loin d'être triomphante et pompeuse; ce roi, pourpre de colère, peu soigné, aux yeux alourdis par une laborieuse digestion, entrant au trot de deux petits chevaux qu'il menait lui-même, et traînant dans sa calèche ses deux maîtresses, dont l'une était maigre, pâle et boiteuse, tandis que l'autre était grosse et d'un extrême embonpoint; ce grand roi, vu de la sorte, en pareil équipage, sentait alors, il faut le dire, fort peu *son demi-dieu*, et offrait de plus un étrange contraste avec l'attitude et la magnificence de M. de Rohan... comme si un hasard fatal avait voulu pousser à l'extrême ce parallèle si outrageant pour l'orgueil du roi, et d'un triomphe si funeste pour le Grand-Veneur.

On conçoit quelle dut être l'émotion profonde et l'effrayant silence qui régna tout-à-coup dans la foule des courtisans, instruits des ordres donnés par le roi pour substituer le service de M. de Villarceaux à celui de M. de Rohan, lorsqu'on vit s'approcher enfin le dénouement de cette scène extraordinaire.

Au pied du poteau était donc Louis XIV en calèche, et derrière lui les gens de sa cour. A gauche, dans le carrefour, M. de Villarceaux-Mornay, à la tête des chiens du cabinet, et à droite M. de Rohan, à cheval, à la tête de l'immense personnel de la vénerie, en équipage d'apparat.

Le carrefour étant fort large, il restait une belle pelouse verte inondée de soleil, et d'environ cinquante pas entre la calèche du roi et M. de Rohan.

Voyant la calèche arrêtée, le Grand-Veneur s'avança.

Jamais peut-être M. de Rohan n'avait été plus beau; la haine, la colère, l'orgueil, l'émotion involontaire qu'il éprouvait en pensant à l'effrayante gravité de la démarche où il s'était engagé, et qui allait peut-être le jeter dans un abîme de malheurs incalculables, tout donnait à ses traits enchanteurs légèrement colorés, une rare expression de tristesse, d'audace et de fierté. Sur son front éclatait enfin, aussi effrayante qu'admirable à voir, cette résolution suprême et fatale de l'homme qui, d'un mot, va jouer son avenir et sa vie.

Il s'avança donc à cheval dans cette zone de lumière éblouissante qui le séparait du roi. Il était coiffé d'un large feutre noir à galons d'or et à longues plumes blanches; ses beaux cheveux cachaient à demi son col de point de Venise élégamment rabattu sur son habit d'équipage bleu clair, doublé d'écarlate, avec une dentelle d'or mêlée d'argent, courant sur toutes les coutures.

Rien de plus splendide que ce costume d'apparat, car les boutons du justaucorps, l'agrafe du ceinturon brodé qui serrait la délicieuse taille du chevalier, et jusqu'à la poignée d'or de son couteau de chasse à fourreau de velours bleu, tout étincelait de rubis et de diamants qui resplendissaient à l'ardent soleil de midi.

Mais ce qui paraissait non moins incomparable que la grâce avec laquelle le Grand-Veneur maniait son cheval, qu'il approchait lentement de la calèche du roi par de souples courbettes, c'était le liant et la beauté de ce superbe animal.

Il s'appelait Selim, était barbe de race et d'une blancheur éblouissante; seulement le tour de ses grands yeux noirs, saillants et hardis, ainsi que ses naseaux bien ouverts, étant d'un gris bleu très foncé, marquaient admirablement sa petite tête blanche, mutine, carrée, pleine de caractère et de feu, fièrement attachée à son col plat et veiné, qui s'élançait élégamment d'un garot aussi prononcé que l'épaule était sèche, nerveuse, et la poitrine profonde! contours enchanteurs, tracés d'ailleurs par le ruban incarnat qui serrant en tresse la crinière à sa naissance, dessinait ainsi une partie de cette ligne d'une pureté si rare, qui commence au col et finit aux hanches, et est aux chevaux ce que la ligne serpentine est aux femmes! Quant à ses reins courts et larges, on devinait leur robuste élasticité sous les broderies d'or de la housse de velours écarlate qui les cachait, tandis que le soleil miroitait çà et là de vifs reflets d'argent, la robe satinée de ce bel animal.

Et Selim secouant la tête, aspirant l'air avec une fiévreuse impatience, courbant son col comme le col d'un cygne, jetant au vent le blanc panache de sa queue, dont l'extrémité était teinte de pourpre (1), et qu'il déployait fièrement comme une enseigne orientale, comprimant à peine l'impétueux ressort de ses hanches, semblait frémir et bondir sous lui, pour se soumettre à l'allure lente et cadencée que lui imposait son cavalier.

(1) Les Arabes teignaient alors, ainsi qu'ils le font encore quelquefois, l'extrémité de la queue de leurs chevaux soit de noir, soit de pourpre, à une hauteur de six pouces environ.

Rassemblant dans sa main gauche, couverte d'un gant de daim brodé, les rênes d'or que son cheval couvrait d'écume en mâchant l'acier de son mors damasquiné, M. de Rohan s'avançait donc, tenant, de sa main droite, qui parmi des flots de dentelles, sortait nue, petite et blanche, d'un large parement d'or et d'incarnat, tenant, dis-je, de sa main respectueusement dégantée, l'*Estortuaire* qu'il devait offrir au roi ; le Grand-Veneur s'avançait, appuyant le manche de cette baguette sur sa cuisse droite, dont l'élégant et fin contour se dessinait sous l'écarlate de son haut-de-chausse ; enfin, approchant sa botte noire et luisante du flanc intelligent de son cheval, et l'effleurant de ses éperons d'or, le Grand-Veneur lui fit faire une dernière courbette qui, le mit à la portière du carrosse de Louis XIV.

Une espèce de frémissement sourd parcourut alors la foule inquiète, qui, depuis quelques instants, admirait la grâce majestueuse avec laquelle le chevalier avait traversé l'espace qui le séparait du roi.

Par un mouvement involontaire, Louis XIV serra dans sa main le manche de son fouet, se raffermit sur son siége, et, plissant ses sourcils, attendit le Grand-Veneur avec assez de fermeté, pendant que mesdames de Montespan et de Lavallière, afin de cacher aux regards curieux des courtisans l'expression de leurs traits pendant cette scène, mirent leurs masques de velours noir, semblant ainsi vouloir se préserver de l'ardeur du soleil.

M. de Rohan, calme et pâle, prenant donc l'*Estortuaire* par le bout, en offrit respectueusement la poignée au roi après l'avoir profondément salué, et lui dit : — Sire, j'attends les ordres de Votre Majesté pour le laisser-courre

Le roi ne prit pas l'*Estortuaire*, et répondit d'une voix altérée par l'embarras et le courroux : — Monsieur de Rohan, j'avais ordonné à M. Colbert de vous faire savoir ma volonté... je le blâmerai sévèrement de ne m'avoir pas obéi.

— Il vous a obéi, Sire; mais c'est moi qui, sûr de n'avoir jamais démérité de Votre Majesté, depuis que j'ai l'honneur de la servir, n'ai pas cru que telle fût votre suprême volonté, Sire! car, j'ose l'espérer encore, Votre

Majesté ne voudra pas flétrir d'un pareil affront un des grands officiers de sa couronne.

— Monsieur de Rohan, apprenez que je ne dois compte de mes volontés à personne! et que le devoir de mes sujets, et surtout des serviteurs de ma maison, est de s'y soumettre aveuglément.

Bien qu'aux yeux de la cour attentive ce dialogue entre Louis XIV et le Grand-Veneur semblât calme en apparence, on y sentait sourdre une âpre colère comprimée chez le roi par la dignité théâtrale de son rang, à laquelle il ne faillit que rarement, et chez le chevalier, par le respect inné de la majesté royale, et la conscience de l'effrayante témérité de sa démarche.

— Sire, — reprit le Grand-Veneur avec un sentiment d'irritation et de fierté causé par les derniers mots de Louis XIV, — la *Maison de Rohan* qui compte tant d'alliances souveraines, s'est toujours tenue profondément heureuse et honorée de pouvoir servir la *Maison de Bourbon*, et c'est au nom des services rendus par *ma maison* à *la vôtre*, Sire, que j'ose venir réclamer de Votre

Majesté la justice qui m'est due, et qu'elle ne voudra pas, sans doute, me refuser.

— Monsieur de Rohan, je ne vous comprends pas, — répondit le roi d'un air distrait, en agitant machinalement son fouet, et paraissant combattre un mouvement d'hésitation.

— Eh bien, Sire, — dit le chevalier en élevant la voix, mais se contenant encore, — je vais tâcher de me faire comprendre de Votre Majesté : Hier, Sire, moi Grand-Veneur de France, j'ai reçu les ordres de Votre Majesté pour la chasse d'aujourd'hui. Je me suis occupé d'assurer les plaisirs de Votre Majesté, et maintenant, Sire, vous m'ordonnez d'abandonner mes droits les plus précieux à l'un de vos officiers particuliers ; eh bien ! Sire, c'est de ceci que je demande justice à Votre Majesté, justice qu'elle me fera, en acceptant l'*Estortuaire* que j'ai l'honneur de lui présenter, et en me commandant de faire courre la meute de la vénerie royale. Maintenant, Sire, oserai-je croire que Votre Majesté a daigné me comprendre?

Il était difficile d'éluder une question posée de la sorte ; aussi Louis XIV voulant, sans y répondre directement, terminer cette scène embarrassante, dit à voix haute à M. de Villarceaux, qui s'était peu à peu rapproché, et tenait aussi un *Estortuaire* à la main : — Monsieur de Villarceaux, faites rentrer les équipages de ma vénerie à l'hôtel du Chenil, et donnez-moi ce bâton. Je verrai courre avec la meute du cabinet. — Puis, ce disant, le roi prit l'*Estortuaire* des mains de M. de Villarceaux, et ajouta : — Allons, messieurs, partons !

Cette réponse indirecte à sa réclamation était si offensante et tellement significative pour M. de Rohan, que, perdant toute mesure, sans arrêter précisément le carrosse du roi, le Grand-Veneur s'en rapprocha tellement, que Louis XIV n'aurait pu faire un pas de plus sans le blesser ; laissant alors tomber ses rênes sur le col de son cheval, M. de Rohan s'écria d'une voix éclatante en prenant l'Estortuaire par les deux bouts : — Sire ! puisque Votre Majesté me refuse ici la justice qui m'est due ; puisque j'ai le malheur de déplaire assez à Votre Majesté pour qu'elle me traite aussi cruellement à la face de tous, moi gentilhomme, qui ne puis que souffrir et me taire...... eh bien ! Sire, que de ce jour, tout lien entre ma maison et la vôtre soit à jamais rompu comme je brise ce bâton !...

Et le Grand-Veneur, cassant l'Estortuaire sur sa cuisse, jeta fièrement ces débris sous les roues de la calèche du roi ; puis, tournant son cheval du côté des équipages de la vénerie, il prit à l'arçon de sa selle une bourse d'or, qu'il lança à ces gens, en leur disant : — Adieu, mes amis... Voici pour boire à la santé de Sa Majesté !

— Monsieur !— s'écria Louis XIV en se levant à demi, d'un air menaçant ; mais réfléchissant bientôt qu'après tout cette sortie du chevalier comblait ses vœux, le roi ajouta avec sang-froid, en se rengorgeant sur son siége : — Monsieur de Rohan, votre démission de la charge de Grand-Veneur de France est, et demeure acceptée. — Puis donnant un coup de fouet à ses chevaux, Louis XIV dit à M. de Villarceaux : — Partons, monsieur.

Et la cour, suivant la calèche royale, passa

presque tout entière sous les yeux du chevalier de Rohan, qui, restant enfin seul dans le carrefour, éperonna *Selim*, et disparut bientôt dans une des sombres allées de la forêt.

Bien que cachées sous leur masque, mesdames de Lavallière et de Montespan n'étaient pas restées sans prendre part à la scène qu'on vient de décrire, et cela pour deux motifs bien différents. La première, malgré son opiniâtre douceur de caractère et son excessive humilité, qui lui faisaient endurer si patiemment les sarcasmes amers dont l'accablait sans pitié son impérieuse rivale, madame de Lavallière, dis-je, ne pouvait s'empêcher d'être intérieurement satisfaite de cette explosion de la colère du roi contre M. de Rohan, qu'on savait avoir été l'amant de la marquise; car madame de Lavallière connaissait par expérience avec quelle dureté Louis XIV la traitait lorsque le hasard amenait à la pensée de ce prince, le souvenir du malheureux Fouquet, qui paya si cher ses tentatives auprès d'elle; ou bien encore, l'irritation du roi à propos d'un certain Braguelonne que la pauvre femme avait aussi aimé, alors qu'elle était fille d'honneur de madame la duchesse d'Orléans.

Quant à madame de Montespan, quoiqu'elle ne comprît pas la signification des regards irrités qu'involontairement Louis XIV avait jetés parfois sur elle pendant son entretien avec M. de Rohan; elle était néanmoins sérieusement affectée de cette scène, parce qu'elle prévoyait une longue suite de jours maussades, tristes et fâcheux, qui devaient durer jusqu'à ce que la fureur du roi contre M. de Rohan fût calmée, fureur dont elle ne pouvait d'ailleurs s'expliquer la recrudescence.

La chasse commença donc; heureusement pour les plaisirs du roi, les ordres donnés par La Fanfare n'avaient pas été remplis, et *son cerf*, ainsi qu'il disait, fut attaqué par la meute du cabinet; on le laissa courre, et Louis XIV qui suivait la chasse en voiture, allait, dirigé par M. de Saint-Herem, capitaine de la forêt, de carrefour en carrefour, pour voir le cerf sauter les enceintes et traverser les allées.

Arrivé au carrefour des *Bruyères noires*, le roi arrêta sa calèche, et les officiers ou gentilshommes qui l'entouraient, reculèrent assez leurs chevaux pour que le roi eût la liberté de s'entretenir avec les femmes qui étaient dans son carrosse, sans être entendu.

Aux mouvements d'impatience que Louis XIV ne pouvait contenir, on voyait qu'il avait une rude envie de quereller ses maîtresses, mais qu'il ne savait trop comment engager la discussion, ne pouvant ni ne voulant leur laisser pénétrer que sa colère venait surtout des confidences qu'il avait surprises dans la chambre des filles d'honneur, et que sa haine et sa jalousie contre M. de Rohan était le premier mobile de cette humeur si furieusement chagrine.

De leur côté, mesdames de Lavallière et de Montespan, voyant Louis XIV dans une disposition aussi irritable, ne disaient mot, regardaient les arbres ou la route, et attendaient opiniâtrement que le roi rompît le premier le silence.

—Il faut avouer,—dit enfin Louis XIV, en se retournant sur le siége de sa calèche, de façon à pouvoir regarder ses deux maîtresses, mais sans s'adresser directement à aucune d'elles, et abattant machinalement quelques feuilles avec la mèche de son fouet; — il faut avouer que si quelque chose peut faire oublier la rare impertinence de l'action de M. de Rohan... que je devrais d'ailleurs châtier comme il le mérite!... c'est la pensée que je suis enfin soulagé de ses services qui m'étaient devenus si odieux et si pesants !

Les deux femmes se turent et répondirent seulement par un signe de tête presque affirmatif.

Le roi fit un geste d'impatience, et continua avec une expression d'aigreur jalouse mal dissimulée : — Cette disgrâce va sans doute coûter bien des larmes aux maîtresses de ce magnifique et galant mignon?.. Car il n'a, dit-on, qu'à paraître et à parler pour réduire les plus cruelles par ses airs de muguet et de femmelette, ou par son précieux phœbus (1)!

Comme ses maîtresses s'opiniâtraient de plus en plus dans leur mutisme ; sans plus long-temps déguiser sa colère, Louis XIV

---

(1) Langage affecté.

dit durement, s'adressant toujours aux deux femmes :

— Et voilà pourtant où mènent l'orgueil, l'insolence et la présomption jointes à la débauche et à l'impiété! Mais, bon Dieu! — ajouta-t-il avec une fureur toujours croissante, — mais, bon Dieu! à qui la faute? qui exaspère ainsi la superbe de ces glorieux? les femmes!... Oui, mesdames, les femmes!... les femmes sans vergogne, qui, par de honteuses faiblesses, exaltent l'amour-propre de ces insolents-là!... leur font oublier qu'ils ne sont ni ne doivent être autre chose que des serviteurs soumis!... Entendez-vous, mesdames?... Je vous le répète, ce sont les femmes qui, par ces sottes et basses adulations, les conduisent ainsi à leur perte! à leur perte! tel que cet impudent Fouquet!... entendez-vous, mademoiselle de Lavallière, à leur perte!... comme ira sûrement ce débauché, cet impie de M. de Rohan! entendez-vous, madame la marquise de Montespan?...

A ces mots, qui prouvaient évidemment que le roi perdait toute mesure, la douce Lavallière répondit par une larme silencieuse; mais madame de Montespan sentant le naturel taquin et impérieux de son caractère se révolter en elle, reprit à dessein, d'un air à la fois railleur et dégagé, qui exaspéra Louis XIV.

— Ah! Sire!... Votre Majesté croit-elle donc que nous autres pauvres femmes nous puissions pervertir les hommes à ce point-là? En vérité, Votre Majesté me permettra de ne pas être le moins du monde de son avis, car je trouve au contraire, moi, que les louanges des femmes exaltent le cœur, et qu'une conséquence de la belle galanterie est de rendre plus désireux de la vraie gloire; aussi, si je ne craignais d'accorder trop à notre sexe, Sire, aux dépens du vôtre, je dirais au contraire à Votre Majesté que les hommes nous doivent leurs plus éclatants triomphes et leurs plus magnifiques inspirations.

— Et puis, Sire, — hasarda timidement madame de Lavallière, — il est si doux d'admirer celui qu'on aime!

Louis XIV ne se possédait pas, car se trouvant dans une aigre disposition d'esprit, il était furieux de s'entendre répondre avec autant de calme aux duretés qu'il avait dites ; aussi, secouant sa perruque d'un air menaçant, il reprit en s'animant de plus en plus :

— Et je vous dis, moi, mesdames, puisqu'il faut parler net, que les femmes conduisent souvent les hommes à leur perte, parce que certaines femmes, assez éhontées pour accorder les mêmes faveurs aux valets qu'au maître, amènent naturellement les valets à se mettre, à se croire au rang de leur maître. Mais aussi qu'arrive-t-il ? que fait-on ? on chasse les valets insolents ! on les enferme, on les châtie, comme j'ai châtié M. Fouquet, et comme je châtierai M. de Rohan, s'il n'y prend garde.

Et les traits du roi, ordinairement d'une expression assez insignifiante, prirent un rare caractère de méchanceté en examinant avec attention le visage des deux femmes, pour surprendre quelques unes de leurs émotions.

Mademoiselle de Lavallière rabaissa sa coiffe et continua de pleurer, tandis que madame de Montespan, de l'air le plus calme et le plus dédaigneux, ôta négligemment un de ses gants parfumés, et de sa belle main blanche prit dans une boîte d'or quelques pastilles qu'elle mangea, en disant toute riante :

— Mais savez-vous bien, Sire, que ce serait accorder beaucoup à notre pauvre sexe de perdition, que de lui reconnaître cette merveilleuse puissance? Comment, Sire, nous pourrions égaliser tellement les états par nos bontés, que le maître en viendrait à élever le valet jusqu'à soi, et même au-dessus de soi, en le punissant d'un bonheur qu'il jalouserait, lui, le maître omnipotent ?

—Je ne me paie pas de ce jargon précieux ! — s'écria Louis XIV en interrompant madame de Montespan ; — et puisque les ménagements que j'emploie ne me servent de rien, et qu'il faut, comme on dit, *mettre les points sur les I*, je vous ordonne de me dire, madame, ce que vous pensez de la conduite de M. de Rohan?

— Ah! Sire, — dit avec tout plein de grâces madame de Montespan qui persistait à ne point vouloir s'apercevoir du courroux de son royal amant; — ah! Sire! comment descendez-vous à ordonner, lorsque vous pouvez prier?

— Encore une fois, cela n'est pas répondre, madame, — dit Louis XIV outré d'impatience et de colère. — Je vous demande, moi, si malgré tout le mal apparent que vous m'avez dit de M. de Rohan, pour éloigner mes soupçons, je vous demande, madame, si votre tendre cœur ne saigne pas cruellement de voir ce fin cavalier sans aucune charge maintenant, et plus qu'à moitié ruiné? vous qui l'avez si tendrement aimé, madame; vous,— ajouta le roi en accentuant ce qui suit avec une lenteur étudiée : — vous, madame, qui lors du premier aveu que vous fîtes à M. de Rohan... après certain médianoche au château de Saint-Germain, avez inspiré à ce glorieux je ne sais quelle fadeur qu'il vous dit impertinemment, en jetant au vent une poignée de pierreries! Me comprenez-vous à cette heure, madame?... me comprenez-vous?

Madame de Montespan, outrée de s'entendre faire un tel reproche devant sa rivale, et un moment stupéfaite de voir le roi aussi bien instruit, reprit bientôt avec cette hauteur et ce sang-froid ironique qui l'abandonnait rarement :

— Il m'est pénible de vous avouer, Sire, que je ne comprends pas absolument le sens des paroles de Votre Majesté; je sais que M. le chevalier de Rohan, malheureusement pour lui, a jeté, dit-on, au vent beaucoup de richesses... et si l'allusion de Votre Majesté se rapporte à cette folle prodigalité, je la trouve la plus jolie du monde; mais quant à l'amour qu'on me suppose avoir eu pour M. de Rohan, quant à ces belles imaginations de médianoches, d'aveu, que sais-je encore? ce sont des fables dont je ne saisis point la moralité, Sire... Mais ne dit-on pas aussi, — ajouta madame de Montespan en jetant sur madame de Lavallière un regard acéré, où brillait une malice infernale, — ne dit-on pas aussi qu'on a trouvé dans la cassette de M. de Rohan quelqu'unes de mes lettres? ou bien le détail du prix dont il voulait payer ma défaite?... Ne parle-t-on pas aussi d'une écharpe que je lui aurais autrefois amoureusement brodée de mes propres mains? Mon Dieu! Sire, ces détails sont si piquants et si nouveaux, qu'on ne saurait s'en être fait faute! car il n'importe à ces bonnes âmes que tant de calomnies soient mensongères, pourvu qu'elles soient outrageusement scandaleuses et offensantes pour Votre Majesté!

Par une ruse aussi odieuse qu'habile, madame de Montespan avait tâché de déplacer de la sorte le courroux de Louis XIV, et d'en faire tomber tout le poids sur mademoiselle de Lavallière, en rappelant ainsi méchamment à la mémoire du roi les lettres trouvées dans la cassette de Fouquet, et une malencontreuse écharpe autrefois donnée par mademoiselle de Lavallière à ce Braguelonne dont on a déjà parlé.

Comme ces faits avaient été matériellement et publiquement avérés, l'adroite marquise pensait, non sans raison, que leur souvenir devait être au moins aussi poignant pour Louis XIV, que le ressentiment des soupçons qu'il venait d'avoir contre M. de Rohan; car la scène de Saint-Germain s'étant passée secrètement entre le chevalier et madame de Montespan, cette dernière pouvait opiniâtrément tout nier, sans crainte d'être jamais démentie, tandis qu'au contraire mademoiselle de Lavallière, ayant été évidemment convaincue de ces terribles antécédents, n'avait pas le même avantage.

Ce calcul ne trompa pas madame de Montespan, car le roi, charmé de pouvoir épancher sa colère, sans avoir à redouter la hauteur ou l'indifférence moqueuse de la marquise, se tourna vers mademoiselle de Lavallière, et lui dit durement en la regardant en face :

— De fait, si certaines fautes sont sinon excusables, du moins malheusement concevables chez des personnes que le feu et la vivacité de leur esprit peuvent entraîner, il n'en va pas ainsi pour d'autres personnes... Celles-là n'ayant pas les mêmes excuses devraient au moins tâcher de faire oublier la pesanteur et l'ennui qu'elles causent par une conduite irréprochable ; mais non ! on fait apparemment la doucereuse, la pleureuse ; et puis secrètement, ce sont des amours obscurs, des dons amoureux faits sans rougir à des gens de peu ou de rien ; des tentatives honteuses que l'on supporte, si toutefois encore... on ne les a pas provoquées (1).

—Ah, Sire! mon Dieu! quel beau cerf!— s'écria tout-à-coup madame de Montespan, qui, ravie d'avoir ainsi détourné l'humeur du roi sur sa rivale, voulait intéresser Louis XIV à la chasse, pour rompre un fâcheux cours d'idées qui pouvaient bien porter ce prince à de nouvelles récriminations contre elle-même, lorsqu'il aurait épuisé ses reproches à mademoiselle de Lavallière.

A l'exclamation de madame de Montespan, Louis XIV tourna la tête, et observa la route, laissant en paix mademoiselle de Lavallière, qui, sans répondre un mot aux cruelles paroles qu'elle venait d'entendre, n'avait pu que pâlir et étouffer ses sanglots sous son masque et son mouchoir.

En effet, le cerf qui s'en allait fuyant

---

(1) Le roi traitait fort mal mademoiselle de Lavallière à l'instigation de madame de Montespan, (dit madame la duchesse d'Orléans dans ses mémoires ;) *il était dur pour elle jusqu'à* L'INSULTE, et la pauvre créature s'imaginait qu'elle ne pouvait faire un plus grand sacrifice à Dieu, qu'en lui sacrifiant la cause même de ses torts. (Biographie universelle).

d'une enceinte dans une autre, venait de sauter la route, d'une pente assez rapide en cet endroit ; il avait beaucoup d'avance sur la meute, car quelque temps se passa avant que la tête des chiens ne parût sur sa voie, bien qu'on entendît au loin leurs cris répétés et retentissants, tantôt appuyés par une trompe d'une vigueur peu commune qui sonnait des *Bien-allez* (1), tantôt par ce cri de chasse qu'une voix de Stentor aussi pleine que perçante, accentuait savamment : *Il va là-haut! ha haut! á... ô... coute à la voie, valais, á...ô... coute* (2)!

Enfin, les premiers chiens de tête parurent sur le revers du fossé, le descendirent suivis du reste de la meute, traversèrent la route, et redoublant de cris en se collant à la voie, ils disparurent bientôt dans l'enceinte opposée.

—Vos chiens chassent à merveille... mon-

(1) Air de chasse que l'on sonne lorsque les chiens sont bien dans la voie.

(2) On écrit *au coute à la voie;* mais on prononce et on accentue *á ô coute* pour rendre le son de la voix plus perçant ; quand on appuie les chiens, on les appelle *valais*, et le veneur crie *il va-là haut,* quand le cerf monte une colline.

sieur de Villarceaux ; un manteau les couvrirait tant ils sont bien ensemble, — dit le roi au commandant de la meute du cabinet; car voyant Louis XIV attentif à la chasse, ce gentilhomme s'était rapproché peu à peu de la calèche.— Mais,—ajouta le roi,— vous, monsieur, qui connaissez toutes les trompes de mes équipages, dites-moi donc quel est le hardi veneur qui suit les chiens de si près, et les appuie d'une trompe si sonore et d'une voix si perçante?

— Sire, — répondit M. de Villarceaux, — je suis désolé de ne pouvoir l'apprendre à Votre Majesté, car je suis presque sûr que ce veneur n'appartient ni à l'équipage des chiens de votre cabinet ni à la vénerie de Votre Majesté, Sire.

— Mais qui se permet donc alors d'appuyer mes chiens, s'il ne m'appartient pas? — dit Louis XIV étrangement surpris.

La réponse que s'apprêtait à faire M. de Villarceaux devint inutile, car cinq minutes après que les chiens eurent passé, le bruit de trompe se rapprocha, et on entendit de nouveau retentir le cri de : *Cer-va á...ó, mes beaux ! Cer-va á..ó* (1) !

Au même instant, monté sur un robuste et vaillant courtaud (2) bai-brun, plein d'ardeur et de feu, un cavalier d'une taille énorme et tout vêtu de noir, sortant du taillis, parut sur le revers du fossé, tenant sa trompe d'une main ; puis ayant intrépidement franchi ce large obstacle qui bordait la route, il arrêta un moment son cheval, se courba sur sa selle pour interroger du regard le sable du chemin, et y ayant reconnu sans doute les traces du pied du cerf, il cria : *Vol-ce-l'est! Vol-ce-l'est! perce, perce, mes beaux, perce.* Alors, embouchant sa trompe, il sonna le *Vol-ce-l'est* (3). Puis, enlevant encore vigoureusement son brave courtaud sur le fossé opposé à celui qu'il avait déjà franchi, il disparut sous la sombre futaie où sa voix vibrante et les éclats sonores de

(1) On écrit *cer-va-haut;* mais on prononce ainsi qu'il a été dit.

(2) On appelait alors ainsi les chevaux vigoureux, doublés, bien membrés et près de terre, dont on se servait pour la chasse et la guerre.

(3) On sonne la fonfare du *vol-ce-l'est* quand on a revu l'empreinte du pied du cerf chassé par les chiens.

sa trompe résonnèrent quelque temps encore, puis s'éteignirent peu à peu.

Il n'y avait, sans doute, rien de merveilleux dans ce fait, car il semblait assez naturel qu'un étranger, emporté par cette ivresse de la chasse, qu'il faut avoir éprouvée pour la comprendre, s'étant mis à la suite des chiens, les appuyât de la trompe et de la voix; cela pouvait être considéré comme un grave manque de respect et de convenances envers le roi, mais ne devait pas interdire outre mesure les spectateurs de cette scène; pourtant, la taille gigantesque de ce cavalier, qui ayant traversé ce chemin montueux à son point le plus culminant, avait paru plus colossal encore en se détachant ainsi sur l'horizon; le son prodigieux de sa trompe, sa voix tonnante, la hardiesse et la vigueur extraordinaire avec laquelle il venait de franchir les obstacles que les veneurs de l'équipage du cabinet n'osèrent affronter; car, arrivant peu de temps après au même endroit, ils mirent pied à terre, et attachant le bout de leurs rênes à leurs fouets, ils firent ainsi passer aux chevaux ces deux larges fossés; tout enfin chez cet inconnu était si étrange, que le roi et sa suite ne purent retenir un mouvement de stupéfaction et presque de crainte.

— Quel est cet homme?... quel est cet homme... monsieur de Villarceaux? — s'écria Louis XIV.

— Sire, je l'ignore.

— Quelqu'un de vous connaît-il cet homme, messieurs? — demanda encore le roi aux gentilshommes qui l'entouraient.

— Non, Sire, — fut-il répondu tout d'une voix.

— Monsieur de Villarceaux, ordonnez alors qu'on l'arrête et qu'on me l'amène... qu'on coure à la première route où passera la chasse, et si cet insolent la suit toujours d'aussi près, il sera facile de le saisir.

A l'instant, M. de Saint-Herem, capitaine de la forêt, partit au galop à la tête de quelques archers de la vénerie, et Louis XIV, continuant sa route, se dirigea vers un autre carrefour où il espérait de voir l'arrestation de cet impertinent chasseur.

Après un quart d'heure de marche, arrivant à un vaste rond-point où aboutissaient cinq routes, le roi arrêta sa calèche, et madame de Montespan, craignant sans doute de voir se renouveler la dernière scène, se hâta aussitôt d'engager la conversation par quelques observations ironiques et moqueuses qui, d'ordinaire, amusaient le roi.

— Mon Dieu! Sire, — dit la marquise, — permettez-moi de faire observer à Votre Majesté qu'elle a négligé le meilleur et le plus sûr moyen d'arrêter ce mystérieux chasseur.

— Comment cela, madame? — demanda le roi, dont le front s'éclaircit un peu.

— Mais, Sire, en disant aux filles d'honneur de S. M., qui suivent la chasse à cheval, que cet inconnu était un riche mari qui appartiendrait à la première qui le pourrait saisir. Oh! alors, Sire, vous eussiez vu ces belles impatientes s'acharner à la poursuite de l'inconnu, franchir haies et fossés, et laisser bien loin derrière elles tous les archers du monde!

Madame de Montespan attendait confiante, le sourire royal qui devait répondre à cette plaisanterie, lorsqu'au contraire elle vit tout-à-coup les traits de Louis XIV se rembrunir, ses sourcils se froncer, et qu'elle l'entendit s'écrier, se contenant à peine :

— Les filles d'honneur de la reine sont des péronnelles ! qui, aulieu de se conduire avec modestie et honnêteté, donnent à gloser à toute la cour, ont des amants, et ne gardent aucune retenue ! Les filles d'honneur de la reine sont des impertinentes enfin ! dont je ferai bientôt bonne et prompte justice, en les chassant comme elles le méritent, entendez-vous ? madame !

Madame de Montespan, qui ignorait complétement la scène de la nuit, demeura un instant interdite, ne comprenant pas le motif de cette furieuse sortie du roi ; mais comme, après tout, elle pouvait merveilleusement exercer sa malice et sa méchanceté sur ce sujet, mademoiselle de Lavallière ayant été fille d'honneur de madame, elle reprit, joignant les mains de l'air du monde le plus étonné :

— Cette immodestie des filles d'honneur de S. M. serait-elle donc aussi avérée, aussi apparente, Sire? Et moi qui pensais, au contraire, que nulles mieux qu'elles ne savaient adroitement dissimuler une faiblesse ou cacher leur bonheur ! et voilà maintenant que ces pauvres fleurs timides, qui ne s'épanouissaient qu'à l'ombre discrète de la nuit, ne redoutent plus du tout l'éclat du grand jour !

— Non ! madame, non, elles ne redoutent pas plus l'éclat du grand jour... que d'autres ne redoutent l'obscurité des médianoches de Saint-Germain ! — reprit Louis XIV, dont toute la colère était revenue.

— Ah ! Sire, — reprit madame de Montespan, en revenant aussi à son rôle d'ignorance affectée, — le grand jour est quelquefois plus à craindre que l'obscurité... pour les teints pâles et décolorés, par exemple.

— Vous ne voulez pas me comprendre, madame, soit ! — dit Louis XIV ; — mais les filles d'honneur ne comprendront que trop pour elles, l'ordre qui les chassera pour les punir de leur inconduite.

— Mais Sire, — dit timidement mademoiselle de Lavallière, — avant de punir aussi cruellement ces infortunées, Votre Majesté ne pourrait-elle pas s'assurer de la vérité des bruits répandus contre elles ? La cour est si médisante !...

— En vérité, c'est bien à vous, mademoiselle, d'oser parler de la vertu des filles d'honneur ! — lui répondit durement Louis XIV (1)

Comme toujours, mademoiselle de Lavallière dévora l'injure et pleura. Un assez long silence suivit cet entretien ; et il allait peut-être reprendre son caractère d'aigreur, lorsque, fort heureusement pour les deux femmes, le ciel, qui depuis une heure se couvrait de nuages épais, prit une teinte de plus en plus sombre, et quelques larges gouttes d'eau annoncèrent bientôt un de ces orages de printemps, aussi furieux qu'ils sont soudains.

Après avoir examiné le temps avec attention, le roi ôta de dessus sa tête son beau chapeau à plumes blanches, bordé d'un magnifique galon d'or, et dit à madame de Montespan : — Veuillez, madame, s'il vous plaît, me donner mon chapeau plat, qui est dans le coffre à vos pieds, et re-

---

(1) Voir la note citée plus haut, page 219.

mettre celui-ci que la pluie pourrait gâter (1).

La marquise fit ce que le roi lui disait, non sans sourire de cette velléité d'économie; puis, Louis XIV s'étant recoiffé d'un petit chapeau noir plat et sans galons, fouetta ses chevaux, et dit d'une voix haute au gros des courtisans restés en arrière : — Rentrons à Fontainebleau, messieurs, car l'orage menace fort.

Et le prince, abandonnant cette malencontreuse chasse, regagna le château en grande hâte, afin d'y arriver avant que l'orage, d'ailleurs annoncé par de vifs éclairs et quelques coups de tonnerre lointains, ne fût dans toute sa force.

Maintenant on doit dire quel était ce mystérieux et gigantesque chasseur que la foudre n'effrayait pas, et qui, échappant aux archers de la vénerie, continuait d'appuyer insolemment les chiens du roi.

---

(1) Lettres de Loste. — 1670.

CHAPITRE NEUVIÈME.

Hic motus animorum, atque hæc certamina tanta
Pulveris exigui jactu compressa quiescent.

> VIRGILE. — Géorgiques, IV.

Et tout ce fier courroux, tout ce grand mouvement,
Qu'on jette un peu de sable, il cesse en un moment.

> DELILLE. — Traduction des Géorgiques.

L'Orage.

L'ouragan fut bientôt dans toute sa violence ; le tonnerre roulait avec fracas, les grands arbres de la forêt se courbaient sous les efforts du vent, tandis que l'écho des rochers répétait et se renvoyait à grand bruit les éclats de la foudre ; la pluie tombait en gouttes larges et pesantes ; l'air était lourd, l'atmosphère brûlante et l'obscurité profonde, bien qu'il ne fût que cinq heures du soir environ.

Vers le milieu de ce canton, se trouvait ce qu'on appelait le *Puits aux Biches*, sorte de marais aux abords boueux, situé au fond d'une des parties les plus épaisses et les plus sauvages de la forêt.

Malgré la tourmente qui augmentait de fureur, un homme, ayant attaché son cheval à un arbre, paraissait insensible à cet effroyable ouragan, et se promenait sur le bord du marais dont on a parlé, tantôt à pas lents, tantôt à pas précipités.

Cet homme était le chevalier de Rohan.

Autant il venait de se montrer fier et impérieux dans sa scène avec Louis XIV, autant à cette heure, il se trouvait triste et découragé. Cet homme si mobile et si changeant en était alors presque à se repentir de la témérité de sa démarche, et à regretter la splendeur de cette charge qu'il avait résignée avec tant de superbe; enfin, soit sentiment juste et raisonné des choses, soit instinct de prévision, il se voyait, dès lors, avec une terreur involontaire, abandonné à lui-même, sans lien qui pût le retenir, lui imposer, ou le rattacher à rien.

En effet, Grand-Veneur de France, un des premiers officiers de la couronne, M. de Rohan comptait parmi les sommités de la cour, et l'importance de cet emploi héréditaire était telle, que malgré son aversion bien connue contre le chevalier, Louis XIV n'avait osé, jusque là, lui commander de se démettre de sa charge. Enfin, si M. de Rohan eût patiemment souffert la véritable et criante injustice du roi, peut-être ce prince, que la complète résignation apaisait quelquefois, lui eût-il, sinon accordé ses bonnes grâces, du moins rendu ses fonctions moins désagréables.

Mais après le scandaleux éclat qu'il venait de faire, le chevalier n'avait plus qu'à trouver un acquéreur pour sa charge, et à rentrer dans la classe inoccupée des gentilshommes puînés de grandes maisons.

Le prix de la charge pouvait s'élever à cinq ou six cent mille livres, mais les dettes du chevalier étaient nombreuses, et si ses créanciers, retenus jusqu'alors par la considération qu'inspirait encore un des grands officiers de la couronne de France, ne s'étaient pas montrés fort exigeants, cette considération disparaissant avec l'emploi, ces créanciers, dis-je, sachant d'ailleurs que le chevalier n'avait aucune faveur à attendre de la cour, allaient sans doute mettre une tout autre âpreté dans leurs poursuites.

Ce sont donc les désastreuses conséquences de sa position actuelle qui frappaient si douloureusement M. de Rohan, car cet esprit naturellement droit et sagace, apercevait toujours le côté vrai des choses; mais l'inconstance et la faiblesse de son caractère lui rendaient malheureusement inutile cette juste et saine appréciation des réalités.

M. de Rohan était donc absorbé dans ces tristes pensées, lorsqu'un coup de tonnerre d'un épouvantable retentissement le tira de sa profonde rêverie ; l'orage redoublait de violence, les éclats de la foudre se succédaient avec une effrayante rapidité, tandis que de vifs et fréquents éclairs illuminaient de leurs feux éblouissants un ciel noir et bitumineux.

Se trouvant seul au milieu de cette lugubre forêt, pendant une si effroyable tourmente, et cédant à un sentiment de terreur insurmontable, assez concevable d'ailleurs chez un homme aussi superstitieux et aussi faible que l'était parfois M. de Rohan ; ce dernier voulant retourner à Fontainebleau, fit quelques pas pour aller détacher son cheval, qui hennissait et se cabrait d'impatience et de frayeur.

A ce moment, M. de Rohan entendit un bruit lointain de trompe et de chiens ; rassuré pour ainsi dire par ce bruit, et sachant que généralement les animaux chassés se venaient faire prendre dans l'étang qu'il côtoyait, le chevalier rattacha Selim à un arbre, et attendit avec une insouciante curiosité.

Bien que souvent étouffées par le fracas de la foudre, les clameurs de la chasse devenaient de plus en plus distinctes, lorsque tout-à-coup le chevalier vit le cerf épuisé de fatigue, haletant, la tête basse, l'œil sanglant, sortir d'un épais taillis, descendre précipitamment la pente escarpée d'un roc qui ceignait les bords de l'étang, et s'arrêtant une minute, entrer dans l'eau avec précaution... puis là, redressant la tête, prêtant l'oreille, le noble animal parut écouter encore, avec une effroyable inquiétude, s'il entendrait toujours cette incessante clameur qui, le poursuivant avec acharnement depuis quatre heures, lui annonçait une mort prochaine... Mais au même instant, la voix perçante des chiens lui apprit qu'il était de plus en plus rapproché par eux; aussi, à peine avait-il fait un dernier bond pour gagner à la nage le milieu de l'étang, que la tête de la meute, bientôt suivie du reste de l'équipage, arriva sur le haut du rocher; alors voyant le cerf à l'eau, les chiens, redoublant de cris et de vitesse, coururent rapidement au bord du lac, et s'y précipitèrent bravement pour atteindre enfin leur proie.

Poussé par le vent, le cerf nageait avec une vigueur désespérée vers un massif de houx qui lui cachait M. de Rohan, tandis que celui-ci, oubliant pour un moment ses tristes préoccupations, attendait l'animal avec cet intérêt naturel à ceux qui pratiquent la chasse depuis longtemps, et s'avançait prudemment vers l'endroit où le cerf, épuisé, semblait vouloir aborder.

Tout-à-coup le son éclatant d'une trompe retentit; M. de Rohan surpris, écoute, regarde, et voit un homme colossal tout vêtu de noir, monté sur un cheval noir aussi et non moins gigantesque, apparaître à travers les grès bizarrement taillés, qui s'élevaient au nord de l'étang.

Alors la fureur de l'ouragan était à son comble, les éclairs éblouissants enflammaient le sombre horizon; les grands arbres gémissaient sous les efforts redoublés de la tempête, les éléments enfin semblaient bouleversés par un horrible chaos; à ce terrible et imposant spectacle, M. de Rohan se sentit frémir malgré lui, tandis que ses idées superstitieuses, récemment mises en émoi par la tradition du *Veneur Noir*, lui revinrent plus effrayantes que jamais, à l'aspect de cet homme étrange, qui, pour gagner plus tôt le bord du marais, s'aventura parmi des escarpements et des blocs de rocher, avec une intrépidité qui eût fait pâlir les plus téméraires.

A ce moment, le cerf abordait près du

chevalier; mais le dernier effort que le vaillant animal venait de faire pour traverser l'étang, l'avait tellement épuisé, qu'il tomba sur ses genoux en sortant de l'eau. Aussitôt M. de Rohan tira son couteau de chasse pour lui couper le jarret; mais ayant la tête troublée par l'apparition qu'il croyait surnaturelle, sa main hésite, tremble, il appuie mal le coup; le cerf, se sentant blessé, se retourne, se relève furieux, et, baissant la tête, charge si vigoureusement le chevalier, que celui-ci, gêné par ses bottes fortes, et embarrassé d'ailleurs dans les boues glaiseuses du bord de l'étang, encore détrempées par la pluie, glisse, tombe, et laisse échapper son arme.

Alors le cerf redouble ses coups d'andouillers... le chevalier, cherchant à les parer, veut le saisir par les bois, mais en vain; les chiens, nageant moins vite, n'arrivaient pas, et déjà M. de Rohan avait reçu une dangereuse et profonde atteinte au côté, lorsqu'un coup de feu part; l'animal, frappé à l'épaule, fait un bond prodigieux, et va tomber mort à quelques pas du chevalier.

A ce bruit, M. de Rohan, stupéfait, regarde... et voit de l'autre côté de l'étang, fort resserré à cet endroit, l'Homme Noir, à cheval, immobile, et tenant à la main sa carabine fumante encore...

— *Hallali! hallali!* — cria cet homme d'une voix tonnante; puis, se courbant sur sa selle et tournant le marais au galop de son cheval, il emboucha sa trompe et sonna la fanfare de la mort du cerf.

L'émotion causée par le péril auquel il venait d'échapper si miraculeusement, jointe à ses terreurs superstitieuses, avaient tellement accablé M. de Rohan, que lorsque Latréaumont (car l'Homme Noir et gigantesque, c'était lui) arriva près du chevalier, il le trouva complétement évanoui.

S'occupant d'abord de ce dernier, et laissant les chiens piller le cerf à leur sortie de l'eau, Latréaumont, descendant de cheval, retira M. de Rohan de la vase où il était engagé, et le porta près d'un chêne sur la bruyère.

Le colonel s'occupait de dégrafer le justaucorps du chevalier, lorsqu'il entendit le galop d'un palefroi, et vit bientôt accourir une femme ruisselant de pluie, vêtue de brun, et montant une haquenée blanche; mais cette amazone, apercevant le chevalier étendu presque sans sentiment, arrêta sa monture, et, sans pouvoir cacher l'intérêt et l'effroi que lui causait ce spectacle, elle s'écria : — Que vois-je ! M. de Rohan !... Au nom du ciel, que lui est-il donc arrivé, monsieur !

— M. de Rohan ? — dit Latréaumont avec un étonnement qu'il ne put dissimuler; — comment, madame, je viens de sauver la vie à M. de Rohan, Grand-Veneur de France ?

— Sauver la vie ! mon Dieu !....... Quel danger a-t-il donc couru ! Est-il blessé ? qu'a-t-il ?

Et sans attendre la réponse ni le secours de Latréaumont pour descendre de cheval, mademoiselle Maurice d'O sauta à bas de sa haquenée pour s'assurer par elle-même de l'état où se trouvait M. de Rohan.

Cependant Latréaumont, toujours extrêmement muni de spiritueux, tira d'une de ses fontes une grande gourde pleine d'eau-de-vie, en mit quelques gouttes sur les lèvres du chevalier, qui ouvrit bientôt les yeux; mais voyant Latréaumont penché sur lui, il ne put retenir un mouvement de surprise involontaire; aussi, ayant reconnu Maurice, il lui dit d'un air égaré, en attachant toujours un regard effrayé sur le gigantesque colonel : — Au nom du ciel, mademoiselle, où suis-je ? que m'est-il arrivé ? quel est cet homme ?...

— Il ne vous est presque rien arrivé, monsieur, — dit Latréaumont en avalant à son tour une large gorgée d'eau-de-vie avant que de reboucher sa gourde; — il ne vous est presque rien arrivé. Le cerf vous a chargé, et moi, mort-Dieu! je me suis trouvé là très à temps pour le bien ajuster, et lui galamment adresser une balle dans le corsage au moment où il me semblait causer d'un peu trop près avec vous... Mais, du reste, honneur à votre équipage, monsieur le Grand-Veneur! car l'animal était bien et dûment forcé sans l'intercession de saint Mousquet! Cinq minutes de plus! et ces braves chiens le portaient bas en sortant de l'eau.

— Ah ! monsieur, mille grâces vous soient rendues !.. Mais pourtant quelle horrible imprudence !— s'écria Maurice en joignant les mains avec effroi ; — car si vous aviez manqué le cerf... M. de Rohan si près... Ah ! cette pensée est affreuse !...

— Quant à l'imprudence, rassurez-vous, madame, car j'ai là dans mon porte-crosse certaine vieille carabine magique, qui, par Dieu ! commande aussi sûrement à ses balles, que vous pouvez commander à vos chambrières, madame ! — dit Latréaumont en riant de son gros rire.

—Une carabine magique!— répéta machinalement M. de Rohan, qui se remettait peu à peu de son effroi, mais se trouvait encore sous l'obsession de sa terreur ;— mais qui donc êtes-vous, monsieur ?... vous à qui je dois la vie !

— Si cela vous intéresse, monsieur, je suis Jules Duhamel de Latréaumont, gentilhomme de Normandie, et de plus, fort votre serviteur.

— Ah! monsieur, croyez que je n'oublierai de ma vie le service que vous m'avez rendu; veuillez aussi pardonner à l'étrangeté de quelques unes de mes paroles, qui ont dû vous sembler bien folles; mais mon émotion... ma surprise... ma fatigue... étaient telles, qu'elles serviront, j'espère, d'excuse à l'incohérence de mes imaginations de tout à l'heure... Et vous, mademoiselle, — ajouta M. de Rohan en se tournant vers Maurice, — et vous que je suis assez heureux pour connaître déjà, veuillez aussi agréer tous mes remerciements pour l'intérêt que vous voulez bien me témoigner; mais par quel hasard, mademoiselle, vous retrouvé-je ici ?

— Je suivais la chasse du roi, — répondit Maurice en rougissant; — aux premiers coups de tonnerre, mon cheval épouvanté s'est emporté à travers la forêt. Je venais à peine de m'en rendre maîtresse, après une heure de lutte et de course, lorsqu'entendant sonner de la trompe, et croyant avoir retrouvé la chasse, je me dirigeai de ce côté... Mais votre blessure, monsieur? votre blessure?...

— Est légère, je crois, mademoiselle; mon écharpe et mon habit ont amorti l'atteinte, et je n'y pense plus que pour me souvenir qu'elle m'a valu une marque bien précieuse de votre bienveillance, — dit le chevalier. Puis, s'adressant à Latréaumont, il ajouta, en souriant d'un air triste et mélancolique : — Je regrette extrêmement, monsieur, qu'au lieu du Grand-Veneur de France, ce ne soit plus que le chevalier de Rohan, qui puisse vous exprimer ici toute sa reconnaissance.

Mais voyant l'air étonné de Latréaumont, qui ne comprenait pas le sens de ces paroles, Maurice ajouta : — De ce jour, M. le chevalier de Rohan a remis sa charge de Grand-Veneur de France entre les mains de Sa Majesté, monsieur.

— Oui, monsieur, — reprit le chevalier avec une amère ironie, — depuis midi je ne suis plus compté parmi les serviteurs du plus grand monarque qui soit au monde; je ne suis plus un des satellites du rayonnant soleil qui resplendit sur le trône de France!

En apprenant cette circonstance qu'il ignorait, et qui par un singulier hasard venait peut-être si merveilleusement seconder ses vues, Latréaumont, ne laissant pas pénétrer les sentiments qui l'agitaient, répondit avec sa rudesse habituelle :

— Mort Dieu! monsieur, je vous jure que je suis à cette heure, au moins aussi satisfait de vous avoir rendu ce léger service que si vous étiez encore un des joyaux de la couronne du grand monarque que vous dites! car entre nous, M. le chevalier, telle dorée que soit une chaîne, c'est toujours une chaîne; tandis que, par Dieu! vive l'indépendance d'un cavalier libre, qui a devant lui jeunesse et fortune... Mort Dieu! si j'étais roi, je troquerais mille fois mon sceptre pour une pareille vie... Allons! allons! remettez-vous, monsieur le chevalier, et si vous m'en croyez, — ajouta Latréaumont en montrant à M. de Rohan les chiens qui pillaient le cerf, — nous ne laisserons pas cette brave meute sans récompense. Si vous voulez, je m'en vais lui faire une bonne curée chaude, et gai l'hallali du vaillant veneur !

Le ton jovial et délibéré de Latréaumont réagit puissamment sur l'esprit du chevalier, qui, de même que les personnes d'une nature nerveuse et impressionnable, ou d'un esprit faible et indécis, éprouvait à son insu peut-être, le besoin de se sentir rassurer par l'ascendant ou le contact d'un caractère mâle et entier. Aussi, les dernières traces de la terreur superstitieuse que le colonel lui avait involontairement inspirée s'évanouissant tout-à-fait, le chevalier lui répondit avec une sorte de gaieté cordiale :

— Je crois inutile, monsieur, de vous donner la peine de faire ici la curée; et puis d'ailleurs, vous allez me trouver le plus ridicule du monde, mais ces chiens-là sont de la meute du cabinet du roi, et, je vous l'avoue, bien que la vénerie de Sa Majesté ne m'appartienne plus, j'ai toujours malgré moi une sorte de jalousie involontaire contre cet équipage, qui fut long-temps le rival du mien. Aussi, monsieur, laissez les chiens faire la curée; ils préféreront, j'en suis certain, ce repas sans façon aux apprêts plus cérémonieux, qui leur ôteraient les trois quarts de la venaison. Quant à leur retour au chenil, leur instinct les guidera, si les piqueurs n'arrivent pas bientôt.

— Soit, monsieur; et bien qu'il me peine de voir, contre les nobles règles de la vénerie, ces braves chiens se jeter pêle-mêle sur le cerf, comme une bande de loups sur un cheval mort, je crois qu'en effet ils aimeront mieux dîner ainsi plus largement, et se passer de la sérénade de trompe qui leur sonnerait l'hallali, et des coups de fouet qui modéreraient leur impatiente gloutonnerie; mais au moins, monsieur, vous trouverez bon que je lève le pied de l'animal pour l'offrir à madame, ou le garder pour moi comme souvenir de ma bonne fortune!

— Quoique ce cerf appartienne au roi, monsieur, — dit le chevalier en riant, — je vous engage fort à en garder le pied; car madame, comme moi, n'y prétend nullement, et cet honneur appartient de fait, sinon de droit, à l'intrépide veneur qui, après avoir suivi et maintenu la chasse comme vous l'avez fait, monsieur, est arrivé le premier à la mort en mettant bas l'animal.

— Je vais donc faire ici l'office de piqueux, — dit Latréaumont, qui, écartant les chiens à coup de fouet, s'occupa de lever le pied droit de devant du cerf, avec une dextérité peu commune.

Depuis quelques minutes, Maurice attachait, à la dérobée, sur Latréaumont un profond regard, car elle éprouvait pour cet homme un sentiment de répulsion dont elle ne pouvait se rendre compte, avec cette superlative délicatesse de tact et cette haute sagacité d'affection si exclusivement particulière aux femmes, et qui est, pour ainsi dire, une seconde vue du cœur; peut-être elle pressentait tout ce qu'il y avait d'entreprenant, de hardi, d'absolu dans le caractère de cet homme grossier, et conséquemment aussi elle redoutait que par l'inexplicable et puissante attraction des contrastes, M. de Rohan, déjà lié à cet étranger par la reconnaissance, en vînt peut-être à aller au-devant de sa domination fatale.

Aussi, distraite et absorbée par cette pensée, elle répondit à peine aux banalités polies que lui adressa M. de Rohan, pendant que Latréaumont levait le pied du cerf qu'il vint bientôt offrir à Maurice et au chevalier par pure cérémonie; après quoi, le colonel, selon la coutume suspendit ce pied au manche de corne de son couteau de chasse en disant : — Maintenant, monsieur, si vous m'en croyez, nous regagnerons Fontainebleau, car voici le temps un peu calmé, et nous avons tous besoin, je pense, d'un bon feu et d'une solide collation, digne conclusion d'une telle chasse.

— Mademoiselle, — dit Rohan à Maurice, — me permettez-vous de vous offrir mon aide pour remonter sur votre haquenée. — Maurice ayant accepté fut bientôt à cheval, ainsi que Rohan et Latréaumont, puis tous trois gagnèrent une des larges routes de la forêt.

— Monsieur, — dit le chevalier au colonel, — si vous n'aviez pas de gîte à Fontainebleau, et que vous voulussiez en accepter un à l'hôtel du Chenil, dont je ne suis pas encore dépossédé, je le suppose du moins, je serais heureux de vous y recevoir.

—Mort-Dieu! monsieur, cela n'est pas de refus; car, entre nous, j'avoue, avec le plus profond appétit du monde, que j'ai une verte et robuste faim, étant ce matin parti à jeun de Melun; et bien que je connaisse cette forêt-ci mieux que pas un braconnier, y ayant long-temps chassé du temps de la Fronde, alors que je tenais la campagne du côté de Moret, ce matin, au point du jour, je me suis égaré dans un faux-fuyant et je n'ai pas déjeuné.

— Partons donc, monsieur, dit Rohan.

Pendant quelques moments, ces trois personnages cheminant en silence, purent admirer le majestueux tableau d'un beau couchant à travers les percées de la forêt, qui semblait l'encadrer dans une bordure de feuillage. En effet, cet orage de printemps avait cessé, et le soleil, sur le point de disparaître à l'horizon, enflammait l'occident de teintes pourpres et vermeilles, qui changeaient en autant de perles d'or et de cristal les gouttes de pluie suspendues aux feuilles des arbres, où brillantes sur la bruyère. Tandis que l'air était embaumé d'une suave et bonne odeur de mousse mouillée, jointe à la senteur des plantes, qui, ravivées par cette pluie passagère, exhalaient encore des parfums plus aromatiques et plus pénétrants.

Belle et calme soirée d'été, que M. Rohan, avec sa versatilité ordinaire, prit pour un heureux présage. Aussi ec fut dans une disposition d'esprit presque satisfaite et sereine qu'il regagna Fontainebleau, ayant à sa droite Maurice, et à sa gauche Latréaumont, deux êtres qui à cette heure lui étaient pour ainsi dire indifférents, et qui devaient pourtant avoir bientôt une si fatale et si puissante influence sur sa vie.

Ce fut donc en cette compagnie, que M. de Rohan arrivait à son hôtel; et si l'on voulait se servir d'expressions ou de comparaisons fantastiques, on dirait qu'il avait à sa droite son bon ange, et à sa gauche son mauvais génie; la jeune fille montée sur sa haquenée blanche, le géant sur son grand cheval noir.

CHAPITRE X.

— Allons, tout ceci me plaît ; et si cela réussit, au moins pourrons-nous aller enfin en avant.

— Schiller. — Piccolomini, act. III, sc. 1.

Réflexions.

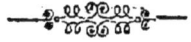

On doit maintenant raconter par quelle succession d'événements, fort simples d'ailleurs, Latréaumont, ayant quitté maître Van-den-Enden à Amsterdam au mois de janvier, se trouvait alors à Fontainebleau.

En revenant en France, l'ancien partisan comptait surtout, on le répète, y découvrir un grand seigneur mécontent qui pût prêter son nom au soulèvement que le colonel espérait fomenter en Normandie avec l'aide du baron d'Isola.

Quant aux moyens de s'introduire auprès de ce futur seigneur mécontent, et de le décider à s'engager dans une aussi téméraire entreprise, ils auraient pu embarrasser tout autre que l'effronté partisan, qui, grâce à son audace, avait assez d'antécédents pour ne douter de rien ; aussi, ne songea-t-il pas un moment aux difficultés que semblait présenter ce dessein.

S'arrêtant seulement quelques jours à la frontière, Latréaumont écrivit à M. de Brissac, qui l'avait déjà sauvé du courroux de Louvois, et dans sa lettre lui protesta de sa détermination de vivre en paix, si le ministre voulait l'autoriser à rentrer en France, et lui promettre de ne pas l'inquiéter. M. de Brissac sollicita vivement cette faveur, qui, après de nombreuses hésitations, fut accordée par Louvois à l'ancien compagnon d'armes du major des gardes.

Le colonel, grâce au secours de Van-den-Enden, arriva donc à Paris, alla voir M. de

Brissac, qui lui prêta quelque argent, et lui recommanda de nouveau et fort expressément de demeurer en repos, s'il ne voulait pas cette fois être bien et dûment enfermé à la Bastille pour le restant de ses jours.

Une fois dans la *Grand'ville*, ainsi qu'il l'avait dit à maître Van-den-Enden, le colonel s'inquiétait fort peu de son avenir, car son imperturbable indiscrétion et son adresse au jeu lui assuraient une existence, sinon honorable, au moins selon ses habitudes de débauche et d'oisiveté. En effet, des gains assez nombreux, dus en grande partie à l'efficace intercession de *sainte Friponne*, la patronne des joueurs de bassette et de pharaon, comme il disait, lui permirent d'acheter un cheval, de prendre un laquais, et de quitter les grosses bottes de basane, le buffle et le vieux feutre gris pour la perruque étalée, les bas de soie, le plumet et le justaucorps de drap d'Espagne; puis d'aller enfin faire admirer ses airs de capitan, sous les arceaux de la place royale, ou s'enivrer parfois au jardin de *Renard* (1).

(1) Cabaret depuis long-temps en vogue.

Souvent aussi, il visitait M. de Brissac, auquel il rendit fidèlement l'argent qu'il en avait reçu, afin de lui en emprunter sans doute impunément davantage à la première occasion ; d'ailleurs, l'esprit cynique et moqueur de Latréaumont, ses inépuisables qualités de bon et jovial convive, amusaient fort le brave major des gardes, qui, connaissant de longue date l'entreprenante familiarité du compagnon, tout en lui interdisant aucune habituelle et indiscrète privance, le retenait néanmoins assez souvent à souper au cabaret, pour causer avec lui de leurs anciennes guerres, et deviser gaiement en vieux soldats.

Cependant Latréaumont ne perdait pas de vue son projet de complot. Aussi, dès qu'il sut le voyage de la cour à Fontainebleau, loua-t-il deux chambres chez un journalier de Moret, afin de pouvoir suivre les chasses du roi, étant comme autrefois passionné pour cet exercice, et aussi pour être à même d'utiliser les renseignements que lui donnait indifféremment çà et là M. de Brissac sur le personnel de la cour, et sur les grands seigneurs mécontents.

Or, ces derniers étaient assez nombreux, à en juger du moins par la froideur ou l'aversion avec laquelle le roi en accueillait plusieurs, et entr'autres (sans compter M. de Rohan), M. le prince de Conti, M. le duc de Bourbon, M. de Vendôme, M. le comte de Louvigny (second fils de M. le duc de Grammont), M. le chevalier d'Effiat, M. de Soissons, etc.; mais enfin, aucune disgrace nette et tranchée n'avait encore paru devoir donner le moindre espoir à Latréaumont, lorsque l'éclatante aventure de M. de Rohan vint, par le hasard le plus fatal, ouvrir un vaste champ aux imaginations du colonel.

En effet, connaissant à l'étranger l'influence et le retentissement de certains noms, le partisan aurait pu choisir pour chef, ou représentant de sédition, un des seigneurs mécontents qu'on vient de citer, qu'il se fût sans doute arrêté à M. de Rohan.

C'est qu'aussi ce vieux et illustre nom avait brillé d'une magnifique splendeur de révolte, alors qu'Henri, duc de Rohan (1),

(1) Né au château de Blein en Bretagne le 2 août 1579, fils de René II, vicomte de Rohan, arrière-petit-fils du

oncle du chevalier, et l'un des plus grands capitaines des temps modernes, chef indomptable du parti protestant, se déclarant en insurrection ouverte contre Marie de Médicis, Louis XIII et Richelieu, combattait partout et toujours, pour le maintien de *l'édit de Nantes*, cette garantie des droits de ses co-religionnaires!

Ainsi, après la mort de Henri IV, son maître et son ami, le duc de Rohan promet loyalement fidélité à la reine, mais sous la condition expresse que les traités en faveur des calvinistes seront scrupuleusement exécutés. Aussi, voyant en 1615 que l'on ne tenait déjà plus compte des promesses jurées, Rohan ne tient pas davantage compte de son serment, tire l'épée contre sa souveraine, et se joint au parti du prince de Condé.

Puis, la reine effrayée par ces premiers symptômes de guerre civile, se ravisant, jure au duc que les protestants ne seront point inquiétés. Aussitôt le duc de remettre et de garder son épée dans le fourreau jus-

maréchal de Gié. Il épousa le 7 février 1605 Marguerite de Béthune, fille de Sully.

qu'au moment où Louis XIII, monté sur le trône, veut rétablir l'uniquité de la religion catholique en Béarn, et y écraser les calvinistes.

Alors, conséquent à ce principe de toute sa vie *d'être fidèle à la foi jurée, quand on était fidèle à la foi promise,* sinon — non, Rohan, abandonnant le calme des champs, ses habitudes studieuses et paisibles, reprend le casque, vient de nouveau se charger des intérêts du parti protestant, et faire peser sur lui la terrible responsabilité d'une révolte à main armée.

Au seul nom de Rohan, la Guyenne, le Languedoc, le Dauphiné, se soulèvent, et le duc, puissamment aidé de son frère, M. le prince de Soubise, organise et discipline les troupes de milice avec une incroyable activité; pnis, par l'habileté vaillante de sa stratégie, repoussant l'armée royale de Tarbes à Montauban, il refuse d'écouter les propositions de Lesdiguières; et, retranché dans Montpellier, paraît enfin un chef de parti si puissant et si formidable, que *Louis XIII* lui offre, non son pardon, *mais la paix,* que le duc, traitant de puissance à puissance, de *Rohan à Roi,* ainsi qu'il disait, accepte, et scelle des armes de sa maison, le 29 février 1622.

Comme toujours, la principale, la seule condition de ce traité, imposé par Rohan, qui ne voulut jamais entendre à aucune proposition particulière ou personnelle, et s'isoler en rien de ses co-religionnaires, la seule condition de ce traité fut le maintien de l'édit de Nantes. Puis, par un mouvement d'une grandeur toute féodale, le duc ayant ainsi reconquis les droits des siens, s'agenouille aux pieds du roi son maître pour lui demander pardon de sa rébellion, et le supplier humblement de « ne plus l'exposer » au chagrin d'avoir encore à choisir entre » *son Roi et sa Foi.* »

Pourtant, quatre années après, Louis XIII, malgré le traité, recommence de persécuter les calvinistes ; et Rohan, aussi infatigable à vouloir l'exécution des promesses faites aux siens, que la cour se montre opiniâtre à les parjurer, recommence aussi la guerre civile. En vain Richelieu lui fait les offres les plus considérables s'il veut abandonner les calvinistes ; Rohan ne répond même pas à ces ouvertures, se remet de nouveau en armes sans *faillir ni faiblir*, combat avec avantage le maréchal de Themines en Languedoc, et le refoule victorieusement dans le comté de Foix, pendant que sa femme, l'héroïque duchesse de Rohan, défend Castres contre les troupes du roi.

Enfin Richelieu, tremblant devant ce grand révolté, respectant malgré lui cette tête si fière et si indépendante, qui n'avait pas voulu se courber sous son sanglant niveau, conclut un second traité de *paix* avec le duc, le 6 février 1626, toujours aux mêmes conditions.

Que dire de plus? Ce qui était déjà arrivé deux fois se renouvela, le parti protestant est encore inquiété. Aussi, pendant qu'il résiste intrépidement à La Rochelle, faiblement soutenu par la flotte anglaise, si imprudemment confiée au duc de Buckingam, Rohan soulève de nouveau le Vivarais, reprend le commandement des révoltés, et tenant la campagne dans ces rochers impraticables, fait une guerre aussi savante qu'acharnée, tout en liant les plus habiles négociations avec *l'Espagne, l'Angleterre et les protestants de l'Empire;* enfin, confiant dans l'appui étranger, il organise déjà les plans les plus vastes et les mieux ourdis, lorsque soudainement tout lui manque et tout l'accable à la fois; car, ainsi qu'il le dit dans ses admirables mémoires : *Dieu, qui en avait autrement disposé, souffla sur tous ces projets.*

En effet, Louis XIII, au retour de l'heureuse expédition de Savoie, met aussitôt son armée victorieuse en marche contre l'intrépide Rohan, et joint à ces troupes d'autres forces si imposantes, que les calvinistes, plutôt lassés d'être défendus que Rohan n'est lassé de les défendre, l'abandonnent peu à peu.

Alors, dit-il dans ses mémoires déjà cités :
« Six armées qui faisaient plus de 50,000
» hommes, fondent sur nous en même
» temps, avec cinquante canons; ce fut
» dans ce temps-là que les émissaires de la
» cour reprirent courage, et proposèrent
» des accommodements séparés, afin d'em-
» pêcher une paix générale. Plusieurs con-
» sentirent, et ne songèrent qu'à sauver
» leurs personnes et leurs biens, aucun ne

» se mit en peine de l'intérêt général de
» l'Eglise. »

Enfin, le duc, réduit aux dernières extrémités, obligé de se tenir caché dans les retraites les plus inaccessibles du Vivarais, à la tête d'une poignée de gens fidèles et déterminés, refuse néanmoins tout arrangement particulier. Si Richelieu lui fait dire que la majorité de ses co-religionnaires se sont soumis, le sublime opiniâtre répond : « qu'ils ont cédé à la terreur, et que
» leur soumission n'a pas plus de valeur
» morale qu'un aveu arraché par la torture,
» et que, quant à lui, il veut, comme tou-
» jours, une *paix générale, le rétablissement*
» *de l'édit de Nantes*, et la *restitution des*
» *temples aux réformés.* »

Enfin, telle était pourtant la terreur que le duc de Rohan, désarmé, inspirait encore à Richelieu, qu'un troisième traité de paix fut conclu le 30 juillet 1630 à ces conditions....

Seulement M. de Rohan demanda de plus et obtint une indemnité de cent mille écus, dont 240,000 liv. furent généreusement distribuées par lui à ceux de son parti qui avaient le plus souffert, de sorte qu'il lui resta environ 60,000 liv. pour rétablir ses châteaux dévastés, et le dédommager de l'abandon où étaient demeurés ses domaines pendant les troubles civils.

Après cette troisième et terrible lutte, il se retira à Venise, craignant davantage, disait-il, le cardinal comme *ami* que comme *ennemi*.

Alors le duc de Rohan reprit ses habitudes laborieuses et ses occupations littéraires; il termina ses mémoires, ses *Discours politiques sur les affaires d'État*, le *Parfait Capitaine*, suivi de longues et solides annotations sur les Commentaires de César, et enfin son excellent traité de la *Milice ancienne*.

Pendant son séjour à Venise, M. de Rohan eut aussi un noble et grand projet, c'était d'accepter les offres du sultan, qui, moyennant une redevance annuelle, lui offrait la souveraineté de l'île de Chypre. Or, en agréant cette proposition, le duc de Rohan pensait attirer dans ce royaume les familles calvinistes de France, si de nouvelles persécutions les venaient menacer.

Malheureusement ce grand homme, engagé à défendre les droits de la république Helvétique, ne donna pas de suite à ce vaste plan, dont les conséquences pouvaient être immenses.

Enfin, après les longues guerres de la Valteline, dans lesquelles il avait si glorieusement combattu contre l'Empire, le duc de Rohan vivait paisiblement à Genève, lorsque Louis XIII, craignant qu'il n'y fomentât quelque intelligence avec les protestants, que l'on allait inquiéter de nouveau, lui ordonna de quitter la Suisse; Rohan obéit, et alla demander asile au duc de Saxe-Veimar son ami. Ce prince était alors en armes contre l'Empire, et assiégeait Rhinfeld. — Rohan lui offre son épée, digne prix de cette hospitalité guerrière. Le héros saxon accepte, mais veut lui remettre le commandement de ses troupes; — Rohan refuse, demandant de combattre comme volontaire dans le régiment de Nassau, « las, dit-il gaiement, d'ordonner en général, et désirant un peu servir en soldat. »

En effet, il servit en soldat dans ce régiment; et si fort en soldat, que le 28 février de l'année 1638, il reçut une blessure dont il mourut quelques jours après.

On ne s'est étendu aussi longuement, quoique d'une manière imparfaite, sur l'une des existences les plus brillantes et les plus extraordinaires au xviie siècle, que pour faire comprendre l'extrême importance que Latréaumont attachait justement à pouvoir donner un tel nom pour drapeau à la révolte qu'il espérait voir appuyer à l'étranger.

Sans doute il eût été hors de sens de comparer le chevalier de Rohan, brave et même doué de quelques louables qualités, mais glorieux, faible, indécis, débauché, frivole et n'ayant aucune racine, aucune clientelle, aucune influence, de le comparer, dis-je, au duc Henri de Rohan, à cette grave et imposante figure toujours couverte de buffle et d'acier, à cet homme de Plutarque, à la fois grand capitaine, habile publiciste et profond politique, qui pouvait disposer d'un parti considérable, riche, nombreux et aveuglément dévoué à son chef, dont la renommée était européenne.

Mais enfin le chevalier de Rohan était *Rohan*, et alors surtout le prestige d'un nom si glorieusement famé dans la révolte, ne manquait pas à l'étranger d'une certaine créance, et devait être avidement accepté par l'Isola.

Aussi Latréaumont, qui ne connaissait pas le grand-veneur, crut sans doute, malgré les bruits contradictoires qui couraient sur lui, qu'il y aurait toujours assez d'étoffe dans le chevalier pour être l'enseigne d'une sédition, dont lui, Latréaumont, entendait bien être le bras et la tête.

Seulement, dès que le colonel eut jugé par lui-même la position du chevalier de Rohan, ses imaginations relatives à la révolte de Normandie, furent, sinon changées, du moins indéfiniment ajournées; car ce que voulait avant tout et surtout Latréaumont, c'était vivre le plus sensuellement possible : or, il n'avait songé à cette rébellion qu'en désespoir de cause, et afin de trouver dans une aussi hasardeuse entreprise le moyen de subvenir plus amplement à ses goûts de débauche et de prodigalités; les agitations de la vie de séditieux n'étant pour lui qu'un pis-aller auquel il se résignait faute de mieux.

Aussi, après sa liaison fortuite avec M. de Rohan, fit-il ce calcul odieux mais logique :
« Il restera au chevalier 4 ou 500,000 liv.
» après la vente de sa charge de grand-ve-
» neur; je dois donc d'abord encourager et
» aider le chevalier à dissiper cette somme,
» profiter ainsi de sa ruine et le mettre au
» plus vite dans la nécessité de conspirer,
» afin de m'assurer de son nom pour le sou-
» lèvement de la Normandie, qui alors de-
» viendra ma seconde ressource. »

Certes, il fallait que Latréaumont eût, comme toujours, une étrange confiance dans son étoile et dans son audace pour croire à la réussite de pareils projets; et pourtant cette fois encore son détestable instinct ne le trompa pas, lorsqu'il pensa que M. de Rohan lui serait une proie facile et sûre.

On avouera d'ailleurs que la singulière réunion de circonstances imprévues qui rapprochèrent le chevalier du colonel, explique assez le sort de cette liaison.

Ainsi, Latréaumont sauve la vie de M. de Rohan... Cette action sans doute mérite déjà une éternelle gratitude; mais ce ne fut pas à ce trait seulement que le colonel dut l'influence presque subite qu'il prit sur son nouvel ami, ce fut surtout au solitaire abandon dans lequel il trouva M. de Rohan après la scène de Fontainebleau ; car la réaction des ressentiments du roi était alors si puissante sur l'esprit des courtisans, qu'ils recherchaient ou repoussaient avec une égale fureur celui qu'ils savaient l'objet de l'affection ou de la haine du maître; aussi le peu d'amis que la splendeur et la galanterie enviées de M. de Rohan lui avaient laissés, s'éloignèrent-ils de lui presque saisis de terreur, dès qu'ils le virent tombé dans une aussi profonde disgrâce. — Une femme même, dont on doit taire le grand nom, une femme, alors sa maîtresse, imitant ces lâchetés, rompit aussitôt avec lui.

Or, dans de telles circonstances, le rôle de Latréaumont n'était-il pas merveilleusement tracé? Quel immense avantage le partisan ne pouvait-il pas tirer du délaissement général et honteux où demeurait M. de Rohan, si cruellement sacrifié au courroux du roi, par sa maîtresse, par ses amis, par sa famille? Avec quelle confiance hardie le colonel venait alors offrir au chevalier une amitié solide, franche et apparemment irréprochable de tout motif bas ou cupide, puisqu'elle se montrait au jour du malheur, et que de plus, celui qui tendait si généreusement la main à M. de Rohan ne lui devait rien, tandis qu'au contraire M. de Rohan lui devait déjà la vie !

On le répète, Latréaumont était trop habile pour ne pas profiter très heureusement d'une telle chance, pouvant, grâce aux hasards du jeu, vivre quelque temps sans mettre à l'épreuve la facilité de son nouvel ami. Il sembla donc vouer à ce dernier un attachement soudain et brutal, mais vrai, pur et désintéressé, allant même jusqu'à gourmander le chevalier sur l'indécision de son caractère, tout en exaltant la noble fierté de sa rupture avec Louis XIV. Il s'insinua ainsi peu à peu dans son esprit, tantôt par la flatterie, tantôt par la rudesse ou la raillerie. Que dire de plus? Tout enfin servit à souhait le partisan; depuis cette bizarre mais irrécusable puissance des contraires, qui veut et fait qu'une nature timide et irrésolue recherche presque toujours l'affection ou l'appui d'un caractère énergique et décidé ; tout le servit, dis-je, jusqu'aux idées superstitieuses de M. de Rohan, qui, sans croire positivement Latréaumont dans une étroite et intime familiarité avec Satan, ne pouvait cependant se défendre d'un certain saisissement en rapprochant les circonstances étranges qui avaient amené ou précédé leur liaison.

Ainsi la veille de cette chasse fatale, dont le rendez-vous avait été fixé à la *Vente au Diable*, l'infernal *Chasseur Noir* s'était fait voir dans la forêt (Latréaumont n'ayant pas dit que lui-même, égaré pendant la nuit, avait, le matin, causé une si horrible peur au pauvre Lorrain). Enfin c'est au milieu des éclats de la foudre et d'un épouvantable ouragan, que pour la première fois Latréaumont avait apparu au chevalier. En un mot, on le répète, jusqu'à ces folles visions, tout servit singulièrement l'effronté colonel, qui encourageant fort les penchants superstitieux de M. de Rohan, sans paraître vouloir cependant laisser planer sur soi-même aucun soupçon diabolique, affirmait néanmoins religieusement, qu'un sien ami avait vu le diable dans un vieux château de Hongrie; de là des suppositions sans fin de la part du chevalier, qui, grâce aux adroites réticences de Latréaumont, en vint plus tard à croire parfois que ce dernier était beaucoup plus instruit qu'il ne voulait le paraître, sur les rapports directs et possibles entre Satan et l'humaine espèce. Imaginations absurdes, mais qui ne furent que trop puissantes, ainsi qu'on le verra dans la suite, sur l'esprit faible et nerveux de M. de Rohan.

Maintenant, que d'après les caractères connus de Latréaumont et de M. de Rohan, on s'attend avec raison à voir le colonel, prenant chaque jour un empire plus assuré dans l'esprit et dans la maison du chevalier, finir par le traiter en maître et en despote; on doit présenter au lecteur deux autres personnages: le chevalier Auguste des Préaux et madame la marquise de Vilars, qui, avec Latréaumont, Van-den-Enden, M. de Rohan et mademoiselle Maurice d'O. complètent le nombre des principaux acteurs de ce drame étrange et terrible.

LATRÉAUMONT.

Troisième partie.

MADAME LA MARQUISE DE VILARS.

CHAPITRE ONZIÈME.

Noble cœur... noble esprit !
　　　　BURKE. — *La femme forte.*

Le Fief des Préaux.

Entre Évreux et Danville on voyait alors, situé à mi-côte, un agreste manoir bâti de briques rouges, recouvert en tuiles et flanqué de deux tourelles de pierres grises; un bois de vieux chênes s'élevant en amphithéâtre jusqu'au sommet de la colline qui abritait cette demeure, se dessinait au loin en sombres masses de verdure; enfin, au pied de la maison s'abaissait une vaste prairie traversée par une allée de pommiers en fleurs, qui conduisait de la porte d'habitation à un pont de bois rustique, solidement jeté sur un petit bras de rivière, dont le courant limpide servait de limite à ce *Chef moy* (1) du fief des *Préaux*.

Or, à la fin du mois de mai de cette même année 1669, vers les deux heures de relevée, un cavalier, vigoureux vieillard de haute taille et de grande mine, portant un large feutre gris, un justaucorps de ratine brune et des guêtres de toile blanche qui lui montaient au-dessus du genou, passa sur le pont, qui résonna sous les pas assurés de sa lourde jument normande bai-cerise, dont l'embonpoint et le poil vif annonçaient la santé, et qu'un poulain d'un an suivait en faisant mille bonds et caracoles.

Ralentissant la marche de sa cavale, qui, tournant la tête de temps à autre, cherchait d'un regard inquiet et maternel sa folle

(1) Les anciens seigneurs normands appelaient ainsi *chef-moy* la principale habitation de leur seigneurie. A cette époque, le terme était encore usité.

progéniture, le vieillard, aspirant avec délices l'odeur forte et parfumée de la fenaison, entra dans l'allée de pommiers, et gravit lentement la route montueuse qu'elle ombrageait, en jetant sur les arbres, couverts de fleurs roses et blanches, un coup d'œil de superbe et de satisfaction qui décelait évidemment le propriétaire.

En effet, tel était M. Barthélemy *Duchesne, sieur de Saint-Marc et des* Préaux, gentilhomme normand de si ancienne noblesse, qu'on trouve, en 1236, sur le rôle des chevaliers et écuyers bannerets convoqués pour le service du roi (1), le nom d'un de ses ancêtres, *Guilhelmus de Pratellis*, *Guillaume sire des* Préaux.

M. de Saint-Marc, après avoir servi comme capitaine dans *Heudicourt-cavalerie*, et quelque peu frondé, était revenu habiter Préaux, pauvre fief qu'il faisait valoir.

Lorsque le noble campagnard fut près de son logis, sans doute avertie par les hennissements de la jument, une robuste paysanne aux bras bruns et musculeux,

---

(1) *Recueil des ordonnances de nos rois sur la conduite et convocation du ban et arrière-ban.* — M. DC. XCIII. Paris.

coiffée d'un haut bonnet blanc, et vêtue d'une jupe rayée de rouge, descendit lestement les trois marches de grès du perron, afin de remplir les fonctions de palefrenier, qu'elle exerçait concurremment avec celles de maître d'hôtel et de femme de chambre du vieux gentilhomme.

— *La Bergère* n'a pas bronché, monsieur? — demanda cette fille en tenant l'étrier de son maître, pendant que le poulain la venait caresser avec une confiance qui témoignait de leurs relations amicales.

— Non, Jeanne... non, car elle a, jarnibleu, le pied plus sûr qu'une mule, malgré les crevasses et les pierres de nos routes, — dit M. de Saint-Marc en flattant l'épaisse encolure de sa jument, et l'admirant encore avec cet inépuisable orgueil de propriétaire, dont il avait déjà donné quelques preuves dans l'avenue de pommiers.

Puis se retournant sur le seuil lézardé de sa modeste demeure, le noble campagnard ajouta : — Jeanne, tu attelleras la *Bergère* à cinq heures à la carriole.

— Ah ! doux Jésus, monsieur, est-il possible, c'te pauvre mère ! — s'écria Jeanne d'un air de reproche ; — mieux vaudrait pour elle d'être ahurie du *Gobelin* (1).

— Allons, va... va... — reprit le vieillard en souriant avec bonté ; — ce n'est que pour aller au château d'Eudreville... Ainsi, elle n'en mourra pas.

— Nous allons à Eudreville ce soir, mon père ? — dit tout-à-coup une voix sonore et douce, avec une délicieuse expression de surprise et de bonheur.

M. de Saint-Marc se retournant brusquement vers son fils aîné, car c'était lui, répondit : — Sans doute ; et qu'y a-t-il donc là d'étonnant, s'il vous plaît, monsieur l'invisible, qui êtes sur mes épaules avant que je vous aperçoive seulement ?

— Il n'y a rien d'étonnant sans doute, mon père, — dit le chevalier des Préaux en baisant respectueusement la main du vieux gentilhomme ; car la noblesse de province exigeait encore à cette époque une profonde soumission de la part de ses enfants, ne les tutoyait jamais, et ne les embrassait même que dans les occasions solennelles. — Il n'y

(1) Démon familier qui venait, dit-on, tourmenter les animaux domestiques pendant la nuit, sorte de trilby.

a rien d'étonnant, sans doute, — répéta donc le chevalier des Préaux; — mais comme vous aviez dit hier à M. le marquis de Vilars que vous ne le reverriez que demain, je n'espérais pas...

— Eh bien! chevalier, j'ai changé d'avis; et s'il vous semble fâcheux de m'accompagner à Eudreville, restez ici à faire un cent de piquet avec M. le curé.

— Ah! mon père, — s'écria le pauvre jeune homme, — que me proposez-vous là? Je serai au contraire ravi de vous accompagner!

— Alors, avant de m'accompagner à Eudreville, suivez-moi d'abord à table, car j'ai une faim de tous les diables! — Mais se rappelant que Jeanne cumulait avec ses autres fonctions, celle de maître d'hôtel, en posant sur la table les mets préparés par une vieille cuisinière sourde, autrefois nourrice de Latréaumont, M. de Saint-Marc ajouta :

— Mais non, il faut attendre jusqu'à ce que Jeanne en ait fini avec la Bergère... Venez donc faire un tour de parterre pour pâtienter, chevalier.

Or, ce que l'audacieux gentilhomme appelait glorieusement son *parterre*, était une étroite plate-bande de rosiers noueux et de poiriers nains, entourée de pieds d'alouette et de maigres giroflées, le tout placé sur la lisière du grand bois de chêne qui s'étendait derrière la maison ; toujours est-il que ce fut autour de ce prétendu *parterre* que le père et le fils se promenèrent en attendant l'heure du repas.

Guillaume-Auguste Duchesne de Saint-Marc, chevalier des Préaux (car, selon son droit d'aînesse, il prenait le nom du fief), avait dix-neuf ans à peine ; sa mère, sœur de Latréaumont, était morte en 1661, et depuis l'âge de quatorze ans, à de rares interruptions près, le chevalier naviguait comme novice profès de l'ordre de Malte, ayant témoigné à son père un vif désir de servir dans la marine.

Par un hasard favorable à cette vocation, le cousin germain de M. de *Saint-Marc*, *M. de Téméricourt*, chevalier de Saint-Jean de Jérusalem (1), de la *vénérable Langue de*

(1) Les chevaliers de cet ordre s'appelèrent, à sa fondation, chevaliers hospitaliers de Saint-Jean de Jérusalem, depuis chevaliers de Rhodes, et enfin chevaliers de Malte : on divisait l'ordre en catégories nationales, ou *Langues* de

France et du grand Prieuré d'Aquitaine, commandait une des galères de la religion.

Homme triste, sombre, inflexible, mais d'une piété fervente, d'un rare courage et d'une exaltation tout ascétique, ce soldat anachorète, avide de réforme, s'était, contre les habitudes d'alors, résolument voué à la sérieuse et rude observance des austères statuts de son ordre à la fois militaire et hospitalier; aussi le monastère le mieux ordonné n'eût pas été plus inexorablement discipliné ni soumis que l'était sa vaillante et religieuse galère, sorte de couvent nomade et militaire, monté de moines guerriers qui, en mer, laissaient le rosaire pour le glaive, et à terre versaient l'huile et le baume sur la plaie de leurs frères malades.

Aussi les sentiments purs, honorables et pieux auxquels des Préaux avait été façonné par sa mère et M. de Saint-Marc, au lieu de s'altérer dans la licence habituelle de l'état militaire, s'étaient encore affermis

Provence, de France, d'Allemagne, etc., et chaque langue se subdivisait en *prieurés: la Langue de France*, en prieurés *de Champagne, d'Aquitaine*, etc.

par la vie dure, sévère et périlleuse qu'on menait à bord de la sainte galère de M. de Téméricourt.

Mais, malgré sa rigidité de principes, le chevalier n'avait rien d'hypocrite ni de faux dans le caractère; il était naïvement de son âge, jouissant bravement des plaisirs et des distractions qu'il pouvait rencontrer aux environs de la modeste demeure de son père lorsqu'il revenait à Préaux, et, s'il commettait quelque faute, l'avouant sans honte et sans détour, car cette nature, toute décidée, toute franche, était incapable de mensonge. Ardent et généreux, on trouvait encore en lui une mansuétude de caractère aussi inaltérable que son dédain pour le péril, intrépidité dont, tout jeune encore, il avait déjà donné de nobles preuves, entre autres lors d'un combat acharné contre les Turcs, dans lequel, grièvement blessé, il dut la vie à M. de Téméricourt, obligé cette fois de retirer presque de force ce courageux enfant d'une mêlée où il s'était aveuglément jeté.

Joignez à cela, non pas peut-être un esprit éclatant ou profond, mais un naturel charmant et surtout précieux par une exquise délicatesse de cœur, par un tact merveilleux d'à-propos et de bonté, qui donnait une grâce enchanteresse à ses moindres actions; tendres instincts, doux et suaves penchants, qui, chez Auguste des Préaux, semblaient héritage de mère pieuse et aimante, comme aussi sa valeur téméraire semblait héritage de père impétueux et hardi.

Quant à l'extérieur du chevalier, c'était une jolie figure ovale, quelque peu hâlée, brunie à la bise de mer et au soleil d'Afrique, mais animée par l'éclat de deux grands yeux noirs et par un franc sourire, qui laissait toujours voir des dents bien blanches et des lèvres bien roses ; c'était encore un front large et saillant, au haut duquel se séparaient avec grâce de beaux cheveux bruns. Enfin, grand et svelte, agile et adroit à tous les exercices ; quand *des Préaux*, bouclant le ceinturon de buffle qui supportait son épée, avait serré autour de sa taille flexible et élégante son simple justaucorpes de drap bleu à boutons d'argent; quand il avait chaussé sa jambe fine et cambrée d'un bas de soie orange, sur lequel le maroquin luisant de ses souliers tranchait vivement; quand il avait enfin à demi caché sa belle chevelure sous les larges bords d'un feutre noir, surmonté d'une longue plume orange, et noué négligemment sa cravate de dentelle à la cavalière par un ruban de même couleur, certes, M. de Saint-Marc, en contemplant cet enfant adoré, commettait dix fois plus le péché d'orgueil, qu'il ne l'avait encore commis, en admirant outre mesure : son pont, sa rivière, ses pommiers, sa prairie, son parterre et sa jument bai-cerise.

Seulement, en pensant à l'avenir de ce fils chéri, tout le regret du brave gentilhomme était de se voir pauvre; car le revenu de trois ou quatre mille livres qu'il retirait de son petit domaine ne pouvait passer pour une fortune, d'autant plus qu'il avait à pourvoir encore à l'éducation de ses deux autres fils, élevés chez les R. P. Jésuites de Rouen, et destinés à être d'église; mais enfin, bon an, mal an, vivant avec l'économie la plus stricte, M. de Saint-

Marc trouvait encore le moyen de mettre une vingtaine de louis de côté, afin de pouvoir faire l'équipage du chevalier lorsqu'il remettait en mer. — On doit dire aussi que le vieux gentilhomme préférait de beaucoup des Préaux à ses autres enfants, d'abord, par cette pensée, qui avait alors pour ainsi dire force d'affection, — *que le fils aîné représentait seul la famille*, — puis parce que des deux frères du chevalier, l'un était stupide, et l'autre annonçait les penchants les plus pervers. On conçoit donc que M. de Saint-Marc attendît avec une tendre impatience les rares instants que le chevalier venait passer à Préaux dans l'intervalle de ses campagnes, sorte de congés qui rompaient si délicieusement alors la monotonie de l'existence solitaire du brave campagnard.

Cette parenthèse nécessaire épuisée, revenons à M. de Saint-Marc, qui cherchait dans la *circum-ambulation* de son parterre, une creuse distraction à son furieux appétit; enfin, Jeanne ayant terminé son office auprès de la *Bergère*, s'occupa du service culinaire, et annonça bientôt le dîner, à la grande joie de l'ancien capitaine au régiment d'Heudicourt.

Rien de plus simple, mais aussi de plus net que l'ameublement de la salle à manger de cette modeste demeure ; les rideaux, de vieux blou d'Abbeville rouge et vert, étaient soigneusement brossés, tandis que le bois des escabeaux et de la table de noyer à pieds torses reluisait tellement, qu'il semblait verni ; quant au dressoir, il n'était rempli que de vaisselle d'étain et de faïence commune, mais l'étain étincelait comme de l'argent, et les fleurs roses et bleues de la faïence brillaient des plus vives couleurs.

Après le bénédicité, dit par le chevalier, prière que le vieux gentilhomme écouta respectueusement debout et découvert, le père et le fils se mirent à table, et firent honneur au repas sain et abondant que Jeanne plaça sur une nappe de toile bien blanche, un peu rude il est vrai, mais embaumant le thym et la verveine.

Une volaille, des œufs et du beurre de la métairie des Préaux, des truites fraîchement pêchées dans la petite rivière qui baignait la prairie, des légumes du jardin, du pain bis fait avec le blé du fief, enfin un pot de cidre de deux ans, jaune comme de l'ambre, et mousseux comme du vin d'Aï, dû aux magnifiques pommiers de l'avenue si admirée par M. de Saint-Marc ; tel fut le menu de ce dîner, qui satisfit complétement le franc appétit des deux convives.

Lorsque Jeanne, après avoir posé sur la table, des fruits secs et une galette de fine fleur de froment, se fut discrètement retirée, le vieux gentilhomme prenant un trousseau de clefs dans sa poche, le donna à des Préaux, qui, sans doute fort au fait de ce que son père désirait, alla ouvrir la partie inférieure du dressoir, et en tira une bouteille poudreuse de vétusté, qu'il plaça près de M. de Saint-Marc avec de louables et attentives précautions.

— Voilà, chevalier, — dit joyeusement le vieillard dont l'œil brillait, et qui commençait d'avoir les joues et les oreilles légèrement empourprées, — voilà avec quels égards j'aime que l'on traite ce respectable vin de Bordeaux, qui, vu son grand âge, se trouble et perd ses *esprits* si on le brutalise. — Puis, souriant orgueilleusement encore de cette espèce de jeu de mots, le campagnard ajouta d'un air étonné en regardant son fils : — Eh bien ! chevalier, à quoi pensez-vous donc ?

— Comment, mon père ?

— Comment ?... Est-ce que ce vieil ami, couleur de rubis, me rend ingrat envers mon autre vieille amie couleur de suie ?

— Ah ! pardon, mon père... — Et des Préaux alla prendre sur une table un pot de grès rempli de tabac à fumer, ainsi qu'une longue pipe, vénérable d'ancienneté, puis posa le tout près de son père, qui commença de battre le briquet.

Mais les oublis du pauvre chevalier n'étaient pas à leur fin, car M. de Saint-Marc, tout en tâchant d'allumer sa pipe, cherchait des yeux sur la table un autre objet qui ne s'y trouvait pas.

— Ah çà ! par saint Guillaume, notre patron ! — s'écria l'ancien capitaine d'Heudicourt, en exhalant un épais tourbillon de fumée, — vous perdez donc tout-à-fait la tête aujourd'hui, chevalier ? Voulez-vous pas que je fasse l'injure à ce vin généreux de le boire dans un gobelet d'étain ? Et notre argenterie est-elle donc assez nombreuse pour que vous y cherchiez long-temps la tasse de mon grand-père ?

Des Préaux se frappa le front, alla de nouveau vers le dressoir, en tira un étui de chagrin noir, où il prit une large et profonde tasse d'argent, aux armes de sa famille, assez précieusement ciselée, seule pièce d'argenterie que possédât cette pauvre maison ; puis, après l'avoir soigneusement essuyée, il la vint mettre devant son père.

— Allons donc, sur ma foi, vous êtes aujourd'hui un oublieux échanson ; mais je vous pardonne en faveur de mon vieil ami couleur de rubis, qui va devenir vermeil par la magie de la tasse de mon grand-père.

Et le bon gentilhomme, après avoir soigneusement versé presque goutte à goutte le précieux nectar, qui, en effet, se colora des teintes les plus riches, grâce aux reflets de l'or dont l'intérieur de la tasse était bruni, reposa la bouteille avec les mêmes précautions.

Puis, commodément appuyé sur le dossier de son grand fauteuil, tantôt fumant avec une sorte de recueillement, tantôt couvant des yeux sa coupe pleine, qu'il n'avait pas encore portée à ses lèvres, afin sans doute de se ménager longuement ce plaisir, le noble campagnard sembla jouir pleinement de l'espèce de béatitude tour à tour muette et expansive, qui suit d'ordinaire un bon repas.

— Me permettez-vous, mon père, — demanda alors des Préaux, — de travailler à cette petite galère que je finis pour Gabriel?

— A votre aise, monsieur le constructeur; à votre aise, bien que vous ayez le temps, jarnibleu! de terminer ce bel ouvrage avant votre nouvelle campagne de mer; mais, après tout, nos voisins d'Eudreville sont si fort nos amis, que je suis ravi que vous songiez à leur être agréable; or, penser au gentil Gabriel de notre charmante marquise, c'est les prendre par leur faible le plus attaquable!

Et des Préaux, qui avait extrêmement rougi au nom de la marquise, allant aussitôt querir une galère en miniature, presque terminée, se mit à travailler avec une adresse parfaite à ce petit chef-d'œuvre, pendant que le bon campagnard le suivait des yeux avec intérêt.

— Je n'ai jamais compris, — dit ce dernier, — comment cinq malheureux forçats peuvent coucher dans ces sortes de bancs, où ils sont enchaînés jour et nuit, n'est-ce pas?

— Jour et nuit, mon père, pendant le calme et pendant la tempête, pendant la manœuvre et pendant le combat.

— A propos de combat, montrez-moi donc encore ce que vous appelez, la... *la rambade*, je crois ?

— C'est ceci, mon père, cette espèce de bastion, élevé sur l'avant de la galère.

— Donnez! que je voie bien, — dit M. de Saint-Marc... Et le vieux gentilhomme déposant sa pipe, prit la petite galère; puis après l'avoir considérée en silence, et du doigt montrant la rambade à son fils, il lui dit, les yeux humides, avec une expression de tendresse, impossible à rendre : — Et c'est pourtant là que *tu as* été blessé, mon pauvre enfant!!

— Oui, mon père, mon bon père, — répondit le chevalier, profondément touché de ce tutoiement inaccoutumé, qui disait si naïvement tout l'attachement de son père pour lui; puis, allant s'asseoir près de M. de Saint-Marc, sur un escabeau, il prit sa main qu'il baisa, et continua de travailler.

— Ah! la guerre! la guerre!! — dit le vieillard, accompagnant cette exclamation d'un soupir douloureux qui révélait l'amertume de ses craintes et de ses angoisses paternelles. Mais paraissant presque honteux de ce mouvement de faiblesse, il ajouta, en faisant coup sur coup tourbillonner de sa pipe, qu'il reprit, cinq ou six épaisses bouffées de fumée, afin de cacher sans doute son émotion involontaire sous ce nuage improvisé, il ajouta : — La guerre est un rude et noble métier, chevalier! un métier qui convient surtout à de pauvres gentilshommes comme nous, mon enfant, qui n'avons que la cape et l'épée; car une action d'éclat peut faire votre fortune militaire. Et puis d'ailleurs, à votre âge, il faut bien avoir de l'ambition; ce n'est plus comme au mien, où après avoir servi le roi, on se trouve heureux de revenir vivre en paix dans l'antique manoir de ses pères; de cultiver le champ qu'ils vous ont laissé, et d'attendre ainsi sans crainte ni reproche le moment suprême où l'on doit serrer pour la dernière fois la main de son fils! — Puis, après un moment de silence, le vieux gentilhomme ajouta : — Ah! fasse le ciel que j'aie au moins cette joie dernière, et que *tu sois là...* mon enfant, *toi! toi surtout!*

— Mon père... mon père... mais quelles funestes pensées! — s'écria le chevalier.

— Vous avez raison, — dit le vieillard en surmontant de nouveau cet accès de tristesse singulière, — vous avez raison; et je ne sais pas pourquoi ces idées me viennent aujourd'hui plutôt qu'un autre jour!... Vous avez raison; car, sur ma parole, je parle là en véritable insensé... Est-ce que vous ne me restez pas encore au moins deux ou trois mois, selon ce que nous a écrit dernièrement Téméricourt? Ainsi donc, puisque vous êtes là, ne songeons pas à ces imaginations fâcheuses, dont, par le ciel, j'aurais à rougir! Ne pensons qu'à notre visite de tantôt à Eudreville... Aussi, dussiez-vous me faire raison avec un verre de cidre, puisque vous ne voulez pas boire de vin, je vais vous proposer une santé que vous accepterez, jarnibleu! — dit M. de Saint-Marc en levant sa tasse. — A la santé de madame...

Mais Jeanne ouvrit tout-à-coup si brusquement la porte, que le vieillard s'arrêta au moment de porter son toast.

— Qu'y a-t-il donc? La bergère est-elle ahurie du gobelin, comme tu dis, ou le poulain a-t-il bu de travers? que tu entres ici en véritable ouragan! — s'écria gaiement le vieillard, qui reposa sa tasse pleine sur la table.

— Dieu merci, non, monsieur! c'est le messager de Rouen, qui ne boit pas de travers lui, qui vient d'apporter cette lettre.

— Allons, va faire rafraîchir ce garçon et n'entre pas ici que je ne t'appelle, — dit M. de Saint-Marc; puis donnant la lettre à son fils, il ajouta : — Voyez un peu ce que c'est, chevalier.

Aux armoiries, à l'écriture, et à la couleur des fils de soie, qui, selon la coutume d'alors, unissaient la cire des deux cachets, le chevalier avait déjà reconnu une lettre de son ancien capitaine ; aussi, troublé malgré lui, il dit à M. de Saint-Marc : — Cette lettre est de notre cousin, de M. de Téméricourt, mon père.

— Lisez-la donc bien vite ! — s'écria le vieux gentilhomme, ému d'une curiosité non moins inquiète.

Des Préaux commença de lire d'une voix altérée, en rougissant et pâlissant tour à tour.

M. de Téméricourt apprenait à M. de Saint-Marc que, depuis sa dernière missive, de grands changements étaient survenus ; que, contre son attente, il repartait de Paris dans huit jours pour Malte, afin d'y aller prendre le commandement d'une galère destinée à agir contre Candie ; aussi proposait-il à M. de Saint-Marc de lui envoyer au plus tôt le chevalier, pour faire encore cette campagne, après laquelle M. de Téméricourt se disait sûr, ou d'obtenir pour son jeune parent le grade de lieutenant de galère, ou de pouvoir le faire recevoir chevalier de l'ordre, s'il se sentait assez de vocation pour prononcer ses vœux.

Quoique cette proposition de M. de Téméricourt fût des plus considérables, et
dût combler les espérances de des Préaux et
de son père, cette lettre inattendue venait
dans un moment si inopportun, qu'au lieu
de réjouir les habitants du pauvre manoir,
elle les attrista profondément.

Après avoir lu, Auguste des Préaux ne
dit mot, baissa la tête, et ses beaux traits
révélèrent tout-à-coup une douloureuse
expression de chagrin morne et écrasant.

M. de Saint Marc prit la lettre à son tour,
la relut avec une minutieuse et navrante
attention, et sa figure vénérable trahit aussi
l'accablement le plus cruel; néanmoins,
ensuite de quelques minutes d'un pénible
silence, le vieillard dit d'un ton ferme et
apparemment résolu :

— Témèricourt agit là en bon et loyal
parent... c'est à nous, mon fils, de montrer
que nous sommes dignes de son intérêt...
Voyons, Témèricourt part de Paris dans
huit jours, il en faut au moins quatre ou
cinq pour s'y rendre par le coche... c'est
donc demain ou après-demain qu'il *te* faut
partir, mon enfant!!! — dit le vieillard en

frappant machinalement de sa pipe éteinte, le pied de sa coupe, encore remplie du vin généreux qu'il désirait naguère, mais qui à cette heure lui eût semblé plus amer que du fiel.

— Partir! — murmura des Préaux avec un accent désespéré... — Partir!

—Allons, allons! du courage, mon enfant,-- reprit le vieux gentilhomme d'un air décidé, bien que son regard continuât d'être triste et abattu, — du courage! songez que la campagne finie, vous serez lieutenant de galère... Eh bien! c'est donc au plus une année de résignation; et puis après, vous me reviendrez ici en congé, voir encore nos travaux des champs, me donner votre bras dans nos promenades; et le soir, au coin de notre foyer, quand par hasard nous n'irons pas à Eudreville, vous me raconterez vos nouveaux voyages en mer, n'est-ce pas!... Et puis moi, je vous redirai, comme toujours, mes vieilles campagnes que vous ne vous lassez jamais d'entendre, assurez-vous.

— Oui, mon père; mais partir! partir!... Dieu du ciel, partir! — répéta le chevalier en attachant sur son père un regard fixe, si poignant et si désolé, que le bon gentilhomme ne le pouvant supporter, reprit avec son indifférence affectée:

— Bath! ce n'est qu'un an; et un an, c'est bientôt fini après tout! car ces quatre derniers mois que nous venons de passer ensemble m'ont paru un jour... il est vrai que tu étais là, mon pauvre cher enfant!... mais enfin... puisque cela ne saurait être autrement, il faut bien prendre son parti, n'est-ce pas? se faire une raison... et d'ailleurs ne suis-je pas resté seul, vingt-sept mois d'une part, et de l'autre dix-neuf mois et cinq jours, sans te voir, lors de tes deux premières campagnes de Malte? Eh bien, jarnibleu! je n'en suis pas mort... et, Dieu aidant, cette fois-ci, je n'en mourrai pas non plus!! seulement, nos amis d'Eudreville ne vont pas prendre, j'en suis sûr, cette séparation subite aussi philosophiquement que nous deux! — ajouta le bon gentilhomme, en s'essuyant furtivement le coin de l'œil, et sifflant bien vite et bien haut une ancienne marche des trompettes du régiment d'Heudicourt.

Ces derniers mots de M. de Saint-Marc,

nos amis d'Eudreville, tout en semblant porter à son paroxisme la douleur de son fils, arrachèrent Auguste à la stupeur accablante où il était plongé; il se leva vivement, et, le cœur gonflé, dit à son père : — Pardon, pardon, mon père,... mais l'étonnement, et puis ce départ si subit... Ce départ...

— A, jarnibleu! bien de quoi te chagriner, — dit le vieillard en l'interrompant; — mais faut aller tout de suite dire à Jeanne d'atteler la *Bergère*, afin de perdre le moins possible du temps qu'il nous reste pour faire nos adieux à nos amis; montez vous habiller, chevalier, et revenez vite!

Une demi-heure après ceci, le père et le fils étaient tristement en route pour Eudreville.

Or, ce sont les hôtes de ce château, M. le marquis et madame la marquise de Vilars, que l'on va maintenant faire connaître au lecteur.

CHAPITRE DOUZIÈME.

Sire, il est quelque chose dans l'âme d'une femme qui s'élève au-dessus de toutes les apparences de toutes les calomnies... C'est la pudeur des femmes !

SCHILLER. — *Don Carlos*, acte 5, sc. 2.

Madame la marquise de Vilars.

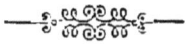

Louise-Anne de Sarrau (alors marquise de Vilars) était fille du fameux *Claude* de Sarrau, si répandu parmi les érudits du xviie siècle sous le nom latinisé de Sarrovius, selon l'habitude, presque générale, des lettrés de ces temps-là, qui poussaient leur admiration pour une des plus belles langues de l'antiquité jusqu'à faire ce singulier abus de sa forme.

Né en Guyenne, vers la fin de 1598, d'une ancienne et noble famille protestante de ce pays, bien connue par son zèle ardent à toujours soutenir et professer les principes de la religion réformée, M. de Sarrau, après de longues et solides études, s'occupa assidument de philosophie, d'histoire, de législation, de jurisprudence, et compléta ces connaissances, si étendues et si variées, par une pratique approfondie des langues et des littératures contemporaines ; aussi entretint-il bientôt une féconde et nombreuse correspondance avec tous les savants distingués d'Allemagne, de France, d'Italie et des Pays-Bas, au nombre desquels on cite surtout Freinsheim, Casaubon, Érasme, Heinsius, Scaliger, Saumaise, Balzac (1),

(1) On cite à ce propos la lettre suivante de Balzac, qui donne d'assez nombreux détails sur le savoir et le beau caractère de M. de Sarrau, et qui montre ensuite la manière pure et élégante, bien qu'un peu précieuse, des lettres de Balzac.

« Vostre modestie m'est injurieuse, monsieur, et en vous humiliant vous me maltraitez. C'est me traiter un peu trop en

Samuel Petit, le cardinal Bemba, Vossius, et enfin M. de Groot (Grootius), pour lequel M. de Sarrau écrivit la préface du livre intitulé *Epistolæ ad Gallos*.

Grand homme de bien, laborieux, appliqué, M. de Sarrau, pourvu, jeune encore, d'une charge de conseiller au Parlement de Rouen, en exerça les sérieuses fonctions avec cette sorte de gravité puritaine intègre et sévère, qui distinguait alors

provincial que de chercher avec tant de raisonnement et tant de curiosité les causes de nostre nouvelle connaissance. Quoique je sois du village, je ne suis pas si mal informé, que je ne sache quelque chose de temps en temps, et que je n'aye quelque communication avec le monde; pour le moins je puis estre instruit par la renommée. Elle vole quelquefois jusqu'à nous : elle apporte jusqu'ici le nom des braves, des sages et des sçavants que le monde estime. Vous estes, monsieur, un de ces illustres que je connois sur le rapport de la voix publique, et par un tesmoignage qui ne flatte point; et quand même monsieur de Marin ne vous serait rien, et que vous ne seriez pas le grand confident du grand M. de Saumaise, vous avez des parties essentiellement vostres par lesquelles vous méritez bien d'être regardé. Vostre vertu toute pure et toute séparée de l'autruy sera toujours un très digne objet de ma passion et de mes respects; vous seul me pouvez fournir de quoy louer plus d'un sénateur et faire plus d'un éloge. Et vous trouvez encore estrange que je face cas de vous? Estre prêtre de la sèvère

les mœurs de tous les membres influents de la religion réformée.

Appelé à la Cour de Paris en 1639, il fut, peu de temps après, au nombre des magistrats envoyés à Rouen, afin d'y remplir l'*interim* causé par l'exil du Parlement de Normandie, cette compagnie ayant été cassée pour avoir opiniâtrément refusé l'enregistrement de plusieurs édits. M. de Sarrau

Thémis, et ne laisser pas de sacrifier aux Grâces qui sont des déesses moins austères ; recevoir d'égales bénédictions du peuple catholique et de la nation huguenote ; n'estre pas moins Grec ni moins Romain que François, et pouvoir opiner dans l'aréopage et parmi les pères conscripts avec la même facilité qu'en la chambre de l'édist, tout cela est peu de choses dans la barbarie des derniers siècles ? Ne sont-ce pas des qualitez qui m'ont dû obliger à rechercher vostre amitié, et à vous faire un petit présent pour m'introduire dans la possession d'un très grand bien ? Il n'est pas nécessaire que je vous parle de mon présent en termes désavantageux ; je ne veux point, en vous détrompant, me priver du fruit que je recueille de vostre erreur. Je vous diray seulement sur le sujet de l'amitié que j'ai recherchée, qu'elle est il y a long-temps l'objet de mes souhaits, et que je ne serai point possesseur injuste, si, pour cela, il suffit d'être, comme je le suis de toute mon âme, etc., etc.

» Votre serviteur,

BALZAC. »

montra, dans cette conjoncture difficile et délicate, un esprit de conciliation à la fois si digne, si bienveillant et si impartial, qu'il parvint à négocier et assurer le retour de la magistrature exilée; faisant ainsi révoquer, par le roi, un ordre inconsidéré, sans compromettre en rien les priviléges et l'indépendance du Parlement de Normandie.

Cette mission heureusement remplie, M. de Sarrau revint à Paris, et à cette époque, sa réputation de prodigieux savoir et de haute vertu avait déjà une autorité si retentissante, que beaucoup de philosophes ou de légistes étrangers le consultaient sur de nombreux points de droit, d'histoire ou de jurisprudence en litige, et s'en rapportaient religieusement à son arbitrage. Christine de Suède, enfin, supplia M. de Sarrau de vouloir bien être son correspondant, distinction enviée, que le protestant rigide accueillit d'abord avec une extrême froideur; cet esprit fier et rigoriste, se ployant difficilement à la pensée de lier un commerce aussi fréquent avec cette reine cruelle, vindicative et débauchée; mais, vaincu par les instances de Christine, et surtout réfléchissant, avec raison, qu'usant de cette *suprême influence de l'homme de bien*, que l'amazone couronnée lui reconnaissait, il pourrait faire quelque bonne œuvre, ou empêcher quelque mal, M. de Sarrau accepta; or, la plupart des secours ou encouragements accordés par Christine à des savants malheureux ou méconnus, le furent à la recommandation sage et éclairée de ce vertueux savant, qui mourut le 30 mai 1651 (1), laissant un fils âgé de dix-sept ans, une fille de onze ans, et une femme qui ne le survécut que d'une année.

Le fils prit le nom d'un fief, *Saint Brie*, et entra dans un régiment de cavalerie; quant à sa fille, mademoiselle Louise-Anne

---

(1) Voici, à propos de la mort de M. de Sarrau, une lettre de la reine Christine à sa veuve :

« Madame,

» Je suis touchée si sensiblement de la perte que vous avez faicte de monsieur Sarrau, que je ne me sens pas capable de faire à présent autre chose pour votre consolation que de joindre ma douleur à la vôtre, et de plaindre avec vous et les gens de bien un personnage d'un si rare mérite. Ce regret augmente encore davantage, lorsque je pense à l'affection qu'il a toujours conservée pour mon service, et

de Sarrau, dont il s'agit ici, après la mort de sa mère elle s'en alla habiter Rouen avec une de ses tantes.

A dix-sept ans, mademoiselle Louise de Sarrau passait à bon droit pour une des personnes les plus parfaitement accomplies de la province ; sa beauté était véritablement peu commune, son esprit supérieur, résolu et singulier en tout, ses vertus solides et sa grâce enchanteresse ; malheureusement, tant et de si rares qualités ne pouvaient faire oublier qu'elle était demeurée fidèle à la monstrueuse hérésie dont sa famille avait toujours été infestée.

Telles sont les paroles d'un contemporain de Louise ; catholique exalté, qui, malgré

que pendant sa vie je n'ai pas eu l'occasion de lui tesmoigner comme j'eusse souhaité la passion que j'ai de m'en ressentir. Et c'est ce qui m'oblige à vous convier à me donner lieu de faire connaître à ses proches la gratitude dont la mort a prévenu les effects, et que j'aye subjet de me justifier, envers la mémoire d'un si digne homme, de la reconnaissance à son zèle et à son amitié ; vous trouverez en moi une parfaite inclination à vous gratifier, et la volonté de vous estre constamment, etc. CHRISTINE.

» De Stockholm, le 1ᵉʳ juillet 1651. »

la dissidence de sa foi religieuse, en donne ce portrait.

La tante de mademoiselle de Sarrau, femme grondeuse et chagrine, lui fit sans doute regretter souvent la calme sérénité de la maison paternelle; mais déjà fière et silencieuse, Louise ne se permit pas un mot de plainte ou de reproche. Lorsqu'elle eut atteint sa dix-huitième année, sa tante lui présenta plusieurs brillants partis, car Louise possédait une terre d'environ vingt mille livres de revenu.

Entre autre prétendants à sa main, on distinguait M. de Quévremont, seigneur d'Eudreville et Boudeville, gentilhomme de la baronnie de Châteauneuf en Thymerais.

Jeune et riche, élevé dans son château par une mère faible et facile, n'étant jamais sorti de sa province, M. d'Eudreville avait les qualités et les défauts naturels à cette éducation campagnarde. S'il se montrait ignorant, infatué de sa noblesse, joueur, grossier, et plus que bon convive, il était d'ailleurs hardi, franc et généreux.

Or, soit penchant, irréflexion, indifférence de l'avenir ou désir d'échapper aux ennuis inséparables d'un plus long séjour chez sa tante, Louise à dix-huit ans épousa M. d'Eudreville.

Au bout de six mois à peine, Louise se vit la plus malheureuse des femmes.

Ainsi que cela arrive assez communément, M. d'Eudreville s'était marié sans trop savoir pourquoi il se mariait; ça avait été peut-être, un peu par le penchant que devait inspirer une aussi jolie femme que l'était Louise; un peu pour plaire à madame la douairière d'Eudreville, qui mourait d'envie d'être grand'mère; un peu par intérêt, et enfin un peu aussi, parce que ce jeune gentilhomme se croyait las de cette existence vide et bruyante que menaient alors dans leurs terres les nobles campagnards. Mais il est apparent qu'en cédant aux vagues motifs qui le décidèrent à cette union, M. d'Eudreville avait agi de prime-saut, sans éprouver aucun ressentiment réel et profond, qui eût pu lui faire de ce mariage une sorte de nécessité d'avenir; car, incapable de mener long-temps une vie intérieure et tranquille, il en vint bientôt à regretter les tumultueux plaisirs de son existence de garçon, et à l'avouer assez brutalement à Louise (1).

Celle-ci endura tout, souffrit tout, versa des larmes amères et secrètes sur la faute qu'elle avait commise, en choisissant si mal; mais aux yeux du monde et de son mari, parut toujours sinon heureuse, du moins calme et résignée.

La voyant ainsi délaissée, la fleur des gentilshommes de Normandie l'entoura de soins et d'hommages, mais telle fut la convenance chaste et réservée quoique bienveillante et polie de la conduite de Louise, que l'inaltérable pureté des principes de cette jeune femme ne fut jamais attaquée, et ne lui fit

---

(1) On trouve (volume XVI) du manuscrit déjà cité, ce couplet significatif sur M. d'Eudreville :

Air : *A ta santé, camarade.*

D'Eudreville et Pauilleuse,
Parmi les verres et les pots,
Ivrognes d'humeur joyeuse
Se disaient à tout propos :
A ta santé, camarade,
De ma femme je n'ai garde;
Taupe et tinc, Dieu merci,
Je n'en ai pas grand souci.

pas un ennemi. Enfin après deux ans et demi de cette existence malheureuse, elle vit mourir son mari, des suites d'un coup dangereux reçu dans une orgie, de sorte que M. d'Eudreville laissa Louise à vingt-un ans, veuve, et mère de deux enfants.

On pense si le caractère ferme et réfléchi de cette jeune femme mit à profit la terrible leçon qu'elle avait reçue; aussi lui arriva-t-il, par une inconséquence assez concevable d'ailleurs, de ne voir ou d'espérer désormais le bonheur, que dans des conditions justement opposées à celles dont elle venait de souffrir si cruellement, et de vouer pour ainsi dire d'avance à un refus inexorable tout jeune gentilhomme campagnard assez fou pour demander sa main; or, on verra si elle suivit cette idée avec la résolution habituelle de son esprit absolu.

A ce propos, on doit dire qu'un des traits les plus saillants et les plus organiques du grand caractère de cette jeune femme, était sa volonté inébranlable d'accomplir opiniâtrément toute promesse faite librement! d'ailleurs, cette indomptable puissance de vouloir, ce saint dévouement à la foi jurée, semblent si profondément innés chez elle, que M. de Sarrau écrivant à Grootius en 1649 (10 juin) s'exprimait ainsi, en parlant de Louise alors âgée de neuf ans.

« Il y a trois jours qu'un malheureux
» docteur m'épouvanta plus que vous ne
» sauriez le croire, et béni soit Dieu de ce
» que je n'ai pas perdu ma fille; elle a
» neuf ans à peine, et ce docteur lui
» enseigne l'histoire romaine. A propos
» du dévouement de Régulus, trait que
» le docteur exaltait beaucoup, ma pauvre
» petite Louise de dire fièrement *qu'elle*
» *s'exposerait au même sort pour accomplir*
» *une promesse faite.* Son maître, en façon
» de badinage, lui dit : — Eh bien, je suis
» sûr, moi, que si vous me promettiez de
» demeurer deux jours sans manger, vous
» ne tiendrez pas cette promesse. — *Peut-*
» *on rester ainsi sans mourir?* demanda d'a-
» bord l'enfant... — Assurément, dit l'in-
» sensé. — *Eh bien donc, monsieur,* dit ma
» pauvre petite résolue, *je vous promets de*
» *ne pas manger pendant deux jours.* —Vous
» qui savez, mon ami, l'incroyable franchise
» et fermeté de ma fille, si connues chez

» moi, que pour dernier terme de preuve ou
» d'affirmation, on dit généralement MADE-
» MOISELLE LOUISE L'A DIT, OU MADEMOISELLE
» LOUISE L'A VU, vous concevez ma terreur,
» car je connaissais trop l'invincible opiniâ-
» treté du caractère de l'enfant pour douter
» qu'elle tînt jusqu'au bout... En effet, mon
» ami, prières, menaces, larmes de sa mère
» et de moi, rien ne l'a pu détourner de
» cette fatale imagination, et il a véritable-
» ment fallu la force de santé et la vigueur
» de l'esprit de Louise pour que, dans un
» âge aussi tendre, elle ait pu résister à une
» aussi terrible épreuve, épreuve qu'elle a
» subie d'ailleurs avec un admirable stoïcisme,
» dont je suis fier maintenant, je l'avoue à
» ma honte, mais qui m'a rendu bien affreu-
» sement malheureux pendant deux jours! »

On n'a voulu rapporter ce trait enfantin que parce qu'il semble extrêmement caractéristique, et annoncer l'inaltérable sûreté de tout serment fait plus tard par cette jeune femme; car, à bien dire, sa haute et souveraine vertu fut toujours l'expression la plus ample et la plus solennelle *du rigoureux accomplissement de la promesse.*

Ainsi, s'étant librement mariée à M. d'Eudreville, et lui ayant librement juré fidélité, telle affreuse que dût être l'existence de Louise, aucune puissance humaine ne lui eût fait parjurer cette foi, tant que son mari eût vécu; elle le pensait du moins, et l'avenir va prouver évidemment, qu'une aussi rare puissance de volonté était bien en elle. Maintenant revenons aux événements qui succédèrent à la mort de M. d'Eudreville.

Un ami de M. de Sarrau, qui avait vu Louise enfant, M. Honoré de Mallorties, marquis de Vilars, homme de qualité, était revenu habiter Rouen après avoir bravement servi comme brigadier de mousquetaires. C'était dans le fort des chagrins de Louise, environ un an avant la mort de M. d'Eudreville; M. de Vilars avait alors quarante-huit ans; ses anciennes et intimes relations avec M. de Sarrau, sa bonté, sa parfaite noblesse et élévation de caractère, engagèrent la pauvre jeune femme à s'ouvrir à lui seul, pour en implorer pitié, secours et conseil. Or, elle avait trouvé chez M. de Vilars une tendresse si paternelle et si grave, des avis si sages, et des consolations si bienfaisantes; enfin ce gentilhomme avait su en deux rencontres, par la franchise digne et imposante de ses observations, agir si efficacement sur M. d'Eudreville, et le ramener, passagèrement il est vrai, à de meilleurs procédés envers sa femme, que Louise était restée pénétrée de la plus inaltérable reconnaissance pour cet ami, aussi solide que dévoué.

Or, pour abréger, on saura que la riche et jolie veuve, après avoir vainement cherché pendant deux années parmi la foule empressée des prétendants à sa main quelqu'un qu'elle pût aimer d'amour, et n'ayant trouvé personne digne d'elle, Louise sentant plus que jamais l'embarras de sa position, ayant une fille et un fils à élever, une fortune considérable à régir, et ne voulant pourtant se remarier qu'avec une chance de bonheur presque certaine, proposa un jour tout brusquement sa main à M. de Vilars.

On pense à la surprise de ce dernier, qui depuis deux ans recevait toutes les confidences de Louise à propos de la vanité de ses recherches et de ses espérances; aussi refusa-t-il d'abord, objectant son âge, le sérieux de son esprit, son goût prononcé pour la retraite, toutes choses enfin certainement peu faites pour assurer le bonheur d'une jeune femme, qu'un triste et douloureux passé devait rendre si exigeante pour l'avenir; en un mot, il avoua décidément à Louise qu'il avait été assez l'ami de sa famille, et qu'il était beaucoup trop véritablement le sien, pour se rendre jamais complice d'une telle folie.

A cela, Louise répondit avec cette noble franchise dont on la verra donner encore tant de preuves : « Jusqu'à présent je n'ai éprouvé pour personne ce qu'on appelle de l'*amour;* sans doute suis-je destinée à ne jamais ressentir cette passion ; j'ai commis la faute de me marier une première fois, presque sans réflexion, à un jeune gentilhomme doué de ce *mezzo-termine* de bonnes et mauvaises qualités qui pouvaient me faire croire à un bonheur sinon vif, du moins négatif; j'ai été cruellement abusée.

» Depuis, je me suis vue entourée de gens qui m'ont paru tous ressembler plus ou moins à mon premier mari; peut-être me trompé-je, selon leur mérite, ou selon la vérité, mais je suis bien certaine de ne pas me tromper selon mon cœur, impression qui me guidera seule et toujours; en un mot, ma position est telle à cette heure, que je veux me remarier, et ma confiance et mon attachement pour vous, mon ami, sont tels aussi, que je vous propose ma main. Je n'ai jamais aimé d'amour, *je ne vous aime pas d'amour*, je ne sais pas si j'aimerai jamais d'amour; mais ce que je sais, mais ce que je vous affirme sans serment, sûre que vous me croirez, parce que *Louise vous l'aura dit*, ainsi que disait mon pauvre père, c'est que de ma vie je ne faillirai au moindre des devoirs auxquels je m'engagerai si vous m'acceptez pour votre femme; c'est qu'à jamais reconnaissante de ce que vous venez ainsi à moi, quand je vous demande votre appui, mes sentiments pour vous seront au dernier jour de ma vie ce qu'ils sont aujourd'hui; c'est qu'enfin mon seul but et mon unique volonté sera de vous rendre heureux.

Telle étrange que paraisse cette proposition, tel singulier qu'en semble l'agrément après un pareil aveu ; M. de Vilars, riche lui-même, épousa la jeune veuve ; depuis ce moment, Louise fut la plus heureuse des femmes, et M. de Vilars se félicita chaque jour de la détermination qu'il avait prise.

On l'a dit, M. et madame de Vilars habitaient le château d'Eudreville, n'allant à Rouen que rarement et pour affaires. M. de Vilars avait autrefois connu M. de Saint-Marc père de des Préaux; ils avaient fait ensemble les guerres des Pays-Bas et d'Italie ; aussi lorsqu'après son mariage avec Louise M. de Vilars vint demeurer dans le voisinage du fief des Préaux, des relations amicales et fréquentesse rétablirent entre les deux anciens compagnons d'armes.

Peu à peu, ces relations devinrent pour ainsi dire habituelles et indispensables aux habitants des Préaux et d'Eudreville, ces deux habitations n'étant qu'à une lieue l'une de l'autre ; enfin madame de Vilars appréciant de plus en plus les bonnes et franches qualités de M. de Saint-Marc, et le charmant naturel de son fils, s'attacha extrêmement à cet enfant, qui, lors du mariage de Louise avec M. de Vilars, avait environ douze ans, et qu'elle aimait avec cette sorte d'attachement presque maternel qu'une femme de vingt-trois ans peut avoir pour un enfant de cet âge.

Quelque temps après, Auguste chevalier des Préaux, partit pour Malte et y resta près de trois années; lorsqu'il revint au manoir paternel, ce n'était plus un écolier, mais un bel adolescent dont une vie ordonnée, rigide et périlleuse avait largement développé les nobles instincts.

Aussi, Louise revit d'abord Auguste avec plaisir, puis avec un vif intérêt; l'affection que la jeune femme lui portait s'augmentant pour ainsi dire à mesure qu'elle reconnaissait l'injustice tacite de ses préventions, car elle s'était attendue à trouver dans son jeune protégé, au retour de ses campagnes lointaines, cet air quelque peu glorieux et délibéré qu'à cet âge on pourrait prétendre d'afficher, lorsque, si jeune, on s'est battu bel et bien, et que pour preuve, on peut fièrement citer une honorable blessure.

Mais non, ainsi qu'on a dit, Auguste revint ce qu'il était parti; simple, naturel et bon; ne parlant que comme malgré lui, et à regret, des occasions où il s'était si fort distingué; mais racontant avec la grâce naïve ou le feu de la jeunesse ses impressions si variées, si neuves, à l'aspect des pays inconnus pour lui; sa désolation amère, lorsqu'il voyait de pauvres esclaves Turcs pleurer sous le bâton des comites de la galère; et aussi ses rêveries tendres et mélancoliques, lorsque, par une belle nuit d'Orient, assis sur la poupe dorée de la Capitane, il regardait tristement le ciel étoilé en songeant à son père et aux amis qu'il avait laissés à Eudreville.

Au retour de sa première campagne, Auguste des Préaux vit donc Louise presque chaque jour; souvent madame de Vilars lui faisait redire ses voyages, trouvant un plaisir enchanteur à écouter en silence cette voix douce et candide, raconter si ingénument de sombres naufrages ou de sanglantes mêlées; puis, quelquefois rêveuse, la jeune femme, fermant ses beaux yeux, s'imaginait à plaisir qu'elle était châtelaine, et que son page assis à ses pieds lui lisait quelque ancienne et vaillante chronique, écrite avec une naïveté touchante et chevaleresque!

D'autres fois, Louise éprouvait une émotion inexprimable, lorsqu'elle venait à penser que, si jeune encore, cet enfant avait partagé tous ces périls ! qu'il était aussi doux qu'intrépide ! aussi beau que généreux et bon ; et que pourtant le hasard payait mal tant de rares qualités; que M. de Saint-Marc était pauvre, et que son fils devait souvent ressentir d'amères et cruelles mortifications d'amour-propre, lorsqu'il se trouvait au service avec de jeunes Volontaires riches et magnifiques.

Aussi lorsque Auguste partit pour sa seconde campagne, Louise, usant selon son cœur, de cette merveilleuse subtilité, de cette exquise dissimulation dont les femmes semblent douées par le génie de la délicatesse, afin de pouvoir impunément se livrer à toutes leurs touchantes et généreuses inspirations, Louise prenant pour complice et confident M. de Vilars, qui portait aussi l'intérêt le plus affectueux au jeune chevalier, avait prié M. de Saint-Marc de la laisser se charger d'une foule de détails relatifs à l'équipage d'Auguste.

Une fois les emplettes finies, madame

de Vilars, aidée de son mari, avait facilement persuadé M. de Saint-Marc qu'il avait dû être jusque là outrageusement volé par ses fournisseurs, puisque cette fois les cravates de dentelles, les pièces de tabis, les aiguillettes et les rubans destinés à rehausser la charmante figure, de son fils absorbaient à peine la modique somme que le bon vieillard économisait à grand' peine chaque année pour l'équipage du chevalier; enfin, c'étaient encore tantôt de riches et excellentes armes que M. de Vilars offrait à Auguste comme souvenir de son amitié, tantôt une belle écharpe que Louise avait brodée de ses couleurs, et qu'elle lui ordonnait de porter, ainsi que l'aurait fait un chevalier des anciens fabliaux.

Il faut dire, en un mot, que ces dons étaient offerts avec tant de cordialité, de charme et d'à-propos, que le caractère le plus susceptible n'aurait pu y trouver le motif d'un refus, et que d'ailleurs Auguste des Préaux était une de ces natures rares et élevées, qui n'ont jamais honte d'accepter un bienfait parce qu'ils se sentent capables de le noblement reconnaître.

Auguste partit donc de nouveau pour Malte.

Cette fois Louise ressentit profondément son absence; elle crut d'abord que cette impression venait du changement laissé dans les habitudes d'Eudreville par le départ du chevalier; mais bientôt elle s'aperçut du contraire, car peu à peu elle en vint à songer presque continuellement à Auguste, sans néanmoins regretter sa présence.

Avec sa franchise et sa loyauté connue, Louise alors s'écouta pour ainsi dire sentir, s'interrogea bien en face, et se demanda si son religieux attachement pour M. de Vilars avait subi la moindre altération; mais elle s'aperçut sans étonnement, qu'une affection aussi sainte et aussi sacrée était immuable comme la vérité... qu'elle n'avait ni faibli, ni surtout augmenté, car Louise eût peut-être pris ce dernier symptôme pour une tendance involontaire à la fausseté.

Madame de Vilars reconnut donc pour la première fois qu'elle aimait d'amour... Cette découverte, terrible et fatale pour toute autre peut-être, ne l'épouvanta pas, et elle continua de regarder l'avenir avec calme, confiance et sérénité.

Et pourquoi d'ailleurs Louise eût-elle tremblé? sa toute-puissante résolution de ne jamais mentir à la foi promise, était au-dessus de toute séduction, de toute ivresse, de toute volonté humaine; aussi ne rougissait-elle pas de son amour pour Auguste, parce qu'elle savait toujours devoir être digne de M. de Vilars; car chez les âmes élevées, le remords naît presque toujours de la douloureuse comparaison de ce qui a été avec ce qui n'est plus... ou de ce qui est avec ce qui devrait être. Or, dans la vie de Louise, dans son vif attachement à son mari, rien n'était, rien ne serait changé; son intérêt pour Auguste enfant était devenu de l'amour; mais l'objet de ce pur et chaste amour l'ignorerait constamment, une habitude prise depuis longues années permettant à Louise d'attribuer à une tendresse presque maternelle, les marques de bonté touchante qu'elle continuerait de donner à Auguste. Son secret serait donc à elle seule, et l'ineffable conscience de ce secret suffirait à son bonheur. Qu'aurait-elle d'ailleurs désiré de plus, elle si sérieusement convaincue que *plus* était impossible, parce que *Louise l'avait juré?*

On le répète, la jeune femme se livra donc à cet amour avec bonheur, innocence et sécurité, se rappelant d'ailleurs la maxime suivante que son père lui citait souvent dans son enfance : *Lorsqu'on a la tête assez forte pour braver le vertige, on ose regarder de bien haut, et on trouve alors de splendides jouissances dans ce qui étourdit et perd le vulgaire.*

Que le raisonnement qu'on peut déduire de cette maxime, ait trompé bien des femmes qui se croyaient sûres d'elles-mêmes; qu'il eût été mieux à madame de Vilars de chasser l'amour de son cœur, ou du moins d'éviter toute occasion capable de l'y aviver encore; que ces tempéraments ménagés entre la fidélité conjugale et un penchant coupable, prouvent un calcul de concessions, et que l'amour ardent et véritable, non plus que l'austère et rigoureuse vertu, n'en admettent d'aucune sorte, soit; c'est un fait et non une discussion qu'il s'agit d'établir ici;

seulement, quant à prouver que la passion de Louise pour Auguste fût vaillante et chaste et vraie, la suite de cette histoire ne le dira que trop.

On pourrait peut-être objecter aussi, qu'il eût été plus digne de la franchise de Louise d'avouer son amour à M. de Vilars ; soit encore, mais elle ne le fit pas, et on excusera, ou on concevra sa conduite, en songeant que dans tout caractère humain, on retrouve toujours la condition *humaine*, c'est-à-dire imparfaite ; et puis d'ailleurs, cette jeune femme d'un esprit juste et réfléchi, à jamais sûre de ne pas parjurer sa foi, n'estimait pas sans doute à propos de faire à son mari une confidence au moins superflue, et toujours blessante pour qui la reçoit, quelque sage et peu glorieux qu'il puisse être.

Louise, pendant la seconde campagne d'Auguste, vécut donc de souvenir et d'espoir ; redoubla de soins et de prévenances pour le bon M. de Saint-Marc, et attendit avec une tendre et inquiète curiosité le retour du chevalier, dont elle avait d'ailleurs suivi la carrière pas à pas, car Auguste écrivait souvent à son père, et ce dernier s'était fait une loi de toujours décacheter les lettres de son fils en compagnie de ses amis d'Eudreville.

Aussi, Louise, douée de ce tact si fin et si pénétrant, de cette suprême sagacité qui distingue singulièrement les femmes, avait successivement démêlé dans ces lettres, qui ne parlaient pourtant des hôtes d'Eudreville qu'avec les formes de la gratitude et de la vénération la plus grande; avait démêlé, depuis les premiers tressaillements jusqu'aux sentiments de plus en plus passionnés, que son souvenir avait fait naître au cœur d'Auguste.

Ainsi parmi les doux et mélancoliques épanchements de cette naïve correspondance, elle avait saisi mille allusions indirectes, peut-être même involontaires, mais toujours tendres et frappantes, à propos de sites, de lectures, de fleurs, de certains airs de téorbe, qui lui avaient assez démontré que chaque impression reçue à Eudreville retentissait après bien profondément, et bien long-temps encore dans l'âme du chevalier; puis, ça avait été aussi de sa part de fréquents envois de petits présents pour les enfants de madame de Vilars ; dons de peu, mais offerts avec tant de charme, qu'on oubliait leur valeur, pour ne penser qu'à leur bonne grâce; attentions touchantes et délicates, dans lesquelles Louise avait deviné avec ravissement de nouvelles preuves de l'amour d'Auguste, cette perle de son cœur, ce trésor solitaire et caché dont elle vivait si heureuse.

Car madame de Vilars ne désirait plus rien, depuis qu'elle se sentait sûre de l'amour de celui pour lequel autrefois elle avait été une mère : — *l'aimant seule*, la vertueuse et bienfaisante influence qu'elle voulait si fort exercer sur lui eût été bien limitée, ou peut-être nulle ; *lui l'aimant*, l'espoir de Louise n'avait plus de bornes ; en cela, qu'elle savait assez la noblesse et la pureté du caractère de des Préaux pour être certaine que lui aussi vivrait reconnaissant, fier et satisfait, d'une passion aussi dévouée, aussi inaltérable que sérieuse et chaste.

Or, l'instinct de Louise ne la trompa pas; car, au retour de sa seconde campagne, les vaillantes et rares qualités d'Auguste s'étaient plus largement développées encore; et puis, le profond amour qu'il éprouvait pour Louise, bien qu'il le crût ignoré d'elle, en absorbant toujours des Préaux dans une ineffable rêverie, aurait d'ailleurs suffi pour le défendre des folies misérables ou des précoces et flétrissantes amours, si funestes à son âge, lors même que les habitudes austères imposées par M. de Téméricourt à tous ceux qui servaient sous ses ordres, ne l'en eussent pas garanti.

Lorsque Auguste revint à Préaux, au commencement de 1669, il avait donc dix-huit ans, et Louise en avait vingt-neuf environ.

C'était l'hiver, les longues veillées du soir se passaient délicieusement au coin du feu dans le vaste salon du château d'Eudreville. Auguste, son père, Louise, M. de Vilars, rarement un voisin de terre, composaient seuls ce petit cercle, intime et cordial, où régnait toujours la confiance expansive et la joie sereine des âmes paisibles et contentes; souvent on faisait quelque lecture en commun. Tantôt M. de Vilars empruntait une instruction solide et édifiante aux sévères écrivains de Port-Royal, car le mari de Louise se piquait fort de jansénisme, et correspondait avec Nicole, Arnauld, de Sacy, hommes d'une mâle vertu, d'un prodigieux savoir et d'une antique simplicité. Tantôt, au contraire, c'était une satire de Boileau, une lettre de Pascal, ou une nouvelle comédie de Molière, que le bon M. de Saint-Marc lisait avec une gaieté franche et comique; de même aussi qu'il brusquait avec rudesse le vers hautain et cavalier du grand Corneille. D'autres fois, Louise et Auguste lisaient tour à tour Andromaque, Britannicus, que Racine venait de dédier cette année même à M. le duc de Chevreuse; et jamais la divine harmonie du plus tendre et du plus religieux des poëtes n'eut de plus tendres et de plus religieux interprètes. Souvent aussi on posait le livre, puis, à propos d'un mot, d'une image ou d'un souvenir, venaient les longs commentaires, les conversations interminables, et même les vives et entraînantes discussions. Alors la sérieuse raison, l'expression sobre et réfléchie de M. de Vilars, contrastait vivement avec l'impétueux langage du brave M. de Saint-Marc, ou avec la chaleureuse parole de Louise; esprit brillant, hardi, naturel, étendu, mais qui devenait paradoxal et faux, dès qu'il s'agissait de déterminer sagement dans quelles conditions le rigoureux accomplissement d'une promesse pouvait devenir d'une funeste exagération ; car Louise était toujours demeurée l'enfant inflexible, qui, au risque de mourir de faim et de désespérer son père, restait deux jours sans manger, parce qu'elle *l'avait promis*. Quant à Auguste, tout en lui, pensées, langage, convictions, croyances, révélait l'âme la plus limpide et la plus pure, magnifiquement éclairée aux rayonnements splendides d'un amour immense.

Souvent aussi, se mettant au clavecin devant un fragment d'opéra de Lulli, Louise unissait son chant doux et frais à la voix jeune et sonore d'Auguste, ou bien prenait son téorbe pour accompagner les sons graves et harmonieux que M. de Vilars, excellent musicien, tirait savamment de la basse ; enfin, on s'égayait encore aux plaisants et grotesques portraits que des Préaux retraçait d'un crayon malin, ou on parcourait avec intérêt et curiosité les collections de sites et de costumes qu'il avait rassemblées dans ses campagnes pour madame de Vilars, qui dessinait elle-même à ravir.

Telle était la vie heureuse et paisible qu'on menait chaque soir à Eudreville, en attendant un souper délicat; seulement, si la neige tombait trop épaisse, ou si la gelée rendait les chemins dangereux, M. de Saint-Marc et Auguste, au lieu de s'en retourner à Préaux, passaient la nuit à Eudreville, et le lendemain repartaient à grand'peine, en disant : *A ce soir!*

Or, c'est une aussi délicieuse existence, si doublement heureuse pour Auguste, que la lettre de M. de Téméricourt venait de cruellement troubler; aussi, conçoit-on la douleur qu'éprouva le chevalier en partant avec son père, pour venir faire ses adieux à ses amis d'Eudreville.

CHAPITRE TREIZIÈME.

Ah! puisqu'il faut partir, partons sans lui déplaire :
Je me suis tu long-temps, je puis encor me taire.

    Racine, *Bérénice*, f. 11, vol. 15 (*variantes*.)

Le château d'Eudreville.

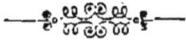

Sept heures du soir venaient de sonner à l'horloge du château d'Eudreville; le ciel était pur, et les rayons du soleil, déjà plus obliques, coloraient de tons chauds et dorés, çà et là régulièrement coupés par de grandes ombres, le sable jaune d'une longue avenue d'épaisse et verte charmille, au faîte recourbé en voûte impénétrable, et dont les côtés, symétriquement taillés en arcades, simulaient, pour ainsi dire, les murs et les fenêtres de cette fraîche galerie de feuillage ; puis, de profonds vases du Japon, en porcelaine blanche à fleurs rouges et bleues, d'une forme simple, mais élégante, et contenant de beaux orangers arrondis en sphère, s'élevaient sur leur piédestal de granit brun, au milieu de chacun de ces arceaux de verdure.

Enfin, au bout de cette immense allée, d'un aspect véritablement grandiose, on voyait, lui servant de perspective, une grotte de rochers, d'où s'échappait une cascade abondante, reçue d'abord dans une large conque de marbre blanc, que soutenaient quatre Tritons de même matière ; mais bientôt, ce courant limpide débordant de cette sorte de réservoir, allait mêler sa nappe argentée à l'onde paisible et bleue d'un vaste bassin circulaire, aux bords revêtus de gazon et de fleurs, et du milieu duquel un impétueux jet d'eau jaillissait à une grande hauteur.

Dans cette avenue, M. et madame de Vilars se promenaient à pas lents.

Tout en causant avec Louise, M. de Vilars tenait à la main un livre entr'ouvert ; il portait le justaucorps et le manteau court de velours noir ; une chaîne d'or à médaillon lui pendait au cou, et son feutre était surmonté d'une plume rouge cramoisie comme ses bas de soie et le ruban de sa cravate de dentelles ; la figure calme et grave de ce gentilhomme, alors âgé de cinquante-six ans, avait un très grand caractère de bienveillance, de réflexion et de fermeté ; ses yeux étaient bruns, sa moustache et sa chevelure grises, sa démarche imposante, et sa taille haute, libre et dégagée ; car il avait peu d'embonpoint ; enfin, sauf quelques modifications de costume, on eût dit le noble original d'un majestueux portrait de Van-Dyck ; et, comme si le hasard eût voulu compléter cette ressemblance jusque dans les accessoires, un de ces magnifiques épagneuls, à longues soies blanches et orangées, que l'on voit si souvent dans les tableaux de l'illustre peintre, venait de temps à autre lécher timidement une des belles mains de M. de Vilars.

Louise marchait à côté de son mari ; elle

avait, on l'a dit, vingt-neuf ans, et était de moyenne stature ; une robe traînante de taffetas changeant, gris perlé, à reflets roses, garnie de point de Venise et de nœuds de rubans vert tendre, faisait encore valoir la grâce de ses épaules de neige, et dessinait sa taille enchanteresse, si mince et si flexible, que, bien qu'emprisonnée dans un des durs corsages qu'on portait alors, elle y paraissait souple et à l'aise. Chose remarquable, par une singularité qu'elle partageait avec madame de Montespan, Louise dont les cheveux étaient du plus beau blond cendré qui se pût voir, avait les cils et les sourcils très noirs et très fournis ; quant à ses grands yeux, ils étaient de ce bleu sombre, foncé, limpide, qui, selon certains accidents de lumière, semble parfois s'iriser ; puis, à l'inverse de la beauté chinoise, l'arc de ses blanches paupières, au lieu de se relever vers les tempes, s'abaissait au contraire dans toute la noble pureté des lignes antiques ; enfin, femme de race et d'extrême distinction, bien que ses formes fussent voluptueusement arrondies, Louise avait le col svelte et élégant, le front haut, le menton fermement accusé, l'ovale du visage un peu long; et sa petite bouche, du plus vif incarnat, et d'une coupe sévère, étant assez rapprochée de son nez mince et aquilin, donnait surtout à ses traits un grand air de résolution.

Tout enfin dans ce noble visage révélait l'énergie de volonté, le puissant empire de soi, que madame de Vilars possédait à un si rare degré, de même que son regard calme et assuré annonçait la parfaite quiétude d'une âme pure.

Par ce beau soir d'été, M. et madame de Vilars se promenaient donc à pas lents et mesurés dans cette longe avenue dont on a tâché de retracer l'imposante régularité; leur paisible entretien respirait cette bienfaisante sécurité, cette mutuelle croyance, au milieu desquelles l'âme peut se livrer à ses plus tendres épanchements, s'épanouir à ses impressions les plus radieuses, ou se bercer à la fantaisie de tous ses rêves; moments de suprême confiance enfin, où l'on peut tout dire, sans crainte de se heurter jamais à un doute ou à un soupçon.

— Mon ami, — dit Louise, — arrêtons-nous donc un peu pour écouter ce calme... quel silence! quelle belle soirée! ne sentez-vous pas aussi la délicieuse odeur des rosiers, des lilas et des ébéniers en fleurs? Mon Dieu! quel suave concert de parfums! Voyez donc aussi quel magnifique couchant!! là, le ciel est encore bleu, mais plus loin, il s'enflamme déjà des derniers feux du jour! quelle sublime harmonie de couleurs parmi ces masses tour à tour sombres et éclatantes, inondées de lumière, ou noyées dans une brume ardente! voyez aussi comme les rayons du soleil se jouent à travers le feuillage des arbres qu'on voit là-bas! et au pied du vieux château de Tournebu dont les noirs créneaux sont seuls dorés; voyez comme le lac profond réfléchit le pourpre des cieux, dans ses eaux argentées, çà et là brunies par l'ombre verte des roseaux! et enfin, tout au loin, à l'extrême horizon, voyez donc quelle vapeur chaude et vermeille change en violet transparent l'azur foncé des collines!! Ah, mon Dieu! que voilà un merveilleux *Claude Lorrain!* généreusement coloré pour nous par le créateur et le peintre éternel de toutes choses ! — dit Louise.

Puis après avoir un moment encore regardé en silence l'admirable paysage déroulé à sa vue, elle continua en s'accoudant avec grâce sur l'un des vases de porcelaine qui ornaient l'allée ; — ne trouvez-vous pas, mon ami, que l'aspect d'une aussi puissante nature agrandit et élève l'âme ? Aussi, moi je ne croirais jamais une méchante action possible, en face d'un pareil tableau, — ajouta la jeune femme en retournant vers le soleil demi couché, son beau visage déjà tout rayonnant de bonheur et de sérénité ; mais qui, de la sorte, paraissait divinement resplendir au milieu d'une de ces auréoles d'or, dont les peintres italiens du seizième siècle entouraient les pâles et douces figures de leurs anges !

M. de Vilars qui s'était arrêté au même instant que Louise, et l'avait écoutée et contemplée avec une sorte de religieuse admiration, lui répondit après un moment de silence expressif.

— Vous ne savez pas, Louise, à qui je pense, moi, en vous admirant, vous, si belle! au milieu de cette nature si belle aussi?

— Non; dites-le-moi.

—Hélas!—dit M. de Vilars en souriant doucement,— j'avoue mon détestable égoïsme, mais je pense à moi; oui, car j'éprouve une de ces extases de cœur, un de ces étourdissements de bonheur, pendant lesquels Dieu devrait nous rappeler à lui... car, en vérité, Louise, ce qui est donné à l'homme de félicité ne peut aller au-delà! et pourtant, depuis sept ans, je devrais avoir appris à ne plus m'étonner, car, en fait de bonheur, grâce à vous, je crois maintenant toutes les exagérations non seulement possibles, mais probables.

— Et moi donc, pouvais-je jamais rêver un ami plus sûr, plus vrai, plus solide, plus sérieusement occupé de moi?

— Soit, mais ce sérieux, cette solidité, cette sûreté que vous dites, tout cela n'est après tout que la triste conséquence de l'expérience et de la vieillesse... tandis qu'à votre âge, Louise, mais à votre âge! chaque vertu est un charme, chaque qualité une grâce de plus! Aussi, êtes-vous en vérité l'enchanteresse la plus dangereuse du monde, malgré la parfaite droiture et franchise de votre caractère!

— Et comment cela? vous m'effrayez presque, — dit Louise gaiement.

— Sans doute; tenez, je vais vous faire un aveu de la plus rare naïveté; vous m'avez, en un mot, rendu le plus glorieux des hommes, car à force de paraître heureuse, vous m'avez su persuader que mon âge, que ma gravité, que mon éloignement pour les plaisirs du monde, cadraient si fort avec vos goûts, que vous n'aviez pu faire mieux que me choisir : n'admirez-vous pas, je vous prie, la superbe de cette persuasion impertinente?

— Ce dont je suis fière d'abord, mon ami, c'est d'avoir pu, non vous *persuader* cela, mais vous le *prouver*, et surtout, — dit Louise avec enjouement, — de vous avoir amené à ne pas regretter votre jeunesse.

— Oh! quant à cela, Louise, ne me faites pas plus philosophe que je ne le suis; je regrette fort ma jeunesse au contraire; seulement, je vous dois de ne pas envier celle des autres, et c'est beaucoup.

— Et cela, mon ami, parce que vous avez la sagesse suprême de vous croire, ou plutôt de vous faire heureux!

— Ah! prenez garde, Louise, prenez garde! en me louant ainsi, vous vous louez vous-même plus que vous ne pensez, car je l'ai souvent remarqué, c'est un des traits frappants de votre esprit, de savoir mieux que personne, non seulement, si cela se peut dire, vous arranger dans votre position et vous y trouver à ravir; mais encore, amener les autres à partager, quant à eux, la même conviction.

— C'est que je crois en effet, mon ami, que tant qu'elle est honorable, il n'est pas de position dans laquelle avec de la raison et de la persévérance on ne puisse s'arranger... comme vous le dites.

— Ainsi, que de fois, Louise, je vous ai entendue raffermir le courage de notre digne voisin; le consoler, le rassurer, lui opposer toujours une espérance à un chagrin, et quand, je suppose, il se plaignait de l'éloignement de son fils, lui parler de son retour!

— C'est qu'aussi, ce pauvre M. de Saint-

Marc me déchirait l'âme... car, savez-vous, mon ami, que cela doit être bien cruel pour lui; avoir trois fils, ne pouvoir en chérir qu'un seul, et le voir si souvent partir avec tant de chances de ne plus le revoir !

— Et que je conçois bien ses craintes et ses angoisses à chaque campagne, Louise ! car avouez-le, jamais la tendresse d'un père n'a tremblé pour un plus brave et plus digne enfant !

— Oh! jamais!.. jamais!.. si noble, si fier, si hardi, et avec cela si candide et si bon; aussi, qui ne s'intéresserait à ce rare et précieux naturel ! Qui n'aimerait Auguste !
— dit vivement Louise, sans que la moindre rougeur lui vînt au front, sans ressentir la moindre confusion intérieure ; et de ce même ton libre et confiant qui avait présidé au reste de sa conversation avec M. de Vilars.

— Mais aussi, Louise, quels sages et généreux conseils ne lui avez-vous pas donnés, vous? quelle sincère affection ne lui avez-vous pas témoignée depuis son enfance ? avec quelle tendre et maternelle sollicitude ne lui avez-vous pas tracé la route qu'il devait tenir? et il faut le dire aussi, avec quel religieux scrupule, avec quelle ardeur, avec quelle résolution ce pauvre enfant n'a-t-il pas suivi vos inspirations? Ah! tenez, Louise, c'est qu'il y a, voyez-vous, dans la protection éclairée, dans le bienveillant appui d'une femme belle et sérieuse, une influence irrésistible qui exalte, agrandit l'âme, et la peut élever aux plus sublimes actions !

Et de même que Louise avait parlé d'Auguste, sans feinte et sans détour, disant franchement ce qu'elle pensait de lui; de même aussi chez M. de Vilars, en parlant du jeune chevalier, et de l'affection que lui portait Louise, il n'y eut ni assentiment hypocrite, ni allusion détournée, ni arrière-pensée jalouse, ni réticence perfide.

— Mais tenez, — ajouta M. de Vilars en entendant les cris joyeux des deux enfants de Louise, — à ces éclats de gaieté de votre Gabriel, je parierais que voilà nos bons voisins qui arrivent.

En effet, bientôt M. de Saint-Marc et son fils parurent à l'extrémité de l'allée, Auguste donnait le bras à son père, tandis que Gabriel et Clara se disputaient l'autre main du chevalier.

Dès que les enfants eurent aperçu leur mère, Gabriel, laissant sa sœur en possession de la main d'Auguste, accourut tout triomphant montrer à madame de Vilars la petite galère que le jeune marin lui avait faite.

— Eh bien, madame la marquise, voilà du nouveau, — s'écria brusquement M. de Saint-Marc, dès qu'il put être entendu de ses amis, — nous partons!

— Vous partez! — s'écria Louise avec un étonnement douloureux, — vous partez! — et son regard interrogeait Auguste qui détournait la tête pour cacher son angoisse.

— Nous... c'est-à-dire, ce pauvre garçon, qui vous vient faire ses adieux, — dit M. de Saint-Marc en soupirant.

— Comment! il part?... Voyons, Saint-Marc, expliquez-nous donc cette résolution subite, dit M. de Vilars, aussi tristement ému.

— J'avoue, voisin, que je vous ai appris cela un peu brusquement peut-être, — dit le brave gentilhomme; — mais entre nous, voyez-vous, je crois qu'il vaut mieux dire ces choses-là tout de suite, on a du moins ainsi, pour se consoler, le temps qu'on perdrait aux circonlocutions préparatoires : en un mot, Téméricourt m'a écrit tantôt, pour me prier de lui renvoyer cet enfant, afin de l'emmener avec lui à Malte et de là en Candie... Auguste part donc demain, et vient vous faire ses adieux.

Après avoir dit ces mots d'une voix rapide et oppressée, le vieillard soulevant son large feutre gris s'essuya le front, et poussa un profond soupir.

Il y eut un moment de cruel silence, que la marquise interrompit, en se baissant pour dire à son fils dont elle essuyait les yeux :

— Allons, Gabriel, ne pleurez pas de la sorte, Auguste reviendra;— puis se relevant, et souriant à travers deux grosses larmes qui coulaient sur ses joues, elle ajouta en regardant M. de Vilars, avec une admirable expression de naïveté :— En vérité, c'est bien à moi de reprocher ses pleurs à ce pauvre enfant !

— Et nous, qui croyions l'avoir encore au

moins deux mois, — dit M. de Vilars en prenant la main d'Auguste, et remarquant avec un étonnement qui le rendit pensif, combien la figure du chevalier était bouleversée.

— Et moi donc! — s'écria M. de Saint-Marc, — moi donc, qui ce matin encore lui parlais de mille choses que nous devions faire cette semaine..., et l'autre... et l'autre encore... tandis que maintenant!.. Ah bath! au diable soit Téméricourt et sa galère, et toutes les îles de Malte et de Candie du Monde! — s'écria impétueusement le vieux gentilhomme; mais réfléchissant à ce que cette exclamation avait de peu séant, il dit à Louise, — Pardonnez-moi, madame la marquise... mais quand il faut quitter si brusquement son enfant!...

— Quand il faut quitter son enfant, mon bon et cher monsieur de Saint-Marc, — dit Louise avec douceur et fermeté, — il faut se résigner, et ne pas lui faire perdre le peu de courage qui lui reste. Allons, monsieur de Saint-Marc, donnez-moi votre bras; — et Louise, tenant Gabriel par la main, regagna le château, suivie d'Auguste et de M. de Vilars.

Lorsque des Préaux était arrivé dans l'avenue, le marquis avait été vivement frappé, ainsi qu'on l'a dit, de la pâleur excessive des traits du chevalier et de leur expression morne et désespérée. Or, aux yeux d'un homme aussi pénétrant et aussi réfléchi que l'était M. de Vilars, il demeurait évident, qu'une raison beaucoup plus saisissante que le départ en lui-même, causait la profonde affliction d'Auguste. Lors de ses autres campagnes, ce dernier avait bien été triste et chagrin en quittant son père et ses amis d'Eudreville, mais jamais son visage ni son maintien n'avaient trahi une peine si amère et si écrasante ; et pourtant cette fois, M. de Téméricourt laissait entrevoir et espérer à des Préaux l'avenir le plus fait pour le consoler d'une séparation, sans doute plus rapprochée par ces circonstances, mais qui, néanmoins, devait toujours avoir lieu.

En un mot, M. de Vilars eut, pour la première fois de sa vie, un soupçon, qu'il se promit d'éclaircir ; aussi pendant la conversation qui va suivre, parle-t-il fort peu et observe-t-il beaucoup.

On rentra donc au château.

Le château d'Eudreville, bâti de briques rouges, séparées de loin en loin, par de larges assises de pierres blanches, paraissait remonter par sa construction au seizième siècle. Cette vaste et belle habitation se composait d'un principal corps de logis et deux ailes en retour, dont l'une formait une galerie servant de salon d'été; ce fut là que les personnages dont on vient de parler entrèrent bien tristement.

Cinq fenêtres ouvrant sur une grande pièce d'eau, et sur une partie du parc, planté d'arbres verts, éclairaient cette galerie, un grand nombre de portraits de famille appartenant aux seizième et dix-septième siècles, garnissaient tout le côté de la muraille opposé aux croisées. Parmi ces tableaux, et située tout au fond de cette longue pièce, en face d'une immense cheminée de pierre sculptée qui occupait l'autre extrémité, on voyait, dans un magnifique cadre de bois doré, la figure austère et grave de *Claude de Sarrau*, père de Louise, peint par Lebrun, et vêtu de l'imposant costume des magistrats de ce temps-là. L'épaisseur des murs du château était telle, que l'embrasure de chaque croisée formait une sorte de petit cabinet, et dans chacun de ces renfoncements on trouvait les diverses preuves des talents variés et des studieuses occupations de Louise; ici, un métier à tapisserie recouvert d'une broderie commencée ; là, une table chargée de couleurs, un chevalet supportant un tableau, ou des fleurs naturelles dans un vase de cristal, disposées pour servir de modèles; ailleurs, c'était un téorbe, un clavecin, un luth, une basse, et plusieurs pupitres chargés de musique; enfin, dans un autre, on remarquait les livres de prédilection de Louise, sorte de petite bibliothèque servant de succursale à la grande bibliothèque du château, aussi nombreuse que complète. Quant au dernier de ces cinq petits cabinets, qui se trouvait le plus rapproché de l'immense cheminée, il servait, pour ainsi dire, d'oratoire à Louise; sa fenêtre, au lieu d'être carrée, s'allongeait en ogive, garnie de vitraux coloriés; puis, du côté du salon, il y avait de doubles rideaux de damas rouge que Louise fermait à volonté, quand elle désirait être seule dans cette sorte de petite cellule, dont les meubles étaient de bois précieusement sculptés : on y voyait entre autres un prie-Dieu recouvert de velours rouge, placé au-dessous d'un Christ d'ivoire d'un merveilleux travail ; enfin une petite armoire de Boule, garnie des plus beaux bronzes dorés, et merveilleusement incrustée de cuivre, d'étain et de corail, renfermant les œuvres littéraires du père de Louise, *M. de Sarrau*, et quelques uns des sermons de son oncle, *M. Isaac de Sarrau*, ministre protestant d'une grande réputation, et qui alors habitait Bordeaux : tel était l'ameublement de ce petit cabinet.

La nuit était tout-à-fait venue, et, en attendant l'heure du souper, les valets de chambre avaient apporté des bougies de cire jaune dans de grands cylindres de cristal, montés sur des pieds de bronze doré, et ouverts seulement par le haut, afin que l'air, arrivant par les croisées ouvertes, n'éteignît pas les lumières qu'ils renfermaient.

Sachant que les vifs chagrins sont taciturnes, et que, sans rechercher des distractions frivoles, les gens véritablement affligés aiment quelquefois à rencontrer une occupation presque machinale, qui, leur servant pour ainsi dire de contenance, leur évite au moins l'embarras de soutenir une conversation réglée, la marquise avait fait préparer un échiquier, auprès duquel M. de Vilars s'assit avec M. de Saint-Marc ; et leur partie commença, lente et silencieuse.

Cette table de jeu, placée proche de l'espèce d'oratoire de Louise, permettait à la jeune femme, qui s'y tenait assise, de regarder à la fois le jeu, et de s'entretenir avec le chevalier.

— Que vous voilà donc triste et pensif, Auguste! — lui dit Louise.

— Je pars demain... madame...

Il y avait dans ces quatre mots tant d'angoisse et de désespoir, que Louise en fut navrée, et que M. de Vilars tressaillit.

Le marquise se remit, et répondit avec calme et douceur :

— Allons, puisque ce départ est chose convenue, regardons-la comme faite... et ne songeons donc plus qu'au retour, la seule question intéressante à cette heure. — Puis, s'adressant à M. de Saint-Marc : — Et quand M. de Téméricourt nous rendra-t-il Auguste, mon bon monsieur de Saint-Marc?

Le vieux gentilhomme, qui, depuis quelques minutes, avec l'air de la plus sérieuse attention, appuyait le bout de son index sur une des pièces de l'échiquier, et semblait méditer quelque coup savant, mais qui dans le fait ne songeait qu'à son fils, répondit à l'instant : — Hélas, madame, je l'ignore, et c'est à cette ignorance-là même que je pensais dans le moment. — Puis levant les yeux sur M. de Vilars, il ajouta : — Pardon, voisin, de vous faire attendre si long-temps. — Et il poussa son échec au hasard.

— Oh! je vous excuse, mon ami... car je ne songe pas non plus beaucoup au jeu, — reprit gravement M. de Vilars.

Et le jeu continua, muet et taciturne, entre M. de Saint-Marc et son ami.

Auguste, assis près de madame de Vilars, semblait attéré; son regard fixe, sec, était attaché sur le parquet... bien rarement il levait les yeux sur Louise.

Mais celle-ci voulant lui faire rompre ce silence, dont elle souffrait, reprit avec tendresse : — Voyons, raisonnons un peu, mon pauvre découragé : depuis cinq mois environ vous vivez ici, heureux, entre votre père et vos amis ; rien de plus doux que cette existence, j'en conviens ; mais voilà qu'il se présente une occasion de mériter assurément un grade inespéré, et pour cela il vous faut faire une campagne d'un an, peut-être moins, peut-être plus : ce départ inattendu est cruel, j'en conviens encore.

— Oui, bien cruel, madame... bien cruel! — dit Auguste, dont la douleur parut se détendre un peu à la voix de Louise.

— Oui, — reprit-elle, — il est affreux pour vous de quitter vos amis ; mais est-ce que ces amis ne vous restent pas?.. ne vous regrettent pas? est-ce que vous ne savez pas bien qu'au retour vous les retrouverez plus affectueux encore, parce qu'ils sauront ce que vous avez souffert en vous séparant d'eux?... Allez, allez, croyez-moi, Auguste, tel isolé, tel seul que vous soyez au milieu des mers, vous pourrez vous dire à toute heure : Il est un endroit où mon souvenir est toujours présent, où mon nom n'est prononcé qu'avec attendrissement par un père et de fidèles amis ; et avec une telle pensée on ne peut se dire tout-à-fait malheureux!

— Oh! non, madame... aussi je ne me plains pas... seulement je souffre à mourir! — ajouta-t-il à voix basse.

A ce moment le maître d'hôtel de madame de Vilars vint annoncer que le souper était servi.

Le souper fut court et triste, les hôtes du château d'Eudreville rentrèrent au salon... M. de Saint-Marc s'assit tristement dans un grand fauteuil en attendant, pour partir avec son fils, que le marquis eût écrit quelques lettres pour Auguste, qu'il voulut recommander très instamment à MM. les ducs de Vivonne et de Navailles, officiers-généraux de ses amis, chargés de l'expédition de Candie sous les ordres de M. le duc de Beaufort.

La nuit était belle et pure, Louise fit mettre des siéges en dehors du salon pour respirer le frais du soir, et engagea Auguste à s'asseoir en l'attendant; car elle avait, lui dit-elle, quelques ordres à donner pour les enfants.

Auguste s'assit donc en dehors de la galerie; bientôt la lune se leva brillante, derrière un bois de chênes séculaires, situé à gauche du château; sa douce lumière argentait au loin les masses sombres et régulières du parc; les étoiles brillaient sur l'azur foncé du ciel, l'air était calme et embaumé par la senteur des orangers; seulement de temps à autre, un faible souffle de brise agitant légèrement le sommet des grands arbres, bruissait dans le feuillage, et quand ce vague murmure avait cessé, tout retombait dans le silence le plus profond.

Quand Louise revint par le jardin, ses pas étaient si légers, qu'elle put s'approcher d'Auguste, et le contempler, sans que celui-ci, absorbé dans sa rêverie, s'aperçût de la présence de la marquise.

Auguste, accoudé sur un des bras du fauteuil, appuyait son menton sur une de ses mains, et son visage, qui regardait le ciel, se trouvait entièrement éclairé par la lune. Sur cette douce et charmante figure, on lisait un chagrin profond, ingénu, et surtout pur de tout ressentiment égoïste, haineux ou méchant; il savait qu'il devait souffrir, et il souffrait : il savait qu'il devait quitter Louise, son père, ce beau château où il avait passé de si longues et de si douces soirées d'hiver, de si riantes journées de printemps; ces petits enfants qui l'aimaient tant, le pauvre manoir des Préaux, où il rêvait si heureusement à Eudreville! il savait qu'il lui fallait quitter tout cela... pour une vie rude, triste et austère; et il quittait tout cela, avec une pieuse et angélique résignation.

— Auguste, — dit la jeune femme, qui ne put considérer plus long-temps cette pauvre figure souffrante,—voilà une écharpe que j'ai brodée pour vous.. Courage... courage, noble cœur,... ces larmes ne seront pas stériles... Adieu, Auguste, adieu, encore adieu !... songez bien qu'on vous aime ici !...

A cette voix,... à cet accent,... Auguste porta la main à ses yeux, essuya ses larmes, et, souriant à travers ses pleurs, prit vivement l'écharpe et la baisa.

A ce moment, M. de Vilars descendit, et remit les lettres de recommandation pour Auguste à M. de Saint-Marc.

Onze heures sonnèrent au château.

Le marquis embrassa cordialement Auguste, et Louise lui donna sa main à baiser.

— A après-demain seulement, — dit le bon Saint-Marc en s'adressant à M. et madame de Vilars, — car demain matin j'irai conduire cet enfant à Rouen.

— Ne manquez pas de nous revenir, au moins, — dit Louise.

— Y manquer!... non, non, madame... Préaux sera trop désert maintenant pour que je ne m'en échappe pas le plus souvent possible!

— Allons, encore adieu,... bon voyage, et à bientôt, notre jeune capitaine, — dit M. de Vilars.

— Adieu, Auguste,... encore adieu; vous ne serez pas oublié ici, — dit Louise.

— Adieu, madame, adieu, monsieur... adieu!...

Et Auguste, presque étouffé par les sanglots qu'il comprimait, prit le bras de son père. Leur modeste voiture les attendait, ils y montèrent, la grille du château cria sur ses gonds, se referma, et bientôt on n'entendit plus rien... rien!!. . . . . .

. . . .

Après le départ d'Auguste, Louise demeura long-temps silencieuse et pensive, assise sur le fauteuil qu'il avait occupé; en abaissant sa main sur un des bras de ce siége, elle trouva un mouchoir mouillé de larmes... C'était celui d'Auguste.

La jeune femme le prit avec un battement de cœur inexprimable, et puis, par un mouvement soudain, presque involontaire et honteux, elle le serra vite dans une des poches de sa robe, en devenant tour à tour pourpre et pâle, comme si elle eût commis pour la première fois de sa vie une action mauvaise.

Au bout d'une heure elle rentra au salon... Le marquis y était, rêvant aussi.

Quand il vit Louise, il se leva, et lui prenant la main avec sa tendresse habituelle, il lui dit d'une voix presque solennelle : — Louise... je crois qu'Auguste vous aime..

— Je le crois aussi, — répondit Louise en lui serrant la main.

— Malheureux enfant ! — dit tristement M. de Vilars, avec un accent de pitié profonde qui prouvait l'inaltérable confiance qu'il avait en madame de Vilars.

. . . .
. . . .
. . . .

Telle est la longue et peut-être trop minutieuse exposition qu'on a tâché de faire des caractères principaux de ce drame : Latréaumont, — Van-den-Enden, — le chevalier de Rohan, — Auguste des Préaux, — *madame la* marquise de Vilars, — *et mademoiselle* Renée-Maurice d'O***.

Maintenant, bien que la péripétie et le dénouement de cette aventure, qu'on emprunte absolument d'ailleurs à la réalité, soient séparés de l'exposition par un intervalle de près de cinq années, on a cru que cette dernière et si bizarre circonstance, à part même de la nécessité historique (telle du moins qu'on a estimé devoir l'accepter) qui en impose l'adoption rigoureuse, ne serait peut-être pas sans intérêt, à cause de son étrangeté.

N'est-il pas curieux, en effet, de pénétrer dans sa source obscure, et de suivre parmi toutes ses phases imprévues la pensée première d'un de ces projets dont l'exécution pouvait bouleverser une monarchie et changer la face de l'Europe ?

Ainsi, un obscur gentilhomme normand, M. Jules-Duhamel de Latréaumont, ruiné par ses vices et ses débauches, aussi nécessiteux qu'effronté, se fait chasser de France, et va chercher des dupes en Hollande; à Amsterdam il rencontre Van-den-Enden, abuse de sa confiance, en reçoit des lettres et des secours destinés à favoriser une rébellion incertaine, mais possible; revient à Paris dans l'espoir de trouver un grand seigneur mécontent; par un hasard singulier, il trouve ces conditions réunies dans M. le chevalier de Rohan. Or, ce soulèvement peut-être exécutable alors, aura-t-il lieu? la guerre civile déchirera-t-elle de nouveau la France?... Non, pas encore, parce que Latréaumont préfère partager la molle oisiveté de l'opulence de M. de Rohan, au lieu d'affronter les hasards de la vie de séditieux.

De sorte que, selon le caprice et la paresseuse sensualité d'un partisan brutal, cette révolte, tout à l'heure si menaçante, s'ajourne indéfiniment. Ainsi est-il de ces villes, qui vues du haut d'une montagne, en paraissent très proches, et en sont pourtant extrêmement éloignées, grâce aux mille et invisibles circuits de la route.

Or, c'est l'aridité de ces détours, dont la monotonie embrasse d'ailleurs une période de cinq années, que l'on veut maintenant éviter au lecteur, afin de le conduire plus vite au terme de cette narration.

Enfin, si cette comparaison ne semblait pas ambitieuse (non quant aux faits matériels, qui sont absolument tels qu'on a essayé de les retracer), mais à propos même des procédés dont on s'est servi pour tenter cette œuvre si difficile, et si au-dessus de la portée de celui qui écrit ces lignes...

On comparerait cette première partie du récit qu'on a lu, à une rivière limpide, dont les eaux indifférentes réfléchissent çà et là les sites divers qu'elles baignent dans leur cours vagabond : pauvres cités et palais splendides, agrestes manoirs et tours féodales, les fraîches et vertes prairies trempées de la rosée du matin, comme aussi les grands bois voilés par la brune du soir; tantôt les nuages roses et argentés qui courent à l'aube sur le bleu pâle du levant, tantôt les rayons d'or qui étincellent sur l'azur empourpré du couchant... courant paisible qui réfléchit tout en un mot, depuis la douce clarté de la lune... depuis le silencieux rayonnement des étoiles, jusqu'au feu de l'éclair qui déchire la nuée d'orage bitumineuse et noire...

Et puis, selon cette même comparaison, la seconde partie du récit qu'on va lire serait cette même rivière, qui, après des détours sans nombre, de plus en plus rapide et resserrée, creusant profondément son lit à travers des bords sauvages, arides et désolés, se changerait bientôt en un torrent impétueux, qui, bondissant avec fureur parmi les roches, les débris et les ruines de toutes sortes, s'engloutirait enfin dans un abîme sans fond...

FIN DU TOME PREMIER.

NOTES DU TOME PREMIER.

Ces notes étant trop longues pour être mises au bas des pages, on a préféré les insérer ici. Les autres indications précitées, à propos de la dure brutalité de Louis XIV, sont empruntées à un ouvrage sérieux, mais dont la partialité en faveur de ce roi demeure garante (Biographie universelle). Néanmoins, il ne peut rester, d'après cet ouvrage même, aucun doute sur le cruel égoïsme de ce prince. Les notes suivantes sont extraites des mémoires de M. de Saint-Simon. Or, pour tout homme qui, ayant étudié le XVIIe siècle aux sources mêmes de l'histoire, a pu comparer ces mémoires à la réalité, il est évident que M. de Saint-Simon est certainement l'écrivain le mieux et le plus sûrement instruit de tous les faits qu'il raconte, depuis les causes secrètes et politiques des plus grands événements, jusqu'aux petits détails sur la vie privée de Louis XIV. C'est donc avec une confiance et une créance sans bornes qu'on donne les extraits suivants.

Or, on verra que l'homme qui, pour un voyage de Marly, risquait de tuer sa petite-fille, et se *glorifiait* de cette atrocité, ou qui entrant chez madame de Maintenon, couchée malade et toute tremblante de fièvre, ouvrait toutes les fenêtres parce que *lui avait trop chaud*, on verra, dis-je, que cet homme pouvait fort bien cahoter durement ses maîtresses, sans avoir égard à leurs plaintes.

Cette première note A est relative à la petite-fille du grand roi, madame la duchesse de Bourgogne.

Note A.

« Madame la duchesse de Bourgogne était grosse; elle était fort incommodée. Le roi voulait aller à Fontainebleau contre sa coutume, dès le commencement de la belle saison, et l'avait déclaré. Il voulait ses voyages de Marly en attendant. Sa petite-fille l'amusait fort; il ne pouvait se passer d'elle, et tant de mouvement ne s'accommodait pas avec son état. Madame de Maintenon en était inquiète; Fagon en glissait doucement son avis. Cela importunait le roi, accoutumé à ne se contraindre pour rien, et gâté pour avoir vu voyager ses maîtresses grosses ou à peine relevées de couches, et toujours alors en grand habit. Les représentations sur les Marly le chicanèrent sans les pouvoir rompre. Il différa seulement à deux reprises celui du lendemain de la Quasimodo, et n'y alla que le mercredi de la semaine suivante, malgré tout ce qu'on put dire et faire pour l'en empêcher ou obtenir que la princesse demeurât à Versailles.

« Le samedi suivant, le roi se promenant après sa messe, et s'amusant au bassin des carpes entre le château et la perspective, nous vîmes venir à pied la duchesse de Lude toute seule sans qu'il y eût aucune dame avec le roi, ce qui arrivait rarement le matin. Il comprit qu'elle avait quelque chose de pressé à lui dire; il fut au-devant d'elle, et quand il en fut à peu de distance, on s'arrêta, et on le laissa seul la joindre. Le tête-à-tête ne fut pas long. Elle s'en retourna, et le roi revint vers nous, et jusque près des carpes, s'en mot dire. Chacun vit bien de quoi il était question, et personne ne se pressait de parler. A la fin, le roi arrivant tout auprès du bassin regarda ce qui était là de plus principal, et sans adresser la parole à personne dit d'un air de dépit ces seules paroles : « *La duchesse de Bourgogne est blessée!* » Voilà M. de Larochefoucauld à s'exclamer, M. de Bouillon, le duc de Tresmes, et le maréchal de Boufflers à répéter à basse note; puis, M. de Larochefoucauld à se récrier plus fort que c'était le plus grand malheur du monde; et que s'étant déjà blessée d'autres fois, elle n'en aurait peut-être plus... « *Eh! quand cela serait, interrompit le roi tout d'un coup avec colère,* qui jusque là n'avait dit mot, *qu'est-ce que cela me ferait? Est-ce qu'elle n'a pas déjà un fils? Et quand il mourrait, est-ce que le duc de Berry n'est pas en âge de se marier et d'en avoir? Et que m'importe qui me succède des uns ou des autres? Ne sont-ce pas également mes petits-fils?* » Et tout de suite avec impétuosité :« DIEU MERCI, ELLE EST BLESSÉE, PUISQU'ELLE AVAIT A L'ÊTRE, ET JE NE SERAI PLUS CONTRARIÉ DANS MES VOYAGES ET DANS TOUT CE QUE J'AI ENVIE DE FAIRE PAR LES REPRÉSENTATIONS DES MÉDECINS ET LES RAISONNEMENTS DES MATRONES; J'IRAI ET REVIENDRAI A MA FANTAISIE, ET ON ME LAISSERA EN REPOS. »

« Un silence à entendre une fourmi marcher succéda à cette espèce de sortie. On baissait les yeux ; à peine osait-on respirer ; chacun demeura stupéfait, jusqu'aux gens des bâtiments et aux jardiniers demeurant immobiles. Ce silence dura plus d'un quart d'heure. » (Mémoires de Saint-Simon, vol. VI, p. 145.).

Note B.

Cette autre note (B) a rapport à la façon non moins cruelle dont Louis XIV traitait madame de Maintenon.

«... Madame de Maintenon, qui craignait fort l'air et bien d'autres incommodités, ne put gagner là-dessus aucun privilége. Tout ce qu'elle obtint, sous prétexte de modestie et d'autres raisons, fut de voyager à part de la manière que je l'ai rapporté; mais en quelque état qu'elle fût, il fallait marcher et suivre à point nommé, et se trouver arrivée et rangée avant que le roi entrât chez elle. Elle fit bien des voyages à Marly *dans un état à ne pas faire marcher une servante.* Elle en fit un à Fontainebleau, qu'on ne savait pas *véritablement si elle ne mourrait point en chemin.* En quelque état qu'elle fût, le roi allait chez elle à son heure ordinaire, et y faisait ce qu'il avait projeté. Tout au plus elle était dans son lit, *plusieurs fois y suant la fièvre à grosses gouttes. Le roi qui, comme on l'a dit, aimait l'air, et qui craignait le chaud dans les chambres,* s'étonnait *en arrivant de trouver tout fermé, et faisait ouvrir les fenêtres et n'en rabattait rien, quoiqu'il la vît dans cet état, et jusqu'à dix heures qu'il s'en allait souper, sans considération pour la fraîcheur de la nuit.* S'il devait y avoir musique, la fièvre, le mal de tête n'empêchait rien, et cent bougies dans les yeux. Ainsi le roi allait toujours son train, sans lui demander jamais si elle n'en était point incommodée.»(Mémoires de Saint-Simon, vol. XIII, p. 141.)

Note C.

Cette note (C) est relative à la méchanceté et à l'effronterie cynique avec laquelle Louis XIV, non seulement renfermait ses deux maîtresses dans le même carrosse, mais encore obligeait la timide et malheureuse reine sa femme à subir ces deux maîtresses dans sa propre voiture.

«...Madame de Montespan fut celle dont la rare beauté le toucha ensuite, même pendant le règne de madame de Lavallière. Elle s'en aperçut bientôt; elle pressa vainement son mari de l'emmener en Guyenne; une folle confiance ne voulut pas l'écouter. Elle lui parlait alors de bonne foi; et la fin le roi en fut écouté, et l'enleva à son mari avec cet épouvantable fracas qui retentit avec horreur chez toutes les nations, et qui *donna au monde le spectacle nouveau de deux maîtresses à la fois. Il les promena aux frontières, aux camps, des moments aux armées,* TOUTES DEUX DANS LE CARROSSE DE LA REINE. *Les peuples, accourant de toutes parts, se montraient les trois reines,* et se demandaient avec simplicité les uns aux autres s'ils les avaient vues. Et la fin, madame de Montespan triompha, et disposa seule du maître et de sa cour avec un éclat qui n'eut plus de voile; et pour qu'il ne manquât rien à la licence publique de cette vie, M. de Montespan, pour en avoir voulu prendre, fut mis à la Bastille (1), puis relégué en Guyenne; et sa femme eut de la comtesse de Soissons, forcée par sa disgrâce, la démission de la charge, créée pour elle, de surintendante de la maison de la reine, à laquelle on supposa le tabouret attaché, parce qu'ayant un mari elle ne pouvait être faite duchesse.» (Mémoires de Saint-Simon, p. 92, vol. XIV.)

Cet autre extrait donne d'autres détails généraux, mais non moins intéressants.

« Ce n'est pas que cet artifice, ni même la réalité la plus effective, eût aucun pouvoir d'ailleurs de contraindre le roi en quoi que ce pût être. *C'était un homme uniquement personnel, et qui ne comptait tous les autres, quels qu'ils fussent, que par rapport à soi.* Dans les temps les plus vifs de sa vie pour ses maîtresses, leurs incommodités les plus opposées aux voyages et au grand habit de cour, car les dames les plus privilégiées ne paraissaient jamais autrement dans les carrosses ni en aucun lieu de cour, avant que Marly eût adouci cette étiquette, rien, dis-je, ne les en pouvait dispenser; grosses, malades, moins de six semaines, dans d'autres temps fâcheux; il fallait être en grand habit, parées et serrées dans leurs corps; aller en Flandre, et plus loin encore; danser, veiller, être des fêtes, manger, être gaies et de bonne compa-

(1) Voir la lettre citée page 244 de ce volume.

gnie, changer de lieu, ne paraître craindre ni être incommodées du chaud, du froid, de l'air, de la poussière, et tout cela précisément aux jours et aux heures marquées, sans déranger rien d'une minute. Ses filles, il les a traitées toutes pareillement. On a vu en son temps qu'il n'eut pas plus de ménagement pour madame la duchesse de Berry, ni même pour madame la duchesse de Bourgogne, quoi que Fagon et madame de Maintenon pussent dire et faire, quoiqu'il aimât madame la duchesse de Bourgogne aussi tendrement qu'il en était capable, qui toutes les deux s'en blessèrent, et on a vu ce qu'il en dit avec soulagement, quoiqu'il n'y eût point encore d'enfants. » (Mémoires de Saint Simon, vol. XII, p. 138.)

M. de Saint-Simon termine ainsi le portrait de Louis XIV.

«...Voilà au moins de quoi la mémoire du roi ne peut être lavée devant Dieu ni devant les hommes! Voilà le dernier abîme où le conduisirent la superbe et la faiblesse, une femme plus qu'obscure, et des doubles adultérins à qui il s'abandonna, dont il fit ses tyrans après l'avoir été pour eux et pour tant d'autres, qui en abusèrent sans aucune pudeur ni réserve, et un détestable confesseur du caractère du Père Tellier. Tel fut le repentir, la pénitence, la réparation publique d'un double adultère si criant, si long, si scandaleux à la face de toute l'Europe, et les derniers sentiments d'une âme si hautement pécheresse, prête à paraître devant Dieu, et de plus chargée d'un règne de 56 ans, pendant lequel l'orgueil, le luxe, les bâtiments, les profusions en tout genre, et les guerres continuelles et la superbe, qui en fut la source et la nourriture, avaient coûté tant de sang, consumé tant de milliards au dedans et au dehors, mis sans cesse le feu par toute l'Europe, confondu et anéanti tous les ordres, les règles, les lois les plus anciennes et les plus sacrées de l'État, réduit le royaume à une misère irremédiable et si imminemment près de sa totale perte, qu'il n'en fut préservé que par un miracle du Tout-Puissant. » (Mémoires de Saint-Simon, vol. XIII, p. 172.)

FIN DES NOTES DU TOME PREMIER.

TABLE DES CHAPITRES

CONTENUS DANS CE VOLUME.

	Pages.
I. Maître Affinius Van-den-Enden.	5
II. Le Colonel.	39
III. Messire Jules Duhamel de Latréaumont.	51
IV. Le Voyage.	81
V. Les Filles d'honneur de la reine.	117
VI. La Meute des petits chiens du cabinet.	175
VII. Le Grand-Veneur de France.	213
VIII. L'Estortuaire.	245
IX. L'Orage.	295
X. Réflexions.	319
XI. Le Fief des Préaux.	351
XII. Madame la marquise de Vilars.	571
XIII. Le Château d'Eudreville.	599

www.ingramcontent.com/pod-product-compliance
Lightning Source LLC
Chambersburg PA
CBHW060514230426
43665CB00013B/1514